동그라미의 말

동그라미의 말

제10집 / 2024

———————— 선수필문학회 ————————

나무향

1부 수록 작가

강명자   강연희   경전이영숙   고추월   공성원

곽해순   권오신   금은주   김경희   김나은

김남수   김 미   김부순   김상태   김순남

김순덕   김용미   김재국

2부 수록 작가

 김지연　 김진영　 맹경숙　 문선자　 민경관

 박기준　 박남주　 박영신　 박옥선　 박온화

 박정옥　 박지유　 박춘혜　 배종화　 백두현

 서미애　 서민용　 서양호

4부 수록 작가

 임영숙
 임영애
 장규섭
 장수영
 장희숙

 전해숙
 정의채
 정하정
 조문자
 진 현

 최미지
 최영식
 최점순
 최현숙
 허모영

 허열웅
 허정열
 황성규

 |발간사|

동그라미 글집

임영도
선수필작가회 회장

'추래불사추秋來不似秋'. 가을은 왔는데 더위가 여전합니다. 덥지도 춥지도 않다는 한가위 '추석秋夕'이 한더위 '하석夏夕'이라 불리며 가을의 중간을 지나고 있습니다.

둥그런 보름달을 갈망했던 동심의 꿈은 기후의 변화 속에 빛을 잃어가고 현실의 삶은 자연과의 갈등으로 오리무중입니다. 하늘의 질서는 변함없는데 땅 위에서는 길 잃은 사슴처럼 갈팡질팡합니다. 풍요와 편의의 욕망이 부른 시행착오가 아닐까 싶습니다.

우리는 큰 동그라미인 지구의 땅 위에 발을 딛고 살아갑니다. 우주는 비눗방울처럼 크고 작은 동그라미가 서로를 보호하며 충돌 없이 제자리를 지켜갑니다. 동그라미는 시작과 끝을 함께 공유하는 평등과 화합의 상징으로 영원을 노래하고 만물의 근원으로 완성을 위해 순환을 반복합니다.

선수필문학회는 올해로 열 번째의 글집을 짓고 「동그라미의 말」로 문패를 달았습니다. 일 년 동안 땀과 정성으로 글씨를 가꾸고 길러 결실을 기다리고 있습니다. 집의 주인은 72명의 공동소유로 회원 여러분입니다. 해를 거듭할수록 우리의 글집은 더욱 풍성해지고 다채로워집니다. 발전되는 선수필문학회의 자랑입니다.

시월에는 글집의 '집들이 날'이 기다리고 있습니다. 둥근달 아래 손에 손잡고 동그라미를 그리며 풍요와 화합을 기원했던 '강강술래'의 풍습처럼 칭찬의 마음과 마음을 모아 '문문술래'의 노래를 힘차게 불러야겠습니다.

세월을 거꾸로 매달아도 보름달은 뜨고 코스모스는 피어나 하늘거립니다. 매미와 귀뚜라미가 임무 교대를 하며 가을은 깊어 갑니다. 우리 문학회 회원님들도 동그라미처럼 넉넉한 글밭에서 변함없이 향기 짙은 글꽃을 피워가길 기원합니다.

동인지 발간에 참여해 주신 문우 여러분께 감사드리며 편집에 힘써주신 위원님들께 고마움을 전합니다.

2024년 10월
선수필문학회 회장 임영도

/ 차례 /

수록작가 _ 사진 _ 4
발간사 _ 동그라미 글집 _ 임영도 _ 8
초대수필 _ 찔레꽃 _ 정목일 _ 14
선수필동인문학상 역대 수상자 _ 325
선수필문학회 임원회·이사회 명단_ 326

1부

강명자	양복	20
강연희	매듭	23
경전이영숙	소꿉놀이	28
고추월	두려움을 쫓는 종	32
공성원	창백한 푸른 점	35
곽해순	여름날의 소나타	40
권오신	공룡능선을 타다	44
금은주	정구지 지짐이	48
김경희	부부 나무	52
김나은	한우산 전설	57
김남수	그래도 아날로그	61
김 미	지공대사地空大師를 허하노라	65
김부순	나의 우주	68
김상태	인생은 동그라미	73
김순남	꽃 심는 아이들	77
김순덕	캔버스 위의 노을	81
김용미	인연	84
김재국	바다가 남겨준 메시지	88

2부

김지연	순례길	94
김진영	시간의 강	97
맹경숙	가시방석	101
문선자	생존전략	104
민경관	귀농의 꿈	109
박기준	카르페 디엠	112
박남주	황제골프	118
박영신	데칼코마니	123
박옥선	이유 있는 글쓰기	127
박온화	사랑죽	130
박정옥	타작마당	135
박지유	새벽 세 시	140
박춘혜	나신의 그 여인	144
배종화	분위기 없는 여자	146
백두현	더 깊은 뜻	150
서미애	지도 위를 걷다	153
서민용	된장찌개	158
서양호	바래길을 걸으며	163

3부

수지J	시월의 마지막 밤	170
신동숙	한여름 밤의 꿈	174
신동욱	선수목先樹木	177
우창남	에스프레소	184
윤경화	시누님표 문장부호	188
윤숙현	나는 걸어 다니는 천사를 만났다	192
윤운선	아버지의 외출	196
이다해	사람이 선물이다	200
이미애	우울, 그 음습함	204
이상열	해마다 늙어가고 해마다 젊어진다	209
이영숙	늙어서 더 쓸모 있는 것	212
이예경	인연	216
이정선	6·25 전쟁과 피난선	220
이정심	악몽	224
이제봉	잿머리 가는 길	229
이채영	강화의 멋, 인생의 맛	237
이희도	비 오는 날의 단상	241
임영도	동그라미의 말	244

4부

임영숙	소확행	250
임영애	묵은 삶의 모정	253
장규섭	면발이 주는 호사	257
장수영	차와 카페인	261
장희숙	나를 찾아 가는 길	265
전해숙	하늘만 봤다	270
정의채	소실점	274
정하정	사랑 후에 남겨진 것들	278
조문자	세월	283
진 현	욕망의 그늘	287
최미지	잘 늙어 간다는 것은	292
최영식	줄	296
최점순	꽃무늬 원피스와 빨간 구두	300
최현숙	산수유	303
허모영	기왓장 소망	306
허열웅	그리움이 건너는	310
허정열	마음그릇	314
황성규	마음 비우기	319

초대수필

찔레꽃

鄭 木 日
선수필 발행인

 오월은 부케를 손에 들고 웨딩드레스를 입은 신부처럼 청신하고 눈부시다. 웨딩마치를 들으며 아버지의 손을 잡고 결혼식장으로 들어가는 신부의 우아한 모습을 연상시킨다. 일생 중 가장 눈부시고 향기로운 모습으로 축하객의 박수를 받으며 등장하는 신부! 축복은 그대의 것이 되리라.
 오월은 신록과 장미의 계절이라고 하지만, 산과 들판으로 나가 보면 찔레꽃의 계절임을 알게 된다. 물가로 나가보면 창포꽃의 계절인 양 생각된다. 오월은 집안의 장미를 감상하는 것으로 그칠 순 없다. 산야엔 어느새 제비꽃, 개망초꽃 등 풀꽃들이 피어 있다. 어떤 풀이든 일생에 한 번 피운 꽃들은 삶의 집중력을 기울여 내놓은 미美의 얼굴들이다. 풀꽃들은 장미, 국화, 튤립 등 눈에 띄는 원색과 아리따운 자태를 가지진 않았을지라도 수수하고 정갈한 멋, 고요하고 소박한 빛깔과 순정한 자태가 있다. 단색의 단아한 모양새로 있을 듯 말 듯한 향내를 풍기지만, 시골 처녀 같은 천진하고 아리잠직한 모습을 지녔다.

오월의 들판과 산은 신록으로 덮여 있다. 초록동색草綠同色인 듯하지만 가만히 살펴보면 천만 가지의 초록으로 넘실거리고 있다. 형형색색의 녹색이 생기를 뿜어낸다. 번데기를 벗고 막 기어 나온 듯이 햇빛 속에 꿈틀거리는 듯한 붉은 기운이 섞인 연두빛깔이 있는가 하면, 어떤 것은 파릇파릇, 푸르므레, 푸르초롬, 푸르스레, 푸르죽죽, 프르딩딩하게 제각각 초록의 경연을 펼친다. 산색과 들판은 온통 초록의 나라이며 꽃으로 말하는 게 아니라, 초록 잎새들로 가득 차 있다.

숲의 새소리도 신록에 맞는 음색音色으로 화답을 하고 있다. 바람도 그냥 지나치는 게 아니라, 꽃가루를 묻혀 가루받이를 잘 할 수 있게 산들거리며 신바람을 내며 간다. 냇물이나 계곡의 물소리도 만물에게 무엇인가 속삭이며 흐른다. 어떤 염세주의라

할지라도 오월의 숲에 오면, 마음의 어둠이 금세 사라지고 말 것이다.

숲속에 와서 신록과 들꽃을 보면서 마음을 씻어내노라면 바람결에 풍겨오는 강렬하고도 짜릿한 꽃향기에 끌리게 된다. 어디서 오는 향내일까. 코를 벌름거리며 향내를 보내준 송신자를 찾아가

초대수필

면 거기에 하얀 찔레꽃을 만나게 된다. 숲이나 들판에서 이토록 가슴속까지 맑게 틔워주는 향기는 없다. 아카시아 향기는 조금 감미로운 듯한 향기이지만 찔레꽃은 마치 혼을 빼앗듯이 진하며 깊이가 있고 황홀하다.

꽃향기로는 라일락과 천리향과 난향이 일품으로 칠 것이지만, 내가 생각하기로는 그중에서도 가장 마음을 끌어당기는 것은 찔레꽃향이 아닌가 한다. 아무도 흉내 낼 수 없는 독특하고 매혹적인 향기로 말미암아 향기의 여왕이 되고 들판의 주인공이 된다.

찔레꽃을 들장미라고 부른다. 우리나라 산야 어느 곳에서나 피어나는 야생의 꽃이다. 장미는 정원과 온실에서 순탄하게 피어나는 꽃이라면, 찔레꽃은 비바람과 뙤약볕을 받으며 어느 곳이든지 가리지 않고 피어난다. 척박한 땅과 자갈밭을 구분하지 않고 땅바닥에 몸을 밀착시키면서 흙 내음과 바람 속에서 순백의 꽃을 피워놓는다. 녹색 천지의 산야가 심심하지 않게 녹색에 지치지 않도록 우리의 눈을 환하게 밝혀주고 향기롭게 해주는 꽃이 찔레꽃이다.

꽃을 보면 꺾고 싶어진다. 땅바닥에 주저앉아 맑은 향기를 보내준 것에 감사하면서 한 줄기를 꺾어 코에 대보고 싶다. 누군가에게 전해주고 코에 대어 향기를 맡아보게 하고 싶은 꽃이다. 그러나 찔레꽃은 자신의 모습을 보여줄 뿐 꺾는 것을 순순히 용납하지 않는다. 자신도 모르게 손이 가다가도 멈칫하고 마는 것은 줄기에 날카로운 가시를 숨기고 있기 때문이다. 무심결에 손을 내밀었다가 낭패를 보고 잠시 원망하는 마음도 가지게 만든다. 찔레꽃은 '손대지 말고 보기만 해요'라고 속삭이는 듯하다. 무엇이든 원하는 것은 손에 쥐고 싶어 하는, 인간의 이기와 욕망에 경종을 울려주는 것이 아닌가 싶다. 폭풍우에도 끄떡하지 않고 청신한 자태와 매혹스런 향기를 잃지 않는 찔레꽃은 야생적인 아름다움을 지닌 꽃이며 순결과 결백의 기품을 간직한 꽃이다.

강인한 생명력을 보여주면서도 투박하거나 밋밋하지 않고 우아하면서도 화사하고 마음까지 향기롭게 하는 꽃은 찔레꽃 말고는 찾기가 어렵다. 들판의 바람과 햇빛과 별들의 말을 간직하면서 핀 찔레꽃! 호박꽃 박꽃이 피기 전에 농부들의 마음을 향기로 채워주는 친근한 농부들의 꽃이다. 아침 일찍 풀 이슬을 밟으며 논밭으로 나가는 농부에게 향긋한 향기로 인사를 하고 피로와 근심을 씻어주는 고마운 꽃이 아닌가.

도시에서 나서 자란 사람들은 찔레꽃의 마음을 알지 못할 것이다. 찔레꽃엔 가난의 슬픈 내력과 아픔이 있다. 농촌에서 자라 춘궁기를 겪었던 사람들이 지닌 추억이다. 양식이 떨어지고 배가 고프면 아이들은 송구를 따서 먹기도 했고, 찔레순을 벗겨 먹으며 허기를 달래고 했다. 그때의 찔레꽃 향기는 아릿하고 비린내를 풍기는 듯했다.

찔레꽃은 녹색으로 덮인 땅을 우아한 흰 꽃으로 치장해 줄 뿐 아니라, 심호흡을 하게 짜릿한 향기를 풍겨준다. 가시를 품고 있으나 배고픈 아이들에게 잠시 허기를 면하게 해준 고마운 꽃이다.

나는 찔레꽃을 향기의 여왕, 오월의 꽃으로 예찬하길 주저하지 않는다.

제1부

수필문학회

- 강명자
- 강연희
- 경전 이영숙
- 고추월
- 공성원
- 곽해순
- 권오신
- 금은주
- 김경희
- 김나은
- 김남수
- 김 미
- 김부순
- 김상태
- 김순남
- 김순덕
- 김용미
- 김재국

양복

강명자
kangman1125@hanmail.net

　수의 대신 양복으로 정했다. 시아버님 장례식에서 마지막 가시는 길에 입을 옷을 무엇으로 정할지 의논했다. 아버님은 생전에 농부로 살았기에 양복을 즐겨 입을 일은 많지 않았다. 마을 잔치나 특별한 날 양복 입은 그 모습이 멋스럽고 보기 좋아 마지막 기억도 잠시 외출하는 모습으로 남기고 싶은 마음이었다. 몸을 꽁꽁 동여맨 수의와는 사뭇 느낌이 달랐다. 수의는 옷감에 따라 그 가격이 매겨지며 자식들은 생전의 불효를 탕감받는 듯 좋은 옷을 선택하여 예를 다하려고 한다. 수의를 대신한 새 양복은 이별보다는 잠시 헤어지는 듯한 느낌을 안겨 준다.
　새 양복을 보니 스치는 또 한 사람이 있다. 고교 시절 윤리를 가르치던 선생님은 사계절 내내 같은 양복을 입었다. 네모난 얼굴에서 풍기는 수더분한 모습은 윤리에서 묻어나오는 바람직한 도덕성과 잘 어울렸다. 과목에서 풍기는 이미지 때문인지 첫인상부터 소박하고 허식이 없어 보였다. 몸에 밴 검박함인지 가장의 무게인지 소매 끝이 나달나달해지는 그 옷만 입었다. 어쩌면 그 옷 속에 선생님만의 철학이 담겨있는 듯한 착각도 들었다. 양복 한 벌은 가을을 물들이고 겨울을 이기고 봄을 맞이했다. 더위가 달려오면 양복을 벗고 반 팔 와이셔츠로 바꿔입은 것이 전부였다.

"옷이 날개고 밥이 분이다"라는 말도 있듯이 옷이 삶에 주는 보너스도 심심찮게 많다.

선생님 삶에 가치 순위는 분명 옷은 들어가지 않았던 모양이다.

털버덕털버덕 구두 소리가 윤리 시간임을 알려주었다. 양복은 구두와 함께 단짝이 되어 이 교실 저 교실을 다니며 오래된 멋을 뿜어냈다. 평범한 한 가장으로 부모님을 모시며 자녀가 둘 있고 효자라는 소문도 친구들 사이에 돌았다. 월급날이 되면 얇은 봉투를 만지작거리며 매점에서 간식을 사주기도 했다.

윤리의 접근은 멋쟁이와는 거리가 멀었고 선생님이 가진 선은 윤리적 책임에서 뿜어나오는 학습적인 행동만은 아니었다. 오랫동안 인격과 정신에 쌓인 자양분이었다. 윤리 책에 나오는 철학자들의 이야기를 듣노라면 허름한 양복은 학문의 가치와 지식에 가려져서 뒷전이었다.

그러다가 스승의 날을 앞둔 어느 날 학급모임 시간에 기발한 토의 주제가 나왔다. 선생님의 해진 양복을 벗겨주자는 것이었다. 녹록지 않은 용돈 앞에 의아해하면서도 강하게 반대하는 학생은 없었다. 또박또박 받은 용돈으로 매점 가기를 줄이고 자습서 산다는 핑계로 받은 돈까지 합쳐 내 몫을 냈다. 드디어 양복 한 벌을 살 수 있는 돈이 거두어졌다.

새 양복을 입은 선생님은 다른 사람이 되어 나타났다. 희망을 찾은 나비의 탈바꿈보다 화려했다. 일제히 기립박수를 쳤다. 우리가 발견한 스승의 그림자는 그 여느 해보다 큰 의미로 다가왔다. 해진 양복을 벗은 선생님을 향해 부르던 "스승의 은혜" 노랫말로 하나둘씩 찔끔 눈물을 훔쳤다. 우리는 딱 그 눈물만큼 성장했고 덕분에 유별나지 않은 사춘기를 보냈다.

생각해 보면 양복에 대한 내 생각은 평범했다. 이웃집 아저씨가 추수한 돈을 들고 다방을 들락거릴 때 입던 옷, 줄줄이 많은 딸의 결혼식에 아버지가 매번 입은 옷, 자전거를 타고 옷깃을 날리며 출근하던 윗집 아저씨의 양복, 그리고 수의 대신 입었던 시아버지의 마지막 양복.

특별한 날을 빛내기 위해 또는 삶을 살아내기 위해 입었던 양복, 원단과 원단 사이에 넣은 단단한 심지처럼 곧은 선생님의 안부가 그리운 날이다. 그때 새 양복은 얼마 동안 선생님과 함께했을지 궁금하기도 하다.

옷이 주는 위로가 있다. 옷이 주는 으쓱함도 있다. 오래된 옷 사이로 햇살이 머물고 계절이 쉬어간다. 사람들은 위로와 으쓱함을 장롱에 걸어두고 날마다 새 삶을 입는다.

매듭

강 연 희
kyhee0413@naver.com

영산靈山은 누구에게나 그 속살을 쉽게 보여주지 않는가 보다. 천문산의 '천문天門'까지 가는 길은 힘하고 멀었다. 천문은 장가계 시내에서도 보일 만큼 존재감을 드러낸다. 멀리서 바라만 보아도 그 자체가 신묘한 기운을 뿜어내는 것처럼 느껴진다. 벌써부터 심장이 올랑거린다. 천문 저 너머의 세상은 어디일까.

잔도(벼랑길)를 걷는다. 발아래 펼쳐지는 천 길 낭떠러지 밑 협곡의 풍광은 원시 자연 그대로의 모습이다. 인류의 시원인 곳처럼 느껴진다. 신비롭게 늘어선 바위산 봉우리들이 품은 세월의 적층은 자존감을 드러낸다. 신이 빚고 세월이 키운 대자연의 위력에 압도당하는 기분마저 든다. 태곳적 신비를 간직한 이곳이야말로 선계仙界이리라.

걷기조차 아찔한 잔도를 어떻게 만들었을까. 불가능한 일을 해낸 초인적인 인간의 의지를 되새겨 본다. 인간 승리이다. 인간 능력의 한계는 어디까지일까. 벼랑길을 만들며 생을 마감한 사람들의 원혼이 잔도 곳곳에 부유하는 듯하다. 그들이 부르는 영혼의 노래가 바람결에 메아리 되어 들려오는 것 같다. 허공에 몸을 매 달았던 그들의 값진 희생을 생각하니 숙연해진다. 우리가 편안하 게 걷는 길은 보이지 않는 누군가의 노고와 희생 덕분일 게다. 나 자신이 걸어온 길도 내 삶의 노고 덕분이다. 원시의 길에서 문명 의 길로, 나의 길에서 세상의 길로 나아가는 길은 항상 힘들고 고 달픈 여정이었다.

벼랑길 울타리와 나뭇가지마다 겹겹이 쌓인 붉은 매듭의 숲에 내 영혼이 빠져드는 느낌이 든다. 매듭은 부유하는 원혼들의 이 루지 못한 꿈이 스며들어 핏빛으로 보인다. 그들은 남은 피붙이 들의 무사 안녕을 붉은 매듭에 염원했으리라. 가슴이 시려온다. 바람이 소리 내어 운다. 소망을 품은 붉은 리본이 바람결에 춤을 춘다. 매듭은 보이는 것 뒤에 숨어 있는 강렬한 소원이 빛을 이루 어 붉게 타오르는 꽃숭어리 모습이다. 불꽃의 춤을 보는 듯하다.

심신의 피로를 제쳐놓고 험하고 높은 곳까지 와서 매듭을 지 은 이들은 어떤 마음이었을까. 보이는 것 이상으로 단단한 소망 이 붉은 마음으로 묶여 있다. 그만큼 소원이 절절할 터이다. 하늘 에 가까이 가닿을수록 소망이 이뤄지리라 비손했을 그들의 마음 을 읽어 본다. 휘날리는 붉은 리본매듭에 나의 소원도 얹어 본다.

세상살이는 만물과 사람들과의 관계 맺음이다. 인간과 인간, 인간과 일과의 관계 맺음으로 세상과 우주가 만들어진다. 관계 맺음이란 연결 고리로 이어지는 또 다른 매듭이다. 살아가면서 사람과 일에 매듭을 풀고 묶는 것은 수없이 겪게 되는 일이다. 매 듭은 자신이 낀 안경 너머로 본 세상의 이치를 판단하는 기준일

지도 모른다. 부질없는 가치로 매듭을 잘못 묶거나 풀 때는 인생이 송두리째 흔들릴 경우도 있다. 특히 사람과의 관계에서 잘못된 매듭은 가슴에 응어리가 되어 다시 돌이킬 수 없는 상황을 만들기도 한다.

  부모와 자식, 남편과 아내, 형제자매처럼 끊을 수 없는 관계가 있다. 생이 다하는 순간까지 단단한 매듭으로 묶여 있다. 거부할 수 없는 천륜天倫 관계이다. 자식은 태어나면서 부모와의 천륜을 이어간다. 자식을 낳은 부모는 생의 무거운 껍데기를 죽을 때까지 벗지 못한다. 거부할 수 없는 생의 무게를 짊어진다. 자식들을 향한 가없는 사랑을 숙명으로 품는다. 부부는 백년해로의 언약을 동심결同心結 매듭으로 맺는다. 서로 같은 곳을 바라보며 인생의 동반자, 친구, 연인처럼 살아간다. 인생 여정에서 묶인 매듭이 풀리지 않게 서로 하심下心으로 살아가려 애쓴다.

  흔히 말하는 하심이란 자신을 내세우지 않는 마음이며 진리 앞에서 겸손한 마음이다. 내가 걸어온 발자국이 방황의 길을 헤매 온 것이 아닌가. 바라본 시선이 저 푸른 하늘과 푸른 나무가 아니라 이 세상의 아픔과 상처를 위한 것은 아니었던가. 얼마나 마음을 내려놓아 저 바닥의 하심 같은 마음으로 살아갈 수 있을까. 진짜 나의 모습을 보는 것은 언제쯤이면 가능할까.

  여태껏 품어온 사랑, 기쁨, 감사, 좋은 인연의 매듭은 더 단단히 묶고 싶다. 귀한 것일수록 공들여야 한다. 내게서 멀리 도망가지 않고 오래 머물 수 있도록 바른 마음 챙김이 필요할 터이다. 마음을 나누며 살아가는 세상에서 이타심으로 살아가야 할 것 같다.

묶고 싶은 매듭의 가치는 삶의 기쁨을 누릴 수 있고 살아갈 의미를 부여한다. 존재의 이유가 되기도 한다.

타자에 대한 미움, 분노, 악연으로 묶여진 매듭은 하나씩 풀어야 할 때이다. 주관적인 가치 판단과 이기심이 마음의 문을 닫아 매듭으로 묶었는지도 모른다. 머리로는 이해되나 가슴으로는 받아들이지 못할 때가 많은 것 같다. 생각이 다르고 오해로 빚어진 엉킨 실타래를 풀어야 한다. 사람과의 매듭을 잘못 묶은 후부터 마음이 편하지 못하다. 나 자신의 평안을 위해서라도 타자를 수용하려는 마음 씀씀이가 더욱 필요하지 않을까. 나를 내리고 타자를 받아들이는 관용의 마음은 곧 자신을 사랑하는 또 다른 방법이 될 것이다.

절에서 영가(靈駕, 망자의 불교 용어)의 극락왕생을 발원하는 '관음시식' 중간에 묶은 원한이 풀리길 바라는 '해원결진언解怨結眞言'이 나온다. 맺힌 원한을 풀어주는 진언으로 '옴 삼다라 가닥 사바하'이다. 생전에 화해하지 못해서 원한이 맺혀 있으면 좋은 곳으로 가지 못한다고 한다. 이승에서 지은 마음의 빚을 정리하고 떠나야 함을 일깨워주는 진언이다. 어둠과 어리석음에서 깨어나 밝은 지혜를 찾아가기를 바라는 가르침이다. 밝음은 부족한 것을 알고 채울 만한 것을 받아들일 때 이뤄진다. 지혜의 완성이나 깨달음은 어리석음의 어둠을 벗어날 때 가능하다.

알게 모르게 바르지 못한 나의 말과 생각과 행동으로 상대방도 원한의 매듭을 품었는지도 모를 일이다. 이승은 물론 전생으로부터 이어온 원한의 매듭을 훌훌 풀고 가벼이 떠날 수 있기를 바란다. 보이지 않지만 원한의 매듭이 될 수 있는 모든 오해가 풀릴 수 있기를 소망한다. 그것이 행복으로 가는 길이리라. 누군가를 너그럽게 용서하지 못해서 마음이 모질고 매섭게 될 때 진창 같은 마음에서 헤어 나오지 못한 때를 반성하게 된다. 가슴에 맺힌 응어리를 내려놓아야 비워지고 가벼워지지 않겠는가.

삶의 결이 사람마다 다르듯 매듭을 묶고 푸는 방법도 다양하다. 자기만의 방식으로 매듭을 묶고 풀기도 한다. 세상사에는 많은 색깔이 담겨 있는 매듭이 있다. 매듭에는 다양한 감정들이 스며있으리라. 매듭을 묶고 싶은 올바른 가치와 좋은 감정을 키워 물이 흘러가듯이 순리대로 살아가고 싶다.

서쪽 하늘로 기우는 해도 집으로 돌아갈 시간이다. 어둠을 불러들이는 산그림자의 짙은 적막이 스며든다. 멀리 등 뒤로 천문이 허공에 매달려 있다. 올라갈 때 본 모습보다 내려올 때 느끼는 천문은 더욱 웅장하게 보인다. 하늘과 땅의 모든 것을 품어 안을 것 같은 모습이다. 언젠가 하늘까지 닿을 것만 같다. 하늘과 맞닿아 보인다. 붉은 리본매듭을 묶은 누군가의 소망과 나의 바람을 천문 속으로 띄워 보낸다.

소꿉놀이

경 전 이영숙
sook815@naver.com

　퇴근 시간이 한참 지나서야 딸이 손녀와 함께 들어왔다.
　커다란 상자를 안은 작은손녀 얼굴에 함박웃음이 피었다. 며칠 전부터 유튜브를 보고 사달라고 졸랐단다. 아기 목욕시키는 장난감 세트였다. 욕조에 물을 받아 장치된 샤워기를 누르면 물이 나온다. 브랜드를 대표하는 상표를 붙인 비누, 샴푸, 목욕 타올, 빗, 칫솔, 치약 등등의 모형들이 풀세트로 완벽하게 갖춰져 있었다. 큰손녀까지 합세해서 새로운 놀이에 신이 났다. 그전에도 부엌놀이 세트면 인형들이 꼭 실물 같아서 놀랍기만 했다. 어느새 비닐 매트를 깔아놓은 곳에서 이탈한 물방울이 튕겨서 거실 바닥으로 흘러가고 있다. 서둘러 물기를 닦는 중에 빛바랜 희미한 기억 저편에서 한 계집아이가 물빛에 어른거린다.
　봄바람이 살랑살랑 불어온다. 양지바른 툇마루 끝에서 예닐곱 살 계집아이 둘이서 소꿉놀이를 하고 있다. 엄마 치마를 두르고 음식을 장만하는 엄마의 흉내로 달떠 있다. 깨어진 사금파리에 붉은 벽돌 조각을 빻아 무지개떡을 빚고 복사꽃을 따다 화전을 부친다. 한상을 차려놓았다. 앙상한 나뭇가지에 풀각시를 만들어 손님으로 초청했다. 소곤소곤 얘기 소리에 할머니가 방에서 나오신다.

"쯧쯧 반드깨미* 놀이만 하니까 터를 잘못 팔아 니 에미가 지지바만 줄줄이 낳지…."

할머니의 손자 타령은 허공에서 한숨으로 맴돈다. 철부지 계집아이는 바로 치마를 벗고 바지만 입는다. 할아버지가 사주신 누런 고무신을 신고 사내아이가 되어가고 있다고 우기면서 봄볕이 비껴갈 때까지 역할놀이에 더 열중하고 있다.

여름방학은 소꿉놀이의 절정이었다. 뙤약볕이 내리쬐는 한낮에, 어른들은 정자나무 그늘에서 오수로 쉼을 얻을 때 아이들은 앞 냇가로 나간다. 아카시아 잎이 우거진 그늘진 곳에 각자의 처소를 정한다. 거기에는 학교도 세우고 가게도 열고 미용실도 개업해서 아카시아 잎줄기로 꼬불꼬불 파마도 한다. 비록 깨어진 그릇의 일부인 사금파리도 더 예쁘고 반듯한 것을 찾아 사용할 때 빛을 발광한다. 크고 작은 자갈과 고운 모래 틈으로 맑은 물이 쉴 새 없이 졸졸졸 흐른다. 이름 모를 들꽃과 베이면서 강인하게 자라나는 풀은 수많은 성을 쌓고 지상낙원으로 하나의 공동체를 이루었다. 홍수가 나면 물거품처럼 사라지는 하루살이 집을 수없이 짓고 진수성찬을 매일 매일 차렸다.

햇볕은 쨍쨍 모래알은 반짝/모래알로 떡 해 놓고/조약돌로 소반 지어 언니 누나 모셔다가/맛있게도 냠냠

햇볕은 쨍쨍 모래알은 반짝/호미 들고 괭이 메고/뻗어가는 메를 캐어 엄마 아빠 모셔다가/맛있게도 냠냠

동요 가사처럼 그곳에서 동생들을 돌보면서 친구 언니들과 소꿉놀이했던 생활학습은 나에게 학교 공부 이상으로 와 닿았다. 그러면서 이 냇물을 끝까지 따라가면 어디가 나올까? 또 온 세상에 있는 나뭇가지를 다 연결하면 저 하늘에 닿을 수 있지 않을까? 미지의 우주로 상상의 세계를 펼쳐보기도 했다. 그 궁금증은 고학년이 되면서 풀렸다. 놀이학교 수업이 끝나면 다양하게 놀이를 했다. 땅따먹기, 고무줄놀이, 수건돌리기, '우리 집에 왜 왔니?'와 '무궁화꽃이 피었습니다'는 함께 어울려 즐겼던 놀이였다. 가끔씩 지나가는 기차 기적소리와 신작로에 뽀얀 먼지를 일으키며 달리는 자동차를 바라보며 새로운 문명의 세계를 동경하곤 했었다. 그러나 그것은 잠시 스쳐 지나가는 상념이었다. 땅거미가 어둠을 몰고 올 때까지 놀이에 몰입했었다. 별이 총총 뜨는 밤에는 둥근달이 저만치서 앞장서 준다. 달빛을 받으면서 집으로 돌아오면 마당에 놓인 평상에서 엄마가 지어주신 저녁밥을 먹는다. 빨랫줄에 매달린 남포등 불빛에는 하루살이가 바쁘게 날아들고, 한쪽 거름 무더기 옆에서 피어오르는 매캐한 연기는 모기떼를 쫓아버린다. 낮에 까맣게 그을린 건강한 소녀들의 내일을 향한 꿈은 밤하늘의 별처럼 영롱하게 빛났다. 이 아련한 추억들은 아직까지 내 마음속에서 아름답게 수놓아져 있다.

미래에는 요즘 아이들의 소꿉놀이는 어떤 추억으로 남아 있을

까? 하루가 다르게 변화하는 이 시대가 지나면 놀이도 말만 하면 대신 다 해주지 않을까? 얼마 전에 손주에게 애완동물 대용으로 병아리 키우기 놀이 세트를 택배로 받았다. 귀엽고 앙증맞은 모조 병아리가 모이 먹고 배변하는 곳 욕조와 침실 용품까지 한가방 안에 부착되어 있다. "삐약 삐약" 소리는 기본이고 기분이 좋으며 노래가 나오는데 감정에 따라 다른 노래가 나온다. 설명서에는 자주 옮기지 말라고 쓰여 있다. 스트레스를 받으면 만족도가 덜하다고 한다. 인간이 기계의 기분을 맞춰서 놀아야 한다니…. 잠시 혼동이 왔다. 여러 종류의 아기인형이 장난감 바구니에 가득 쌓였다. 그중 인형 하나도 어쩌다 잘못 건드리면 "엄마 엄마" 하면서 우는 소리를 낸다. 하루는 친구랑 전화 통화를 하는데 애기가 보채나 보다고 한다. 인형이라고 했더니 화들짝 놀랐다. 지금은 지구촌이 첨단과학을 달리고 있으니까 옛것만 고집할 수도 없다.

지난해 고향을 찾아갔다. 그렇게 커 보였던 정자나무도 볼품없는 고목이 되어있고 금빛 모래와 맑은 시냇물은커녕 황무지로 바뀌었다. 이제는 추억으로만 간직해야지. 지난날은 아름다운 그리움으로만 남아 있다. 며칠 전에 TV에서 봤던 아시아 어느 부족국가의 자연과 더불어 사는 모습이 눈앞에 아른거린다. 소꿉놀이 하듯이 삶을 살고 있는 순박한 일상이 참 행복해 보였다. 반세기도 더 지나온 한 점선에서 한 무리 소꿉친구들의 천진난만한 모습이 얼비추었다가 그림자처럼 사라져가고 있다.

*반드깨미:소꿉놀이의 경상도 방언 *지지바:계집아이 사투리

두려움을 쫓는 종

고추월
ks7166@naver.com

 가로등 불빛을 따라 걷는다. 인적 드문 길에서 바람만이 내 빰을 스치며 뒤로 물러간다. 홍조가 되도록 바람의 쓰다듬을 받고서야 여수 여객선터미널에 도착, 금오도 함구미행 배에 올랐다. 비렁길 가는 사람이 있는지 주위를 살피지만 느낌이 썩 좋지 않다. 주말인데도 승객이 열 명 남짓하기 때문이다. 함구미 주민이라는 아낙에게 넌지시 나의 행선지를 말하니 겁을 잔뜩 준다.
 "에구, 여자 혼자 비렁길을 가다 멧돼지를 만나면 어쩌려구. 20년 이상 등산 다닌 나도 혼자서는 위험해서 안다니는 덴디." 하며 걱정스러운 눈빛으로 쳐다본다.
 그런 나의 사정을 알 리 없는 배는 예정대로 함구미에 닿았다. 사람 한 명 보이지 않았고 어둠도 채 걷히지 않아 스산하기까지 했다. 조금 전 그 여자의 말이 점점 더 크게 귓가에 맴돌아 계속 나아갈 용기마저 잃은 나는 의기소침했다. 당장 되돌아 가고 싶었지만 얼마나 벼르다 온 곳인가를 생각하여 두 눈 딱 감고 모든 것을 운명에 맡기기로 했다.

자라 오鰲자를 써 금오도라 할 만큼 섬은 큰 자라의 생김새를 닮았다. 울창한 동백나무와 대나무가 곳곳을 빼곡하게 메운 섬은 위에서 내려다보면 마치 털이 수북한 자라 모양일 것이라는 싱거운 생각으로 혼자 걷는 무서움을 쫓았다.

해안단구의 벼랑을 따라 조성되었기 때문에 '비렁길'이라고 부르는 곳을 걷는데 갑자기 '휘~이 잉' 소리가 들렸다. 멧돼지가 출몰한 줄 알고 머리끝이 쭈빗 서기도 했지만 다행히 아무것도 나타나지 않았다.

해가 솟자, 낭떠러지 아래 푸른 바다는 파도에 하얗게 부서지고 있었고 미역널방의 비경은 기가 막혔다.

그 지역의 독특한 장례풍습이 새겨진 비석도 만났다. 잠시 숨을 고르며, 죽은 후의 뒷수습까지 고민했던 옛사람들의 마음으로 돌아가 보았다. 세상과 작별한 후, 시신을 바로 매장하지 않고 관에 담아 돌이나 굵은 나무 널판 위에 안치해 2~3년 동안 두었다가 뼈만 깨끗이 씻어 본 무덤에 묻는다는 소위 초분을 알게 되었다. 다시 태어나기를 바라는 기원이 서린 토속 장례법이란다. 오늘날 온갖 좋은 약과 음식으로 오래 살기를 바라는 마음과 다를 바가 없다.

내가 다시 태어날 수 있다면, 남자로 태어나고 싶다. 그래서 등산길에 혼자 멧돼지를 만난다면 스틱 두 개의 무기로 용감하게 싸워 물리칠 수 있을 것 같다는 생각에 젖어 상상해 보았다.

두포마을 2코스를 가볍게 통과하고, 경사가 급해 5코스 중 난이도가 가장 높은 등산 기분을 느끼게 하는 3코스로 접어들었다.

갈바람통 전망대와 매봉 전망대를 힘겹게 올라 내려다 본 바다는 과연 섬섬 여수라 불릴 만하게 작은 섬들이 올망졸망 떠있어 아름다웠다. 한 걸음 한 걸음 걸어 생각에 잠겨 걷다보니 처음으로 등산객을 만나게 되었다. 서로의 얼굴에 반가움이 가득했다. 그녀의 배낭에 달려있는 엄지손가락 크기의 금속 종에 대한 설명이 인상적이었다. 짐승들은 쇳소리를 싫어해 짐승의 접근을 막을 수 있다며, 내가 무서워하던 멧돼지도 사람을 보면 도망가기 때문에 얼마든지 혼자 산행을 할 수 있다고 알려주었다.

멧돼지 같은 짐승이 무서워 산행을 두려워했던 나와 달리 그녀는 그 두려움을 극복하는 방법을 알고 있었던 것이다. 그를 만나지 않았더라면 평생 그렇게 두려워했을 것이다. 방법을 터득하고 혼자 자신있게 산을 오르는 그녀가 나와 다른 점은 그 두려움에서 벗어나는 방법을 알고 대처했다는 것이다.

돌아보니 그 많은 삶의 등산길에서 남편의 사업실패 전 조금만 묘안을 떠올렸더라면 그렇게 미련할 정도로 우직하게 인생길을 오르지 않을 수도 있었을 거라는 생각이 들었다. 왜 진작 그 방법을 찾거나 돌아가는 길을 생각해 보지 않았던가. 이번 여행으로 알게 된 금속 종을 삶의 곳곳에 달고 편안하고 씩씩하게 걸어 갈 것이다.

창백한 푸른 점

공성원
swkong527@naver.com

한여름 밤에 하늘의 무수한 별들이 지리산 악양 평사리 들판으로 내려앉는다. 고을마다 빛나는 가로등이 마치 우주의 작은 조각과 같다. 그들은 어디에서 온 것이며 언제부터 거기에 있었던 것일까. 도시 하늘에는 별이 없다. 사람들 마음에서도 별의 존재를 잊고 사는 사람이 많다. 만약 별이 없다면, 밤하늘이 깜깜한 흑막이라면, 그만큼 슬픈 일도 없을 것이다. 창조물 중에서 최고의 작품이 별들의 향연이라는 것을 남반구 뉴질랜드로 여행 가서 알게 되었다.

귀촌해서 자연인이 된 지도 어언 10년이 되어 간다. 강산도, 기후도, 살아가는 생각도 많이 변하였다. 자연스레 더 근본적인 질문을 스스로 하게 되고 그 답을 찾아가려 노력하지만 되돌아오는 것은 한계가 여기까지 임을 깨닫게 된다. 생명은 어디에서 출발하였으며 우주는 언제 어떻게 만들어졌는가. 과학의 발전으로 과거에 비해 많은 것이 사실적인 논리에 근거해서 이해되고 있지만, 그러나 아직 근원적인 것은 여전히 암흑 속에 갇혀 있다.

지구는 약 45억 년 전에 형성되었고, 현대 인류의 조상이 약 700만 년 전에 출현했다고 알려져 있다. 이는 화석, 유전자 연구, 지질학적 증거 등에 근거하지만, 어디까지나 과학적인 논리에 지나지 않는다. 종교들은 창조주가 세상 모든 것을 창조하였다 한다. 어림없는 주장이라 할 수도 없다. 어느 한쪽의 주장이 완전하지 않으면 다른 주장을 무시할 수 없다. 인간에게는 신의 존재와 최소한의 윤리적인 법이 뒷받침되어야 한다. 그렇지 않으면 탐욕으로 멸망하였을지도 모를 일이기 때문이다.

인간이 언제 출현하였건, 대부분 오랜 역사에서 원시인으로 살아왔다. 농업을 시작하고, 정착 생활을 하며, 가축을 기르고, 도구를 만들어 다른 동물과의 경쟁에서 이겨 생존하여 번성한 시대 이후에야 겨우 오늘날의 인간 모습을 만들 수 있었다. 사실 인간이 원시적인 사회 구조에서 벗어나 복잡한 사회 구조와 문화를 가지게 된 시점은 문자를 사용한 이후, 고대문명이 발생된 6천 년 전쯤으로 보아야 할 것이다.

우리가 사는 지구를 벗어나 다른 외계에는 무엇이 있을까. 외계인이라도 살고 있을까. 그런 궁금증을 해결하기 위해 1977년에 보이저호 탐사선이 우주로 나갔고 현재 태양계를 벗어나 성간星間으로 날아가고 있다. 태양계 내에는 물론이고 그 어느 별들에도 외계인은 고사하고 생명체가 살고 있다는 징후를 발견하지 못했다. 태양계를 벗어날 즈음에 찍은 지구의 사진은 한갓 점에 불과

했다. 이를 두고 천문학자 칼 세이건Carl Sagan은 "창백한 푸른 점(Pale Blue Dot)이라고 불렀다.

적어도 현재까지는 모든 과학적 기술과 수단을 동원해도 상상할 수 없이 끝없는 우주 속에 우리가 사는, 지구 외엔 생명체가 있는 행성은 없는 것이다. 아주 먼 미래에 과학이 발전해서 지구와 유사한 행성을 발견한다고 하더라도 오고 갈 수 있는 거리는 아니다. 푸르고 아름다운 지구가 우주 공간에 홀로 외롭게 존재하다가 사라질 날을 상상해 보았는가.

에어비앤비Airbnb를 통해 지구촌 곳곳에서 지리산 골짜기까지 종종 손님들이 찾아온다. 곰곰이 생각해 보면 신기한 일이다. 멀리서 오시는 손님들에게는 시간을 할애해서 대화도 하고 와인도 한잔하고 때로는 같이 산책을 하기도 한다. 다양한 사람에게서 다른 생각과 문화를 교류할 수 있다는 점에서 의미 있는 일이다.

최근에 미국에서 오신 여성분이 혼자서 5일 동안 머물다 가셨다. 예약에 혼자라고 되어 있어 잘못된 입력인가 해서 재차 물으니 혼자라고 한다. 여러 궁금증이 발동한다. 여자 혼자서 낯선 외국에 여행하기가 쉽지 않고, 왜 지리산 골짜기에 있는 민박집을 선택하였는가. 결정적인 선택의 이유가 무엇일까. 한 달 전에 예약해서 오는 날이 기다려졌다. 짐을 나르는 걸 도와주고 머물 동안 숙지해야 할 것들, 주위 환경, 가볼 만한 곳 등 안내를 해 주는 것도 주인의 몫이다.

장바구니를 보니 온통 채소 위주다. 인도를 여행하다 보면 흔히 비건Vegan을 만나지만 우리 집 손님으로 비건이 오신 것은 처음 있는 일이라 은근히 염려되었다. 비건 식자재를 고르는 것과 식당도, 음식도 찾기가 쉽지 않다. 비건은 어떠한 동물성 식품, 달걀, 우유는 물론이고 벌꿀마저 피하고 식물기반의 식품만 섭취하기 때문이다.

마지막 날 저녁에 와인 초대를 해서 여러 이야기를 나누게 되었다. 우선 비건이 된 이유부터 시작된다. 몇 가지 이유가 있지만, 지구 환경에 미치는 영향을 감소하는 것을 강조한다. 가축 사육은 온실가스 배출, 산림 파괴, 토양 침식 등 많은 부작용을 낳게 되고 소고기, 돼지고기 같은 육류는 이산화탄소(CO_2)와 메탄(CH_4) 배출의 주요 원인임을 열변하는 것이다.

직업이 대학교수라 차원 높은 설명이 곁들여진다. "현재 기후 변화 재앙은 기후만의 문제가 아니라 연쇄적인 영향이 따라와서, 곡창지대가 사막화되고 식물이 사라지고 기근과 물 부족 사태가 이어지기에, 어느 국가나 단체, 환경 과학자에만 맡겨져서는 안 되고, 지구촌 모든 사람 개개인이 지구 종말에 대한 경각심을 갖고, 각자 해야 할 작은 일이 무엇인가를 고민하고 실천해야 한다. 그것 중의 하나가 비건주의Veganism"라는 것으로 매듭 한다.

과거 100년 동안 인류 사회가 엄청난 발전을 했다. 그 반대급부로 자연환경도 그 속도만큼이나 파괴된 게 사실이다. 망망한 우주 공간에 하나뿐인 "푸르고 아름다운 창백한 푸른 점"마저 사라지면 이 우주는 아무런 가치도, 의미도, 존재 이유도 사라질 것이다.

5일 동안 머물며 남기고 간 음식물 쓰레기는 당근 껍질과 버섯

밑뿌리뿐이었다. 큰 울림을 남기고 떠난 지구 지킴이 환경 운동가 손님을 오래도록 잊지 못할 것이다.

여름날의 소나타

곽해순
haesoon0106@hanmail.net

'그래, 결심했어!'

오늘은 아파트 재활용 분리수거가 있는 수요일. 날이 어둑어둑 해지기를 기다린다. 계획한 대로 반드시 실행에 옮겨야 한다. 자꾸 망설이지 말자. 하지만 십여 년을 함께한 그에겐 정말 못 할 짓이다.

재활용 분리수거장에서 나를 알아보면 안 되지, 그럼 검정 선글라스를 쓰자. 마침 자외선 차단을 위해 구입한 검은색 마스크가 있었지. 거울을 보니 얼굴의 대부분을 가려 눈만 빼꼼히 보이네. 되도록 눈에 띄지 않게 검은색 모자 티에 바지도 검은색으로 입는 게 좋겠어. 모자를 최대한 푹 눌러쓰자. 그래도 눈에 쉽게 띨지 모르지. 코로나19 때 마스크를 써도 나를 알아보는 이웃들이 있던데. 커다란 비닐봉지에 담아 캐리어에 끌고 가야지.

'도둑이 제 발 저리다'고 걸리지 않을 다양한 경우의 수를 생각해 본다. 모든 걸 통과한다 해도 또 다른 난제가 있다. 무단으로 쓰레기 배출하는 주민을 색출하기 위해 CCTV가 설치되어 있지. 경비 아저씨와 마주칠 수 있으니 그 CCTV에 찍히면 빼도 박도 못한다. CCTV 사각지대에 그 녀석을 처리해야 한다. 쏜살처럼 달려 재활용 분리수거장을 벗어나, 돌아올 때는 엘리베이터보다는 계단을 이용해야지. 아차, 집에서 쓰레기 분리수거장까지 동선의 길이도 생각해 보아야지. 누군가 알고 쫓아올지도 모르잖아. 계획은 이만하면 완벽하다. 이제 매뉴얼대로 실행만이 남은 상황. '한 번에 성공하려면 시뮬레이션simulation도 필요하지 않을까?'

항아리를 내다 버릴 생각을 하면서 '영화 007 스릴 첩보작전'을 떠올린다. 내 계획은 주인공 제임스 본드가 알면 박장대소할 일이다. 시커먼 뿔 달린 악마의 꼬임이 한바탕 있은 뒤에, 하얀 날개가 달린 천사가 나타나 착하게 살아야 한다고 내 귀에 나지막이 속삭이고 간다. 하지만 이미 내 마음은 악마의 달콤한 사탕발림에 빠져 있다.

원칙대로라면 항아리는 도자기류로 모두 땅에 매립해야 하는 쓰레기다. 타지 않는 불연성 마대 쓰레기봉투를 사서 담아 내놓는 것이 정석이다. 그 불연성 마대 쓰레기봉투 가격은 10kg에 이천 원이다. 값싼 불연성 마대 쓰레기봉투를 사지 않고 공짜로 내다 버릴 생각을 하고 있다. 그것도 완전범죄를 위해 치밀한 계획까지 세우고 있다.

왜 양심을 속일 생각을 하고 있을까? 다행히 항아리를 몰래 내다 버리는 데 성공했다 치자. 그다음 내 마음속의 도덕적 양심은 어쩔 건가?

하지만 여기엔 소심한 반전이 있다. 내가 부도덕하지 않다는 이유인즉, 항아리를 무단배출 하려는 의도뿐만이 아니다. 혹시 쓸 수 있는 사람이 있었으면 하는 바람에서 무단배출을 계획한 거다. 항아리가 부서져 흙으로 돌아가지 않았으면 하는 마음에, 몰래 내다 놓는 것을 택한 것이다.

막상 버리려니 손때 묻은 항아리와 함께한 시간들이 떠올랐다. 매년 여름 항아리에 오이지를 담가 먹었다. 작고 똘똘한 오이 한 접을 사서 항아리에 차곡차곡 쌓아 뜨거운 소금물을 끓여 부었다. 떠오르지 말라고 넓적한 누름돌로 꼭 눌러 놓으면 며칠 지나지 않아 노랗고 쪼글쪼글한 오이지를 만들어냈다. 뜨거운 소금물 세례를 받고 아무 불평 없이 시간을 이겨낸 오이지. 물에 담가 짠 기를 빼고 파 송송 썰어 참기름 넣고 조물조물 무쳐 물에 밥을 말아 얹어 먹으면 다른 반찬이 필요 없었다. 또 찬물에 오이지를 썰어 넣고 식초 한 방울 떨어뜨려, 얼음 몇 개를 넣어 냉 오이지 동치미를 상에 올리면 시원하고 상큼한 맛이 일품이었다.

오이지 항아리는 가장 아끼는 반려伴侶 항아리였다. 초여름에 담근 오이지는 밑반찬으로 좋은 먹거리를 제공했었다. 그런데 세월이 흘러 일 년에 한두 번 쓰는 항아리가 자리를 차지한다고 내다 버리려 치밀한 첩보작전을 세웠다. 다른 용도로 쓸 수 있는 대안이 없을까? 깊이 생각해 봐도 마땅한 용도가 없었다. 결정적 이유는 항아리를 둘 공간과 많은 양의 오이지를 담가 먹어 소비할

식구가 없었다.

그날 밤늦은 시간 계획한 대로 오이지 항아리를 성공적으로 내다 버렸다. 먼저 버려진 약탕기와 이 빠진 도자기 그릇들 속에 항아리를 살며시 올려놓았다. 돌아서며 항아리를 자꾸 뒤돌아보았다.

'쫄지 마! 누군가 널 필요로 하는 곳으로 갈 거야. 흙에 묻히지 않을 거야. 만일 묻힌다면 그것도 너의 운명이려니 해야 해. 나의 반려 항아리! 함께한 시간, 고마웠다.' 어쩌면 이 말은 내 마음이 편하기 위해 한 말일지도 모른다.

비가 그친 다음 날 아침 일찍 재활용 쓰레기장에 들렀다. 내가 버린 자리에 항아리는 없었다. 놀라서 경비 아저씨에게 물어보니 옆 동 할머니가 가져갔다고 했다. 새 주인을 만나 맛있는 오이지를 만들어낼 항아리를 위하여! 내심 기쁜 마음에 그 녀석에게 힘찬 박수를 쳐주었다.

나이가 들면 시간의 가속도가 느껴지는 건 느낌만의 문제일까? 반려 항아리를 내다 버리면서 그도 나도 같이 늙어갔다고 느껴졌다. 쓸모 없어진 그를 버리며 나를 돌아보았다. 한여름 소나기가 한바탕 소란을 피우며 훅하고 지나간 것처럼, 무더위에 바짝 쫄았던 마음이 한결 상쾌해졌다.

요즘 노년의 나이 듦에 부정적인 사고로 우울해했던 나를 위로해 본다. "희망은 비용이 전혀 들지 않는다. 희망을 가진 나의 노년을 위하여!" 한여름 세월을 이겨낸 가로수길 매미 소리가 힘차게 울려 퍼졌다. 마치 그곳에 버려졌다, 다시 희망을 갖게 된 그 녀석과 나를 위한 여름날의 소나타처럼.

공룡능선을 타다

권오신
ik010678@hanmail.net

산사람들의 로망! 공룡능선은 산세가 험준하고 위태롭기로 악령 높은 산이다. 지리산, 설악산은 정상을 '찍는다'라고 하지만 공룡능선은 '탄다'라고 말한다. 오르막 내리막길 수없이 반복되기 때문에 체력 소모가 장난이 아닌 곳이다. 공휴일 희운각 산장 예약은 하늘의 별 따기지만, 3년 만에 예약 성공, 기쁨에 밤잠을 설쳤다.

서울에서 새벽에 출발해 한계령에 왔다. 일행은 3명, 육칠십대의 노령이다. 1시간 걸린다고 듣고 왔는데 희운각까지 7시간가량 걸린다는 게 아닌가. '이를 어쩌지?' 머리가 철퇴를 맞은 것처럼 멍해지고 가슴이 철렁 내려앉았다. 나는 새파랗게 질려 놀란 가슴을 진정할 수가 없어 눈물만 주르르 흘렸다. 첫발부터 시행착오에 기가 죽어 리더인 나는 동료들에게 "미안해"를 연발했다. 일행은 괜찮다고 말했지만, 그들도 눈물을 글썽이고 있었다.

몇 년을 별러서 도전했지만 이렇게 난관에 부딪히니 정말 가슴치고 통곡할 일이었다. 하지만 이미 주사위는 던져진 것, 오전 11시에 서둘러 출발했다. 묵묵히 가파른 오르막길로 접어들었다. 마치 사다리를 타는 듯 깔딱 고개의 연속이었다. 거친 숨을 몰아쉬며 헐떡대는데, 땀방울은 비 오듯 쏟아졌다. 마치 유격훈련을 방불케 했다. 문득 난 '왜 이렇게 사는 거지?' 자신에게 반문해 보았다. '힘들어도 넘치는 희열이 있고 가슴 뿌듯하잖아, 이게 나야!' 가슴에 울려왔다.

한 박자 쉬면서 커피 한 잔으로 지친 몸을 달랬다. 다시 힘을 얻어 끝이 없을 듯한 산길을 올랐다. 고개를 들어보니 하늘빛은 보이지 않고 바윗길만 까마득했다. 땀으로 범벅된 얼굴을 수건으로 자꾸 문지르니 따끔거렸다. 물로는 갈증이 가시지 않아 오이 한 조각 입에 넣어 보지만 씹을 수가 없었다. 탈진과 갈증으로 에너지가 모두 소진된 상태였다. 에너지 충전과 휴식이 필요했다. 자동차에 오일이 없으면 갈 수 없듯이 우리 몸도 마찬가지다. 초콜릿, 햄을 먹고 커피를 마시며 잠시 쉬었다가 다시 힘을 모아 중청대피소 앞까지 갔다. 다시 내리막길 2시간을 걸어 오후 6시 희운각에 도착했다. 취침 시간이 9시여서 서둘러 물과 커피를 보충하고 어둡기 전에 저녁 식사를 했다. 환경오염 때문에 세수도 금하는 곳이었다. 하루 종일 땀범벅으로 목욕했는데 씻을 수도 없어 찝찝했다. 얼굴과 귓목에서 소금 가루가 우수수 떨어졌다. 이곳은 2층으로 되어 있는데 남자는 1층, 여자는 2층을 사용한다. 여기저기서 고단한 신음과 코 고는 소리가 진동했다. 땀 냄새가 코를 찔렀다. 너무 힘들어서 잠이 오지 않았다.

지나간 파란만장의 세월이 파노라마처럼 스쳐 지나갔다. 초등학교 1학년 때 이모 집에 가다가 큰 개울 외나무다리에서 떨어졌다. 10살 오빠가 떠내려가는 나를 살려냈다. 그때 천식을 얻어 고질병이 되었다. 결혼 후 10년, 남편과 사별, 아이들과 나는 아무도 없는 사막에 던져졌다. 눈앞이 캄캄했고 삶의 끈을 놓고 싶었다. 그때 산으로 무작정 올라 한참을 걷고 나니 막혔던 숨이 트이고 눈물이 하염없이 흘렀다. 나무들이 말을 걸었다. '힘들지? 힘들면 언제든지 와.' 많은 위로를 받았다. 산과 인생은 굽이굽이 힘든 길이 닮은 듯하다.

엎치락뒤치락 잠을 설치고 새벽 5시 산행을 시작했다. 희운각~공룡능선~마등령~무너미고개~소공원까지, 13시간(13km)을 걸어야 하는 날이다. 도시락 3개, 햄 한 뭉치, 비상식량까지 메고 걸어야 한다. 에너지가 떨어지면 죽음이다. 바람이 일어날 정도로 걸어야 한다. 풍광이 뛰어난 곳에서 아침 먹으려고 도시락을 펼쳤다. 아침을 일찍 먹어야 짐을 줄일 수 있다. 각자 물 2L씩, 배낭 무게에 어깨가 무너진다. 까마득히 올려다보이는 급경사진 공룡의 등을 타고 넘을 때부터 나의 체력 테스트를 하게 되었다. 소나기를 한바탕 퍼붓듯 이마, 콧등, 머리카락을 타고 내려오는 땀방울은 금방 머리 감고 나온 듯, 여기저기서 뚝뚝 떨어졌다. 공룡의 등 뿔을 타고 오르고, 곧바로 꺾어내려 가야 하는 급경사진 하산 코스는 곳곳에 위험이 도사리고 있었다. 셋 중의 한 사람이라도 잘못되어 지체하면 이변이 생겨 완주가 어렵게 된다.

공룡능선은 타기 시작하면 뒤로는 갈 수가 없다. 앞으로 가면 10시간, 뒤로 가도 9시간이기 때문이다. 공룡능선의 전경을, 헬기를 타고 하늘에서 보는 모습은 장관이라고 한다. 대청봉(1,708m)을 비롯한 중청봉, 소청봉, 귀때기청봉이 한눈에 들어온다는 것이다. 범봉~유선대~장군봉의 굵은 선이 눈앞에 보인다. 저 멀리 봉정암 위에 봉황이 살포시 내려앉은 듯, 기암괴석이 한줄기를 이루고, 또 한줄기 보이는 울산바위는 부채를 펼쳐 보이듯 아름다운 자태를 뽐내고 있었다. 공룡능선 1,275봉은 공룡이 기지개를 켜듯 힘차고 장엄했다. 우뚝 솟은 단애절벽 사이로 넘실대는 운해의 모습은 신비함과 경이로움, 최고의 비경이었다. 꿈을 꾸듯 아슴아슴 몽롱해졌다. 황홀함에 할 말을 잃었다. 한참 장승처럼 우두커니 서 있었다. 내가 정말 살아 있는가, 이보다 더 행복할 수 있을까. 감사의 기도가 절로 나왔다.

어느덧 아이들은 반듯하게 성장해 어엿한 사회인이 되었다. 아들은 서울에 집도 장만했고 세계 여행의 꿈에 부풀어 있다. 나의 삶이 조금 여유로워진 것 같다. 내 인생의 정상이 여기일까. 꿈에도 그리던 해외여행도 했고, 대한민국 유명한 산도 섭렵했다. 산 정상에서 느끼는 쾌감! 인생의 정상에 서 있는 기쁨! 나는 지금, 이 순간을 즐기고 있다.

정구지 지짐이

금은주
gold1518@hanmail.net

　정월부터 구월까지 먹는다 하여 정구지라 한다. 이른 봄부터 시작해 늦가을까지 먹을 수 있다. 봄부터 먹는다고는 하나 향긋한 봄나물이 지천으로 널려 있을 때는 정구지를 잘 찾지 않게 된다. 늦여름부터는 꽃대가 올라와서 잎이 세어지고 향도 덜하다. 정구지 맛은 더위가 한창인 음력 오뉴월이 제철이다. 이맘때가 되면 오이, 가지, 호박 같은 열매채소들도 많이 나오지만, 지짐이를 부쳐 먹을 만한 채소로는 정구지만 한 것도 없다.
　베어내면 돋아나고 뜯고 나면 또 올라오니 붙여진 이름만큼이나 오랫동안 먹을 수 있는 채소가 정구지다. 맵지도 싱겁지도 않은 정구지 향을 나는 좋아한다. 정구지로 김치를 담게 되면 매운맛이 더해지고, 지짐이를 부치면 매운 맛이 감해진다. 지짐이를 부칠 때에 매운 고추를 조금 다져 넣게 되면 알알한 맛이 고소한 맛과 어우러져 그 맛이 그저 그만이다. 여우비, 소낙비가 잦은 여름날, 끈적이는 불쾌감도 정구지 지짐이 하나로 떨쳐버릴 수 있다. 더위와 씨름하느라 잃었던 입맛을 살리기에도 제격이다.

언니 내외가 지나는 길이라며 들렀다.

"날씨도 끄무레한데 부추 부침개나 해 먹자."

서울을 떠나 온 지 수십 년이 지났건만 아직도 언니는 서울식 표현인 부추 부침개를 고집한다. 더 부드럽게 들린다고 애써 변명하지만 그 숨은 뜻을 잘 알고 있다. 돌아가신 아버지와 함께 서울에서 즐겁게 지냈던 마지막 기억을 밀어내고 싶지 않은 거다. 그래서 내게는 부추라는 단어가 슬프게 들린다. 반면 정구지는 투박스럽고도 해학적으로 들려서 좋다.

마트에 심부름 갔던 아들 손에 검은 비닐봉지가 들려져 있다. 솔잎같이 파릇한 정구지 이파리가 봉지 밖으로 삐죽삐죽 드러나 있다. 다싯물에 밀가루를 개고 숭숭 썬 정구지와 매운 고추 다진 것을 조금 넣는다. 프라이팬에 식용유를 두르고 한 국자 떠 놓고는 꾹꾹 눌러가며 얇게 부친다. 얍실하게 구운 정구지 지짐이를 한 점 입에 넣으니 문득 어릴 적 외숙모가 부쳐 주시던 정구지 지짐이 절로 생각난다.

매미 소리 요란한 여름방학이 오면 우리는 시골 외할머니 댁으로 보내졌다. 어머니는 우리들을 시골 외할머니께 맡기고 돈 되는 바깥일을 나가셨다. 동생들을 데리고 시골까지 가는 길은 멀고도 힘들었다. 시골 친구들을 만난다는 기대감과 차창 밖으로 지나가는 낯선 풍경이 힘든 여행길을 잠시 잊게 하기도 했다.

이른 아침에 출발해서 늦은 저녁에 외할머니 댁에 도착하면 외숙모는 저녁을 해 놓고 기다리고 계셨다. 마당 한가운데 평상이 놓여 있고 그 옆에는 모깃불이 모락모락 피어오르고 있었다. 커다란 두리상에 올망졸망 앉아 있는 우리들에게 내어주시는 반찬이래야 된장찌개와 푸성귀 저래기 뿐이었다. 그 흔한 두부 한 조각도 들어있지 않은 된장찌개 맛은 너무 강했고, 저래기 맛을 알기에는 우리들 나이가 너무 어렸다. 먹는 둥 마는 둥 하고 일찍 잠자리에 들었다.

대엿새가 지나도록 감자나 옥수수 같은 걸로 끼니를 때우는 우리가 안쓰러웠는지 외숙모는 밭에 나가 대소쿠리 가득 정구지를 베어오셨다. 마당 옆 사랑방 아궁이에 불을 지피고는 가마솥 뚜껑을 걸으셨다. 두메산골에는 식용유가 귀했다. 기름을 아끼느라 감자에 기름을 묻혀 가마솥 뚜껑에 쓱쓱 닦아내듯 바르셨다. 고소한 기름 냄새가 번지자 동생들이 몰려왔다. 짙은 풀 향기의 정구지 냄새와 기름 냄새가 어우러져 군침이 절로 돌았다. 매운 연기 냄새도 싫지 않았다. 동생들은 다 부쳐진 정구지 지짐이가 어디라도 달아날까 말똥말똥 뚫어져라 솥뚜껑 쪽만 바라보았다. 지짐이가 노릇하게 부쳐지면 누가 먼저랄 것도 없이 젓가락이 갔다. 접시 위에서는 전쟁이라도 난 듯했다. 한 점밖에 먹지 않은 거 같은데 접시 위는 말끔히 비워져 있었다.

그렇게 우리는 구워내기 바쁘게 접시를 비워대며 홀쭉했던 배가 너끈 일어나도록 정구지 지짐이를 맛있게 먹었다. 덕분에 입맛은 살아났고 이제는 없어서 못 먹을 지경이 되었다. 바가지에 밥을 비벼 먹는 데도 익숙해졌고 반찬 없이 고추장 하나로도 보리

밥에 얹어 먹을 줄 알게 되었다. 도시에서 어머니가 해 주시는 계란, 두부, 어묵 반찬은 까맣게 잊어버렸다. 입에 맞지 않았던 시골 반찬에 길들 때쯤 오랜만에 만나 다소 서먹했던 친구들과의 사이도 익숙해지고 있었다.

 한 철이 아니라 서너 철은 먹을 수 있는 정구지같이 만만하고 넉넉한 사람이면 좋겠다. 맵지도 싱겁지도 않은 정구지 지짐처럼 너스레를 떨다가도 따끔한 충고도 피하지 않은 사람이었으면 좋겠고, 인정을 베풀 때는 그리 인색하지도 헤프지도 않은 사람이었으면 좋겠다. 입맛 돋우는 정구지 지짐이처럼 나를 만나는 사람들이 금세 입가에 웃음이 번졌으면 좋겠다.

부부 나무

김경희
kyunghee2308@daum.net

　사촌 언니 부부와 여수 오동도를 갔다. 며칠 동안 내린 비로 황사가 없어 맑은 하늘과 쾌적한 공기를 맘껏 마실 수 있어서 다행이다. 창문을 여니 향기로운 오월의 바람이 통째로 들어오는 것 같다. 이곳저곳 산등선에 찔레꽃이 하얀 웃음을 건네고 초록 덤불에 장미가 뭇사람 관심 속에 당당함을 과시하고 있다. 오월은 뭐니 뭐니해도 붉은 장미의 계절이다. 계절의 여왕이라는 명칭을 화답이라도 하는 양 화려하게 뽐내고 있다.
　이번 여행은 남편이 자동차를 바꾸어 시승식을 겸한 나들이다. 아침에 일어나니 무릎이 아파 망설이다가 나섰다는 언니의 푸념 섞인 말에 낡은 세월이 애잔하게 고개를 내민다.
　갯바람과 결 고운 햇볕이 반가워 아이처럼 깨금발로 뛰었다. 머릿속에 채워둔 세균 같은 생각과 염증 나는 일들을 한 방에 날리며 노래를 부르기 시작했다. 예전에는 하루에도 몇 번씩 앞도

뒤도 없는 한 구절의 노래를 불렀는데 언제부터 사라져 버렸고, 그렇게 깔깔대던 웃음도 날아가 버린 것이 그만큼 내 생활이 팍팍해졌다. 상춘객들은 동백 열차와 유람선을 타기 위해 줄을 섰건만, 우리는 햇볕 아래서 걷기로 했다. 오동도 동백꽃은 야속하게 한 송이도 우리를 기다리지 않았지만, 날씨와 동행이 동백꽃을 한 아름 품은 듯이 즐거움을 더해 주었다. 숲길을 지나다 보니 '부부 나무'가 있었다. 발길은 그곳에 멈추고 팻말에 새겨진 글을 읽어가는 도중 눈물이 발등에 뚝 떨어진다.

"남편이란 나무가 내 옆에 생겼습니다. 바람도 막아주고 그늘도 만들어 언제나 함께하고 싶고 사랑스러웠습니다. 그런데 언제부터인지 그 나무가 싫어지기 시작했습니다. 비록 사랑했던 나무지만, 귀찮고 나를 힘들게 하고 괜히 짜증이 나고 심술을 부리기도 했습니다. 어느 날부터 나무는 시들고 죽어가기 시작했습니다. 심한 태풍과 함께 찾아온 거센 비바람에 나무는 그만 쓰러지고 말았습니다. 늘 함께했던 나무의 소중함을 잊고 지내는 사이에 나무는 나에게 정말 소중한 그늘이 되어주었다는 것을…."

뒤늦은 후회가 새겨진 마지막 문구에 발길이 떨어지지 않았다. 양심의 회초리가 등을 사정없이 후려치니 눈물이 날 수밖에 없다. 부부 나무에 새겨진 문구는 나를 반성하고 성찰하게 하는 문장들이다. 남편과 결혼한 지, 강산이 4번이나 변했다. 우리 부부의 생활은 중고차에 몸을 실은 여행자처럼 늘 삐걱거리고 덜커덩거렸다. 몇 년 아니 몇 개월 만에 시동이 꺼지다가 수시로 바퀴에 바람이 빠져 멈춘 적이 있다. 서로의 탓을 하면서도 차를 바꿀 생각은 하지 않고 정비를 하면서 지금까지 40년을 넘게 타고 왔다.

옹색한 살림살이에 빚과 물새알 같은 아이만 늘어났다. 아웅다웅 말다툼이 이어지면서 험준하고 위태위태한 생활은 권태롭기까지 했다. 출렁거리는 마음을 누르기도 쉽지 않았다. 누가 부부를 무촌이라 했던가. 좋을 때는 하루도 안 보면 못 살 것 같다가 꼴이 보기 싫어지면 돌아설 수 있는 것이 부부다.

아이들이 중학교에 다닐 때 남편이 우울증을 앓았다. 일주일 넘게 불면증에 시달려 충혈된 눈으로 출근하는 처진 뒷모습을 보고 울음을 삼켰다. 남편 어깨만 바라보고 있는 가족은 짐이 되어 죽음의 굴레로 몰아넣는 것 같아 불쌍하고 가여워 충심으로 보살폈다. 입맛을 잃은 남편을 위해 매일 시장을 가서 구미 돋우는 반찬을 만들어 아이처럼 떠먹이기도 했다. 그때 절박한 내 심정은 이 남자가 잘못되면 세 아이와 살길이 막막했기 때문이다. 그 시절 간절함은 깡그리 잊고 목청 높여 타박하니 사람 마음이 간사하다.

나를 평생 먹여 살리는 남편을 도깨비 눈으로 비난과 자존심을 뭉갰을 때도 있었다. 남편은 막말이나 상처가 되는 말은 하지 않았다. 나를 위하고 가족을 위하는 마음이 미워하는 마음보다 더 깊었기에 아직도 건재한 고물차는 손자 재롱에 빠져 애증의 강을 건너고 있다.

결혼식 날, 하객들 앞에 맹세한 혼인 서약을 지키기 위해 끝까지 살아가는 것은 험한 바다에 파도타기를 하는 것과 같다. 낯선 사람과 한 이불을 덮고, 아이를 낳고, 사는 것이 얼마나 많은 배려와 인내가 필요한가. 전쟁을 가르쳐준 남자, 팔방돌이 아버지에게 받은 서러움을 다독여준 남자, 내 새끼를 유정하게 바라보는 남자, 자식 험담 마음 놓고 할 수 있는 남자가 동서고금을 둘러봐도 어디 있겠는가. 부부가 해로하는 것은 막중한 책무를 다하는 일이다. 부부란 고무줄같이 팽팽하다가도 느슨해지기도 한다.

이제 나에게 조급함과 상실감을 품을 수 있는 여유로운 그릇 하나가 생겼다.

고등학교 일 학년 이른 봄 사촌 언니가 결혼했다. 가부장적인 가정환경 속에서 자라서인지 어릴 적부터 단란한 가정을 본 적이 없었다. 가끔 방학이 되면 비슷한 시기에 도시 생활하는 막내 삼촌, 오빠, 언니 집을 두루 다녀온다. 막내 삼촌과 오빠네는 퇴근 후 종종 말다툼하는 것을 보지만, 언니네는 형부가 퇴근하는 시간이면 조카들 얼굴에 꽃이 피고 깨소금 냄새가 집안 가득하다. 형부는 언니가 빨래하면 빨래터 옆에서 설거지하면 부엌 쪽문을 열고 근무지의 하루를 이야기한다. 언니는 마침 형부와 함께 근무하는 직원처럼 사무실 분위기를 꿰뚫고 있을 정도다. 늦은 밤까지 소곤대며 직장과 정치, 역사, 시대를 넘나들며 가방끈이 짧은 언니 귀를 열어주었다. 엄마는 사촌 언니 부부를 다정한 연인 같고, 친구같이 지내는 모습에 칭찬을 아끼지 않았다. 형부는 언니를 면박하거나 인격을 모독하지 않는다.

언니 부부는 문중에서 손꼽는 잉꼬부부다. 형부는 집안 어른들이 좋아하는 양반집 자제이면서 공직에 몸을 담아서인지 처세가 반듯하다. 처가댁 길·흉사에 솔선수범하기도 하지만, 부부가 다정하게 살아가는 모습은 만인의 사위다. 윗대부터 우애를 보고 자라서인지 사촌 간에 남다르게 잘 지낸다. 남편도 형부와 동서 간임을 은근히 자랑스럽게 생각한다. 망팔을 바라보는 언니 부부를 보면 잔잔한 호수에 뜬 작은 배처럼 그림이 평온하다. 물론 각자 회오리바람도 가끔 불었겠지만, 아름다운 풍경화처럼 단란한 가정을 꾸려가고 있다. 언니 부부와 보내는 시간이 잦다.

언니 무릎에서 세월이 저물어 가는 소리가 들리고, 형부의 등이 점점 낮아지고 있다. 남편도 인제부터인지 머리카락이 숭숭 빠져나간 정수리가 헐빈하다. 얼마 남지 않은 부석부석한 머리카락도 반백이 되어 애련해진다. 건강을 예사롭게 생각한 나도 이곳저곳 아픈 곳이 불거지고 있다.

자식 때문에 살아왔다는 신세 한탄은 어느 날부터 사라지고, 늘 바람을 막아주고 그늘이 되어준 그에게 고마움보다 측은지심이 생긴다. 오늘 저녁 우주처럼 큰 품으로 우리 가족을 위해 고생한 그에게 좋아하는 갈치조림을 해야겠다.

한우산 전설

김나은
kmj8027@hanmail.net

 살랑 바람이 등을 밀어주는 맑게 갠 가을날, 지인이 한우산을 가자고 연락이 왔다. 창원을 출발하여 군북, 함안을 지나 망개떡이 유명한 의령읍 가례면을 거쳐 어렵지 않게 쇠목재에 도착했다. 입구에 자굴산과 한우산으로 갈라지는 안내문에 발길을 멈춘다. 고대 가야 땅인 의령 한우산 길목에는 오랜 역사가 담긴 도깨비 대장 쇠목이 설화가 있다. 사람을 사랑한 도깨비 이야기가 궁금해진다.
 임도를 따라 오른다. 버스도 내달릴 수 있는 동네 신작로 같다. 꽤 넓은 포장도로다. 836m 정상까지 가파르다. 에스자(S)보다 직진이 많아 경사가 심하다. 발을 옮길 때마다 개구호흡을 해보지만 가슴은 쿵쾅 나댄다. 바람도 같이 가자고 어깨동무를 한다. 중간 쉼터에서 아래로 내려다보니 '색소폰 로드'라 불리는 거대한 색소폰이 중턱에 세로로 누워 있다. 한숨을 고르고 고개를 돌리니 길섶에 산국이 노란 뭉게구름 떼를 지어 얼굴을 맞대고 방긋 웃고 있다. 무심한 임 기다리듯 말긋말긋 쳐다본다. 심성이 고와서일까. 향수 같은 진한 향을 내뿜는다. 코로 전하는 향에 뇌가 행복하다. 눈앞에 펼쳐질 광경에 호기심 많은 어린아이같이 부푼다.

　정상에 오르니 쇠목이가 저지른 죄목이 새겨진 팻말이 세워져 있다. 몇 발짝 걸어 앞을 보니 눈을 부릅뜨고 먼 길 오느라 고생했다며 우리를 반기며 서 있다. 쇠목이는 특별한 차림새의 형상이었다. 동, 서양의 도깨비마다 특징이 다르다. 토종 도깨비는 쇠목이 모습과 다른 도포 옷을 입고 갓을 쓰고 외진 곳이나 인적이 드문 곳에 나타나 사람의 혼을 빼는 도깨비였다. 일본의 무서운 요괴 오니는 머리에 뿔이 있고 흉포하고 잔인한 성격을 가져 난폭하다. 서양의 갈레두브, 트롤 도깨비는 온순하며 숲의 요정으로 산다고 한다.

　도깨비 탐방에 나선 우리는 가까이 다가가 도깨비 얼굴을 자세히 들여다본다. 피부가 거칠고 투덜투덜하고 홍역으로 물집이 생긴 것 같고 입은 당나발처럼 튀어나와 이빨 두 개가 송곳처럼 뾰족 솟아있다. 광대뼈는 불쑥 튀어나왔고 눈은 크고 부리부리하다. 머리카락은 동전으로 말아 놓은 듯 부스스한 인디언 머리 같다. 몸집도 키도 큰 도깨비 대장 쇠목이가 방망이를 들고 황금 동굴 입구를 지키며 '여기는 내 구역이다.' 하고 소리치는 듯하다. 동화책에서나 볼법한 항목으로 곳곳에 스토리가 세워져 있다. 무슨 속셈으로 여기까지 왔을까? 설화에는 무슨 사연이 있을까? 전설이 아니라 실화인 양 관심이 쏠려 이야기가 쓰여 있는 표지판에서 눈을 굴리며 발을 옮기지 못한다.

무섭게 부릅뜬 도깨비 눈알을 주시하며 어린 시절 동화 속으로 빨려 들어간다.

옛날 눈부신 금 비늘 옷을 입은 한우 도령과 곱고 아리따운 머릿결을 가진 응봉 낭자가 살았단다. 이들은 평생 배필로 맹세한 사이였다. 하늘도 갈라놓을 수 없는 두 사람은 꽃같이 예쁜 사랑을 했다. 한우산 홍의송 정령들도 한마음으로 축복해 주었다. 그러던 어느 날 쇠목이는 길을 지나다 어여쁜 응봉낭자를 만난다. 심술궂은 도깨비가 빼어난 미모의 아름다운 낭자를 그냥 둘리 없다. 응봉낭자가 망개떡을 좋아하는 줄을 알아내고 황금으로 떡을 만들어 사랑을 고백하지만 거절당한다. 남이 잘된 것을 꼴 못 보는 쇠목이다. 저 낭자를 내 것으로 만들어야겠다고 결심한 그때부터 심술이 시작된다. 한우도령만 없으면 제 것이 될 것이 분명하다고 착각한다. 도깨비 계략에 어이없이 죽임을 당한 도령은 하늘로 올라가 찬비가 된다. 한우 없는 세상을 혼자 살 수 없어 낭자도 철쭉꽃으로 변신하고 만다. 그래서일까 해마다 봄이면 온산에 붉은 물감을 뿌려 놓는다. 불타는 낭자의 혼불일까? 도깨비는 낭자가 보고 싶어 독이 든 철쭉꽃을 먹고 쓰러졌다. 죽어 있는 도깨비를 홍의송 정령들이 깨웠다. 시간이 지나 도깨비 두목 쇠목이는 크게 뉘우치며 착한 도깨비로 변했다고 한다. 잡을 수 없는 사랑 대신 사람들을 사랑하며 소원을 들어주는 선한 도깨비의 손등은 반질반질 빛이 났다.

잠시나마 소싯적 추억으로 돌아가니 허구임에도 재미가 쏠쏠

하다. 순진무구한 행복감에 빠진다. 의령 한우산은 동심의 세계로 빠져드는 아름다운 산이다. 망개떡을 좋아하는 응봉낭자와 한우도령이 이루지 못한 사랑은 비가 되고 꽃이 되어 사람들 기억에 오래 남아 있다. 허황된 꿈을 꾸던 도깨비는 과거의 기억을 모두 지우고 다시 태어나 망개떡을 나누어주고 선한 일을 하며 사람을 사랑하는 도깨비가 되었다고 한다. 하고 많은 얼굴 중에 왜 험상궂은 모습으로 세상에 왔을까?

    도깨비 답사를 마치고 돌아서는데 '나는 전생의 무엇이었을까?' 궁금해졌다. 남에게 상처준 일은 없었을까. 갚아야 될 빚은 없을까? 그저 받은 생명의 보답으로 적십자 이름으로 가진 재능을 펼치며 어려운 이웃과 더불어 삼십여 년 동안 사회에 환원하며 살았다. 그래도 쇠목대장 앞에서는 자신을 돌아보며 더욱 증진하는 삶을 살겠다는 다짐을 해본다.

그래도 아날로그

김남수
doggabi@empal.com

중3이 된 늦둥이 딸이 공부하기를 무척 싫어한다. 초등학교 5, 6학년 때 수업을 뭉개버린 탓이 크다고 보는데, 그 중요한 시기를 학교에 출석하지 않고 집에서 모바일로 공부한 여파가 계속되는 듯하다. 이른바 코로나 세대인데, 고등학교 화학 교사를 하는 지인의 말에 의하면, 전에는 시험을 보면 90점대, 80점대, 70점대 등 점수 분포가 고르게 나왔다고 한다. 그런데 이제는 양극화된 점수가 나온다고 한다.

"중간이 사라졌어요. 90점대거나 60점대 아래거나."

점수도 1 아니면 0의 시대가 된 것이다.

이쯤 되면 소위 '꼰대' 특유의 '라떼(나 때)'가 나오지 않을 수 없다. 안사람과 대화하다 보면 '내 방'이란 것은 꿈도 꿀 수 없던 시절, 장자가 고3일 때와는 다르게 공부할 수 있는 분위기 조성

조차 안 해주던 차남 차녀의 설움, 참고서도 쉽게 못 사던, 겨우 있다면 쓰던 것을 물려받아 교과 진도나 내용도 다른, 답도 다 표시된 문제집으로 공부해야 했다는 이야기 같은 과거가 경쟁적으로 튀어나온다.

이뿐만이 아니다. 현재의 상태와 비교가 들어간다. 어쩌다가 아이가 시험을 앞두고 친구와 공부하러 나간다고 할 때가 있었다. 네게 공부방이 없냐, 왜 돈 들여 그런 데를 가냐, 거기 가면 공부가 되냐, 방에서 유튜브만 들어도 각종 내로라하는 강사들이 나와 핵심체크에 외는 방법까지 읊어대는데 나 때 이런 거 있었으면 공부하기 너무 좋았을 것이라는 잔소리가 나온다. 그러면 아이는 입이 댓 발로 나와서는 "공부하겠다는데 왜 그래!"라고 받아친다. 그러면 워낙 안 하던 애라서 할 말이 없다. 아이가 나간 후 뒷말이 이어진다.

"뻔하지. 잠깐 앉아서 하는 척하다가 컵라면이라도 사 먹고 친구와 부모 흉이라도 보다가 어? 벌써 시간이 이렇게 지났네? 하고 들어오는 거지."

"그러게. 가르칠 사람이 있기나 해? 하기 싫고 이해도 안 되는 공부가 거기 가면 되겠냐고."

아이에게 학원을 권유하지 않은 것도 아니다. 온라인 학습기를 주며 지도하는 프로그램도 시켜보았다. 너무 기초가 없는 데다가 하기 싫은 데에는 어쩔 도리가 없다. 공부는 틀렸으니 특기로 미래를 열어줄 생각을 했다. 태권도 사범으로 아프리카에 갔던 아이 외삼촌이 잠깐 왔고, 그때 아이에게 권했다. 지금부터 해도 늦지 않으니 3단쯤 따면 대학에 갈 길이 있다는 말에 아이가 도장에 나가기 시작했다. 문제는 도장에 가서 운동하는 건 싫지 않은데, 가는 것이 어려웠다. 학교를 마치고 집에 돌아와 다시 저녁에 가야 하는데 방과 후 집에 와서 퍼 자던 버릇을 못 버려 도장에 가지 않을 핑계들이 쌓여갔다. 결국, 하지 말라고 했다.

다시 공부해야만 하는 상황에 이르렀지만, 시험을 앞두고도 수학 같은 포기 과목은 손도 대지 않는다. 시험 전날 아이를 붙들고 영어를 가르치지만, 본문 해석은 평소에 해 두어야 할 문제였고, 시간이 너무 걸린다. 하는 수 없이 그 과에 나오는 필수 문법만 가르쳤다. 낙제라도 면하기를 바라면서 말이다. 같은 날 치르는 다른 암기 과목도 만만치가 않다. 내가 먼저 유튜브로 공부한 뒤 아이를 부른다. 같이 보면 좋으련만 이상하게도 유튜브 강의 보는 것을 싫어한다. 집중을 못 한다. 아마 5, 6학년 시절에 지겨워지도록 해서인지도 모를 일이다. 그러면서 늘 쇼트나 릴스, 틱톡 같은 숏폼 플랫폼을 손에서 놓지 않는다. 영상이 좋지만 긴 것은 못 보는 거다.

언젠가는 학생이 읽을 만한 소설책을 가져다가 다 읽으면 용돈을 준다고 해보았다. 이 방법이 먹혔다. 금전 치료가 옳은 답일 수는 없겠으나 아날로그가 전적으로 통하지 않는 것만은 아니라는 희망이 생겼다. 그래서 요즘은 아이에게 요리 관련 만드는 것에 흥미를 부여하고 있다. 칭찬을 곁들이자 크게 관심을 보였다. 이것은 아무리 세상이 AI 시대가 되어도 디지털로 하지 못하는 분야 아니겠는가.

곰곰이 생각해 보면, 학교 수업에도 적잖은 문제가 있다고 생각한다. 아날로그 시대에는 선생님이 칠판에 빽빽이 분필로 내용을 정리해 주며 강조하고 설명한다. 나중에 노트 검사는 필수다. 그걸 적기 위해 공부 잘하는 아이든 아니든 앞의 친구 머리를 피해 가며 옮겨 적느라 애썼다. 70명 내외의 한 반에, 눈이 나쁜 아이를 앞에 앉히는 배려도 있다 보니, 앉은키가 크거나 머리 큰 아이가 앞에 앉아 있으면 무척 불편했다. 필기가 많은 수업은 선생님이 "다 베껴 썼느냐?" 물으시고는 지워야 했다. 지금 기준에서 보면 무척 원시적이고 불편한 수업이라 하지 않을 수 없다. 아내에게 내가 말한다.

"아무리 공부를 못하는 아이도 칠판에 쓴 글을 공책에 적다 보면 수업 시간에 선생님께 들은 이야기가 조금은 이해되거나 습득될 텐데, 지금은 디지털로 화면에 띄우고 프린트 나눠주잖아. 그러니 적을 필요가 없는 거지. 그러다 보니 공부하지 않는 애는 아예 안 하는 거야."

내 말에 아내도 동의한다.

"선생님도 그게 편하고. 그래서 이제 1 아니면 0인 세상이 되었다니까."

지공대사地空大師를 허하노라

김 미
rosekim0922@gmail.com

2024년 갑진년甲辰年 9월 22일은 내가 만 65세가 되는 날이다. 주민센터에서 연락이 왔다. 서울특별시에서 제공하는 지하철 무료승차권을 신청하란다. '서울특별시 어르신 교통카드'로 불리는 파란색 교통카드다. 지공대사地空大師*가 되는 것이다. 지난 세월 주어진 삶을 잘 살아왔다고 주어지는 보상인가. 이제 부인할 수 없이 노인이 되었다는 공적 선언인가. 몇 달 앞서 지공대사地空大師가 된 친구들은 카드를 발급받던 날의 감정을 어찌 표현해야 할지 모르겠다며 씁쓸하게 웃었다. "너희들도 어르신 카드를 처음 이용하는 날의 묘한 기분을 알게 될 거야."

흔히들 말하는 나잇값에 맞게 살아가는 것은 쉽지 않은 일이다. 나이 마흔이면 불혹不惑이라 한다. 세상의 변화와 흐름, 자기 감정에 휘둘리지 않고 올바른 판단을 그르치지 않는다는 의미이다. 주변 환경에 이리저리 휘둘리지 않고 늘 평정심을 유지할 수 있다지만 어찌 쉽기만 하겠는가? 애써 꿋꿋하게 서 있어도 마음 속 갈등으로 내적 전쟁을 치르는 날이 하루 이틀뿐이겠는가? 뒤돌아보지 않고 두리번거리지 않으려 애쓰다 보니 어느새 반백 년 세월이 흘러갔다. 오십이면 지천명知天命이라 한다. 비로소 하늘이 정한 뜻을 알게 되고 내게 준 삶을 받아들이게 되는 나이다.

평균 수명이 점점 길어지면서 자기 얼굴에 책임지며 살아가야 할 세월이 그만큼 길어지고 있다. 저마다 각기 다른 사연으로 살아온 이력이 얼굴에 고스란히 드러나는 법이다. 내 삶도 60갑자甲子 한 바퀴를 온전히 돌고도 5년이 보태지고 있다. 나이 60이면 이순耳順이란다. 60살이 지나고 보니 나를 위해 건네는 쓴소리도 받아들이게 되고, 거슬리는 말들도 이해하고 용서하며 마음을 편하게 가질 수 있게 되었다. 앞으로 삶의 시간이 얼마나 주어질까? 늘 그래왔던 것처럼 묵묵히 살아가면 되지 않을까? 먼 훗날 내 얼굴을 상상하면서 지난 세월처럼 잘 살아가자고 애써 나를 다독인다.

환갑을 맞아 친구들과 여행 계획을 짜는 중에 코로나라는 복병을 만나 계획이 무산됐었다. 우리보다 한 살 어린 친구를 배려하느라 여행 날짜를 늦추는 바람에 우리의 환갑 여행이 날아가 버린 것이다. 코로나가 잠잠해지고 나서야 우리는 뒤늦은 환갑 기념 여행을 다녀올 수 있었다. 담담하게 자신의 삶을 받아들이며 60년 동안 잘 살아 온 우리가 우리에게 건네는 우리만을 위한 조촐한 기념이었다.

어찌어찌 살다 보니 세월이 저만치서 등을 보이며 손을 흔든다. 다시 돌아갈 수도, 되돌릴 수도 없는 세월을 안타까워 말자. 다들 열심히 살아왔을 터, 그것만으로도 족하다. 지금부터는 하루하루를 선물처럼 감사하며 살자. 무언가 꼭 이루어 내려는 욕심을 버리고 반드시 해야 할 일 외에는 내려놓고 비워내자. 좋아하는 일을 즐기면서 늘 지금처럼 평상심을 갖도록 하자. 입추가 지나도 바람 한 점 없는 무더위와 열대야가 지속되고 있다. 모기 입이 비뚤어진다는 처서가 지났는데도 가을은 깜깜무소식이다. 어르신 카드를 받는 날 마음 맞는 친구와 지하철 여행에 나설 것이다. 느긋하게 자리에 앉아 차창 밖에 보이는 한강 주변 풍경에 눈길을 빼앗기기도 하고 깜빡깜빡 졸기도 할 것이다. 어디쯤인가 두리번거리다 반갑게도 설핏 느껴지는 커피 향 가득한 가을 냄새를 맡고 오고 싶다.

한결같이 열심히 살아온 59년생 돼지띠 그대들이여, 지공대사地空大師를 허하노라.

* 지공대사地空大師:지하철을 무료로 타는 어르신을 일컫는 신조어.

김미

나의 우주

김부순
dotori6912@hanmail.net

　밤하늘에 펼쳐진 아름다운 우주 속에 티끌보다도 더 작은 우주가 있다. 세상의 전부라고 생각했던 곳. 사방이 산으로 둘러싸여 있었고, 먹고 살아야 하는 대부분의 것들이 자급자족이 되는 곳. 그리고 그곳을 벗어나면 뭔가 위험이 도사리고 있을 것만 같아 그 우주 안에 머물러 있어야만 했던 곳. 내가 태어나서 자란 티끌보다도 더 작은 유년 시절 나의 우주다.
　30여 가구 남짓한 작은 시골 마을에서 나고 자란 탓일까. 오종종 작은 집들이 모여 있는 그 마을이 세상의 전부인 양 생각하며 살았다. 가난했지만 부족함이 무엇인지도 몰랐고, 부자가 무엇인지도 몰랐다. 꿈이 무엇인지도 몰랐고, 왜 꿈을 꾸어야 하는지도 몰랐다. 그냥 눈을 뜨고 일어나면 하루가 시작되었고, 학교가 끝나면 친구들과 노는 게 내가 하는 일의 전부였다. 어쩌다 엄마가 집안일을 좀 시키는 날에는 엄마의 힘겨운 한숨 소리가 들렸다.

말 안 듣는 막내딸에게 일을 시키고 속이 터지느니 당신이 하는 게 더 낫겠다는 것을 엄마는 일찍 깨달으셨던 것 같다. 덕분에 친구들은 밭일이나 집안일을 하느라 늘 바빴지만 나는 하고 싶은 일, 재미난 일만 골라서 했기 때문에 바쁜 농사철에는 마을에 함께 놀 친구가 없는 날도 종종 있었다.

어느 날 마을에 텔레비전이 들어왔다. 텔레비전 있는 집이 마을에 딱 두 곳이었는데, 하나는 친구네 집이었고 다른 하나는 외갓집이었다. 일일연속극을 하는 시간이나 레슬링을 하는 시간에는 텔레비전을 보려는 사람들로 방안이 가득 찼다. 우리는 모두 하나가 되어 김일 선수(레슬링선수)를 응원했고, 드라마를 보면서 같이 웃고, 같이 울었다. 난 '전설의 고향'이라는 프로그램을 가장 좋아했는데, 그것을 보는 날에는 정말 텔레비전 속 귀신이 나를 쫓아올 것만 같아 화장실 가는 일조차 두렵고 무서웠다. 그런 무서움을 무릅쓰고 두 손바닥으로 눈을 가리고 텔레비전을 본다. 무서운 마음과 궁금한 마음이 하나 되어 손가락 사이사이로 실눈을 뜨고 가슴 졸였던 시절이 아득하게 먼 옛이야기가 되어버렸다.

살면서 문득문득 유년 시절의 장면들이 떠오를 때가 있다. 까마득한 옛일이 되었지만 내 머리와 가슴이 그것을 기억하고 있다는 것은 아무리 생각해도 신기할 따름이다. 내 또래 친구들이 나이는 같은데 생일이 빠르다는 이유로 일곱 살에 초등학교에 입학했다. 난 그 친구들과 노는 게 일이었는데, 나만 학교에 갈 수가 없단다. 학교에 보내달라고 떼를 쓰며 울다가 친구들을 따라 학교에 갔는데 생일이 늦어서 받아줄 수가 없다는 말을 들었을 때

김부순

처음으로 좌절을 경험했다. 하고 싶은 일을 내 힘으로는 할 수 없다는 사실, 현실이 그렇다고 하니 내키지는 않았겠으나 받아들일 수밖에 없었으리라. 그래서 어릴 때 난 자연스럽게 한 살 어린 동생들과도 많이 놀았다. 그러다 보니 엄마 입장에서 나의 비교 대상을 찾는 것도 일 년 후배들이었다. 나보다 어린 후배들이 비교 대상이라면 당연히 그 애들보다 잘해서 칭찬이라는 보상이 주어져야 하는 게 상식으로 통하리라. 하지만 일하기 싫어하는 내가 아니던가.

초등학교 4, 5학년쯤이었을까. 드디어 참고 참았던 엄마의 잔소리가 시작되었다.

"저기 윗집 생화는 청소도 잘하고, 설거지도 잘하는데 도대체 너는 왜 하라는 것은 아무것도 안 하냐? 엄마가 이렇게 바쁜데 일 좀 도와주면 안 되겠느냐?"

그때의 내 대답이 지금도 또렷하게 생각난다.

"엄마, 나는 생화처럼 일할 생각이 없어. 그러니까 나한테 그런 것 해달라고 하지 말고 생화를 데려다가 엄마 딸로 키우는 게 어때? 그게 더 빠르지 않을까?"

그날 이후로 엄마는 나에게 더 이상 일을 시키지 않으셨다. 어의가 없고 황당한 나의 대답에 엄마는 기가 막혀서 입을 다무신 듯했다. 물론 이런 일이 있기 전에는 엄마도 말 안 듣는 막내딸을 향해 부지깽이를 들고 금방이라도 두들겨 팰 기세였다.

그러나 엄마의 부지깽이에 맞고 있을 내가 아니다. 헛발질하듯 내려치는 부지깽이를 피해 잽싸게 달아나는 나의 뒤통수에 엄마의 구수하고, 찰진 욕설이 봄 햇살처럼 부서진다. 잡힐 듯 말 듯 엄마와의 경주는 다람쥐처럼 작고 야무진 내가 가볍게 집 밖으로 몸을 날리면서 끝이 난다. 일단 집에서 벗어나면 엄마와의 게임은 끝이다. 그리고 함께 놀 수 있는 친구들을 찾아 나선다. 해가 지도록 실컷 놀다가 집에 들어가면 바쁜 엄마는 그 전에 있었던 일은 다 잊었는지 아무 일 없었다는 듯 저녁을 먹으라고 하신다.

지금 생각하면 참으로 부끄럽지만 어쨌거나 엄마는 나를 당신 뜻대로 조종할 수 없는 아이라는 것을 일찍이 깨달으셨던 것 같다. 더 말해 봐야 입만 아플 것이니 알고도 모른 척 그냥 넘어가는 일이 한두 가지가 아니었을 것이다.

그렇게 나는 엄마의 잔소리로부터 해방되었다. 스트레스에서 벗어나는 가장 빠른 방법은 기대를 안 하는 것이라고 생각하는 나다. 그런 의미에서 난 엄마를 굉장히 지혜로운 분이라고 생각한다. 무엇이든 내 멋대로 내가 하고 싶은 일들만 하느라 엄마를 배려했던 적이 단 한 번도 없었다. 그런 막내딸을 인정하고 존중해 주셨던 엄마가 새삼 존경스럽다.

지금은 저 우주 어딘가에서 나를 내려다보고 계실지도 모르겠다. 기대하지도 않았던 막내딸이 지금은 자기 할 일을 척척 잘 해내고 있다. 여전히 집안일 하는 것은 싫어하지만 자신이 맡은 일만큼은 책임감 있게 잘하고 있으니 얼마나 기특해하실까. 세월이 많이 흘렀다. 언제부터인가 티끌보다도 작았던 우주를 벗어나 또 하나의 작은 우주를 만들어가고 있다. 그 안에서 수필가라는 꿈을 꾸고, 수필가로서의 꿈을 키우는 중이다. 언젠가는 나 역시 저 우주 어딘가로 떠나는 날이 오겠지만 그 전까지는 지금 살고 있는 나의 우주를 아름다운 꽃밭을 가꾸듯 잘 가꾸어내야겠다.

인생은 동그라미

김 상 태
stkim486@naver.com

　우리가 사용하는 사물이나 관념 또는 사상을 구체적으로 나타내는 마크나 심볼이 많이 있다. 그중에서 하나의 원만큼 강력한 심벌이 또 있을까 하는 생각이 든다. 한자어인 원보다 순수한 우리 말인 동그라미로 표현하면 더욱 친근감이 든다.
　젊은이들이 즐겨 부르는 '얼굴'이라는 노래 '동그라미 그리려다 무심코 그린 얼굴 내 마음 따라 피어나던 하얀 그때 꿈을 풀잎에 연 이슬처럼 빛나던 눈동자 동그랗게 동그랗게 맴돌다 가는 얼굴'을 들으면 어딘가 모르게 웃음이 나온다. '둥근 해가 떴습니다.' '달 달 무슨 달 쟁반같이 둥근 달 어디 어디 떴나 남산 위에 떴지.' '내 마음은 조약돌 비바람에 시달려도 둥글게 살아가리.' 노랫말 중에 동그라미가 들어가는 가사가 많이 있고, 우리가 사는 세상에는 동그라미가 널려 있다.
　대표적인 상징이 다섯 개의 동그라미가 연결된 올림픽의 상징인 오륜기이다. 흰 바탕에 청색, 황색, 흑색, 녹색, 적색의 고리 다섯 개를 겹쳐 놓아 오대주의 평화와 협력을 상징한다.

올림픽 경기를 떠올리면 서울에서 개최된 '88 올림픽'이 우리나라 국민들에게는 잊을 수 없는 대사건이다. 서울 올림픽 전에 개최된 80년 모스크바 올림픽은 소련의 아프가니스탄 침공으로 자유세계 국가들이 불참했고, 84년 LA 올림픽은 공산주의 나라들의 불참으로 모두 반쪽짜리 대회였다. 그런데 88 올림픽은 미국과 소련이 냉전 시대를 끝내고 모두 참가한 평화의 올림픽이었다. 이 올림픽 경기에서 우리나라를 대표하는 선수들의 성적도 좋았지만, 온 세계에 대한민국이라는 나라를 알리게 되고 국운이 뻗어간 계기가 되었으니 그 감동이 온 국민들의 가슴에 지금도 있을 것이다.

그 올림픽에서 갖가지 이벤트가 많았지만, 지금도 기억에 뚜렷이 남아 있는 것은 개막식 때 소년의 굴렁쇠 굴리는 장면이다. 개막식의 화려한 공연이 끝난 후 전 세계의 시선이 쏠린 그 순간 갑자기 긴 정적이 찾아왔다. 이후 먼 곳에서 "삐이" 하는 이명 소리가 들리더니 굴렁쇠 소년이 경기장 끝에 등장했다. 작은 점처럼 보이던 그는 특별한 음악이나 안무, 사람들의 도움 없이 혼자서 굴렁쇠를 굴리며 운동장을 가로질렀다. 그리고 운동장 한가운데 서서 해맑게 손을 흔들고 다시 굴렁쇠를 굴리며 지나갔다. 1분 동안 펼쳐진 소년의 퍼포먼스는 화려한 개막식 사이에서 단연 화제가 됐다.

7살 소년의 굴렁쇠 퍼포먼스는 '평화' 그 자체의 의미를 담고 있었기 때문이다. 당시 88올림픽 개·폐막식 총괄기획을 맡은 이어령은 굴렁쇠 소년으로 한국의 전쟁고아 이미지를 깨부수고자 했으며, 굴렁쇠의 원 모양으로 동양의 이미지, 지구, 미래의 한국을 돌린다는 의미를 담고자 했다고 한다. 실제로 아무런 장치적 효과 없이 '정적'을 고수했던 이유도 전쟁 및 냉전으로 시끄러운 어른의 세상과 대조적으로 표현하기 위해서였다고 한다.

시계의 초침이 한 번 돌아서 분이 되고 분침이 한 바퀴 돌아서 시간이 된다. 시침이 돌아서 하루가 되고 달이 지구를 한 바퀴 돌면 한 달이 가고 지구가 한 바퀴 돌면 한 해가 지나간다.

이 모든 것이 일직선으로 달려가지 않고 돌고 돌아 동그라미를 그리며 간다는 것이 마음의 평화를 준다. 우리네 생활도 직선상의 생활이 아니라 동그라미 위에서의 삶이라 마음이 편하다.

아내와 내가 결혼하기 전에 사귀는 동안은 모든 것이 좋아 보였고 모난 것이 없어 보였다. 그런데 처음에 같이 살려고 하니 부딪히는 것이 너무 많았다. 화성에서 온 남자와 금성에서 온 여자가 어느 날부터 함께 있게 되었으니 모든 것이 익숙하지 않고 낯설었다. 공부한 전공도 다르니 생각도 다르다. 나는 공돌이로 하나에 하나를 더하면 둘 외에는 다른 것이 있을 수 없다. 반면에 아내는 음악이 전공이니 악보 속의 한 박자가 연주자에 따라 두 박자도 될 수 있고 반 박자도 될 수 있다.

생활 습관과 태도에 너무나 간극이 컸었다. 나는 치약을 밑에서부터 짜 올려 쓴다. 하지만 아내는 치약 가운데를 꾹 눌러 짜낸다. 기름이나 샴푸도 조금 남아 있으면 새것을 꺼내 쓰니 같은 병이 두서너 개 널려져 있다. 반면에 나는 한 병을 완전히 비우기 위해 병을 엎어 놓고 흔들고 해서 한 방울도 남김없이 다 써야 새것을 딴다.

이런 사소한 갈등이 처음에는 서로에게 용납이 되지 않았지만 세월이 지나며 해결되어 갔다. 치약을 사용할 때 어디를 눌러 짜내도 결국은 다 쓴 다음에 버리고 기름이나 샴푸도 결국은 다 비우고 버린다는 것을 깨달았기 때문이다. 이것은 우리 인생이 동그라미 속에 있기 때문이다.

서양이 직선적 사고가 강하다고 한다면, 동양은 원형적인 사고가 강하다. 서양이 처음 중간 끝을 선형으로 인식하는 종말론이 지배한다면, 동양은 영원회귀의 철학이 강하다. 불교나 힌두교는 돌고 도는 윤회사상이 기본이고 원불교의 상징은 검은 원을 사용하고 있다. 그러므로 동그라미는 온 우주의 조화와 융합을 뜻한다고 할 수 있겠다.

동그라미 속에 있으면 서로 반대 방향으로 가지만 결국 만날 수 있다. 둥근 지구 속의 모든 인간은 동그라미 속에 살고 있으므로 결국은 서로 만나고 함께 어울려 살 수 있는 것이다. 그러므로 동그라미 인생의 결말은 항상 해피엔딩이다.

꽃 심는 아이들

김순남
ksn8404@hanmail.net

　꽃이다. 어린이집 화단에 아이들과 교사들이 꽃을 심고 있다. 복지관 수업을 마치고 나오다 꽃보다 귀한 아이들을 만났다. 한참을 화단 가에 머물러 아름다운 풍경을 바라보는 호사를 누렸다. 이미 꽃들은 대부분 심어졌고 교사들은 아이들에게 모종삽을 손에 쥐여 주고 사진 찍기에 여념이 없다. 꽃모종 숫자 못지않은 교사들과 아이들이 서너 평 꽃밭에 봄맞이 행사를 하느라 분주하다.
　여러 종류의 꽃이다. 화단에는 금잔화, 마가렛, 데이지, 노벨리아 등 이름조차 생소한 꽃모들이 아이들처럼 이름표를 옆에 꽂고 있다. 이미 꽃을 피운 것도 있지만 어떤 꽃모는 곧 몽우리를 터트릴 것 같은데 온실에서 나온 터라 바깥 기온에 놀라 몸을 움츠리고 서 있다. 마치 낯선 곳에 떼 놓은 어린아이처럼 새로운 환경에 어색하게 고개를 숙이고 있다.
　아이들도 온실에서 나온 꽃들 같다. 아직 기저귀도 떼지 못해 엉덩이가 불룩한 아가들도 있다. 아마도 새 학기를 맞아 처음 어린이집에 맡겨진 아이들이 대부분인 듯하다. 한 아이는 아침에 엄마 품을 떨어진 게 못내 서러웠는지 아직 눈가가 촉촉하다. 꽃 심는 일에도 관심이 없고 사진 찍는 포즈도 마뜩잖은 표정이다. 아이를 떼어놓고 일터로 간 엄마도 아이가 눈에 밟혀 일은 하고 있어도 마음은 아이에게로 향하고 있을 터이다.

교사는 아직 앳되어 보인다. 초보 교사인지 아이를 다루는 모습이 좀 서툴게 보여도 아이와 가까워지려고 정성을 들이는 모습이 대견하다. 유아교육에 꿈을 안고 사회에 첫발을 내디딘 초년생일 수도 있겠다. 아이를 어르고 달래느라 꽃을 보여주며 꽃 이름도 불러주고 노래도 불러주지만 아이는 별 반응이 없어 보인다. 그녀는 어쩌면 그동안 갈고닦은 이론이나 이상과 현실에서 괴리감을 느끼고 있는 건 아닌지 오지랖 넓은 염려가 스친다.

꽃 심고 사진 찍는 순서가 끝났나 보다. 아이 셋을 데리고 교사 한 명이 화단 밖에서 아이를 돌보고 있는데 다시 화단으로 들어가는 아이도 있다. 교사가 잠시 다른 아이 돌보는 사이, 또 다른 아이는 펑퍼짐한 엉덩이를 실룩이며 '걸음아 나 살려라' 하고 마구 내달린다. 보기에도 활기차 보이는 그 아이는 세상 구경에 더 호기심이 많은듯했다. 교사는 화들짝 놀라 달아나는 아이를 뛰어가 데려오는데 당황해 얼굴이 붉게 달아올랐다.

뭐든 처음은 어렵다. 손녀를 처음 어린이집에 보낼 때 떼어놓는 일이 매우 힘들었다. 아이가 낯선 사람에게 떨어지지 않으려고 온몸으로 저항하는데 마음 같아서는 그냥 집으로 데리고 오고 싶어도 그리할 수가 없었다. 매정하게 떼어놓고 돌아서며 '내가 지금 무슨 짓을 한 건가' 아이에게 몹쓸 짓을 한 듯해 마음이 무거웠다. 그러던 아이가 차츰 새로운 환경에 적응했다. 어린이집 삼 년 차 되었을 때다. 어린이집에 데리고 가면 현관 옆 화단에 꽃을 가리키며 "할머니, 내가 심은 꽃이야"라고 자랑하곤 했다. 아이들이 꽃을 심는 일이 무슨 의미가 있으랴 싶지만, 아이는 그 꽃이 자라고 꽃을 피우는 과정을 보며 지나다닐 때마다 꽃을 심었다고 이야기했다. 어린 마음에도 자신의 손길이 머문 꽃 한 송이가 더 애틋하게 마음이 가는 모양이다.

아이들이 귀한 시대이다. 아파트 놀이터가 온종일 할 일을 잃고 텅 비어있다가 오후에 잠깐 한두 명의 아이들이 머물러 미끄럼틀이나 그네에 오르다 가곤 한다. 해가 바뀔수록 아이들이 부족해 문을 닫는 어린이집이 늘어난다는 뉴스를 접했다. 말로만 듣던 저출산과 인구 감소 문제를 확연히 느끼게 된다. 어쩌다 아기를 안고 있는 사람을 엘리베이터에서 만나면 얼마나 예쁘고 신기한지 어른들이 아기를 보고 꽃 중의 꽃이라 하시던 말씀이 저절로 떠오른다.

놀이터가 시끌벅적하던 시절이 있었다. 그네를 타려고 줄을 서서 기다리고 친구들과 정신없이 노느라 화장실 가는 것도 참고 참던 아이들, 딱지 하나 더 따려고 목청을 높이는 아이들의 고함이 고층아파트까지 올라왔었다. 그들의 함성이 마을에 활력을 불어넣었다. 이제 그런 아름다운 풍경은 요원한 일이 되었는가. 정치를 하는 사람들이나 지자체에서도 저출산 문제를 해결하려고

김순남

노력을 기울이지만 결과로 다가오는 메아리는 너무도 희미하다.

젊은이들이 아이를 낳아 기르기에 좋은 세상이 오면 좋겠다. 적성에 맞는 일을 할 수 있는 일자리를 얻고, 열심히 일하고 알뜰히 저축하면 내 집 마련의 꿈을 이룰 수 있으며 아이들을 낳아 큰 어려움 없이 양육할 수 있는 환경이 된다면 얼마나 좋을까. 많은 이들의 희망이자 꿈인 노력의 결과가 더디고 희미해도 조금씩 그래프의 곡선이 바뀌길 간절히 염원해 본다.

오늘 꽃보다 더 예쁜 아이들이 화단에 꽃을 심었다. 처음 엄마와 떨어진 아이도 하루하루 시간이 지나다 보면 친구들과 즐겁게 생활하게 되고 웃으며 어린이집에 발을 들여놓을 것이다. 화단에 옮겨져 잠시 몸살을 앓는 모종들도 며칠 후면 차츰 생기를 찾아 성장하며 꽃을 활짝 피우리라. 이 봄, 꽃을 심는 아이들이 건강하게 무럭무럭 자라며 그들의 마음도 꽃처럼 곱게 피어나길 빌어본다.

캔버스 위의 노을

김순덕
rlatnsejr1541@daum.net

퇴근 시간 발걸음이 바쁘다.

현관문을 나서는 나를 반기기라도 하듯 낮에 열심히 달려온 저녁노을 빛이 너무 예쁘다. 산들바람 속에서 노란색 붉은색 노을의 조각조각들이 옷깃 속에 스며들어 친구삼아 함께 달려가 준다. 오늘은 그림 수업이 있는 날이다. 자주 마주쳐왔던 노을이지만 캔버스 위에 노을은 또 다른 나를 마중하게 한다. 파란 하늘 아래 숨어 있는 노란색 노을을 찾아 노란색 물감 원색을 칠해보고 바닷가 저 멀리에 숨어 버리고 있는 붉은 태양을 잡기 위해 온 힘을 주고 있는 붉은색을 찾아 주홍색 물감을 캔버스 위에 던져준다.

노을의 떠들썩한 시간은 길지만은 않다, 길어야 몇십 분 정도이다. 노을이 점점 짙은 보랏빛과 어두운 하늘빛으로 저물어갈 즈음 창문을 통해 노을의 찬란하고 화려한 빛줄기가 들어왔다. 노을 빛은 캔버스 위에 반사되었고 색 바랜 격자무늬의 천장 위로 어른

어른 주홍색의 노을빛이 춤을 춘다.

노을의 추억은 나에게 어떻게 비쳐 있을까.

내 기억의 노을은 마치 만화경 속의 수많은 색종이 조각처럼 제각각 크기와 색깔이 다른 단편적인 이미지들이 어지럽게 흩어져있다. 어릴 적 노을은 저녁노을보다 아침노을이 더 선명하다.

우리 집은 산을 등지고 있는 이백 년도 훨씬 더 된 낡은 고택에 가까운 집이었다. 온 동네 어르신들이 모여 점심을 먹을 만큼 큼직한 대청마루가 있고 한지로 붙인 격자문에 문지방이 높아 마루에 나가려면 한 발을 아기 키만큼이나 올려야 나갈 수 있는 고택이었다. 아침에 눈을 뜨면 벌써 아침노을이 지붕 꼭대기 위까지 올라와 햇살이 삐죽이 내밀기 시작하는 완전 동향집이었다. 늦잠을 자려야 잘 수가 없었다. 노란 아침 노을빛에 답이라도 하듯 엄마의 따뜻한 아침 밥상이 부엌에서 냄새를 풍기고 있었기 때문이다.

아마도 저녁노을이 아름답다고 기억이 되었을 때는 삶의 일상에 지쳐 헤매고 있을 때보다는 인생의 후반전이지 아니었을까 싶다.

이제 중년의 나이가 되어 하루하루를 그저 버릇처럼 살아가는 지금, 어김없는 계절의 순환 속에서 속절없이 세월이 흘러도 아름다운 이미지를 찾고 있는 바로 이 순간이 축복받는 시간임을 감사하게 느끼게 된다면 행복하지 않을까.

노을이 지는 서쪽 하늘을 볼 수 있는 카페를 찾아봐야겠다. 불타오르는 바닷가 끄트머리가 아닐지라도 아파트 건물 너머 저 멀리에 노란색 주홍색 보랏빛이 함께 어우러져 커피잔 속에 숨어들 수 있는 노을을 찾아봐야겠다.

오늘 하루가 지나고 해가 진다. 나는 생각한다, 지금 바로 이 순간이 축복받은 시간이라고. 노을이 진 후엔 장엄하고 아름다운 은하수가 펼쳐진다.

색종이 조각편처럼 어지러운 삶 속에 살아왔지만 인생의 후반전은 가을의 단풍 속에 지는 화려한 노을처럼 따뜻한 이미지를 보듬어 지나가길 기도하면서 캔버스 위에 노을 한 조각을 그려본다.

인연

김용미
sujun251@naver.com

 적요 속 시계 초침 소리가 유달리 크게 들린다. 두근두근 심장 박동 소리와 어우러져 뱃고동 소리보다 크다. 낯선 환경이 주는 시차가 느려 마음 언저리에 혹한 바람이 쉴 새 없이 분다.
 수업 첫날이다. 이방인처럼 잔뜩 긴장했지만, 배움이 가져다줄 기대에 설레기도 한다. 한 분 한 분 제자리를 찾아가며 익숙하게 안부를 나누는 수다스럽지 않은 발걸음이 경쾌하다. 창문을 타고 내려앉은 따사로운 햇살이 긴장한 얼굴에 붉은빛을 아롱다롱 엮어 홍당무가 된다.
 옆 사람과 안면을 트며 가늘고 연한 실뿌리를 간신히 내리려는 찰나에 합평할 작품이 배달되었다. 함께 읽으며 합평으로 내면이 확장될 흥분에 근육이 실룩거렸다. 글쓰기가 그리 호락호락하지 않음을 알기에 뼛속까지 고뇌했을 시간과의 사투가 눈에 선연히 그려진다. 고치고 또 고치는 수련 과정을 수없이 거치며 자기만의 스타일을 찾았으리라. 반복이 주는 서성거림이야말로 간절한 글쓰기의 발신음이 아닐까 싶다.

혼자만의 고독에 빠져 있는 사이 수업이 시작되었다. 수업은 한 달에 두 번이었다. 독서 토론과 수필 쓰기였다. 좋은 책 한 권 읽을 수 있다는 것으로 내 마음의 심지를 당겼다. 아직 여물지 않은 날 것 그대로의 푸념들이 벽을 거뜬히 넘을 수 있을 것 같은 예감이 들었다. 선생님의 글을 그대로 닮고 배우고 싶어 여기까지 왔는데 잘했노라고 나를 붙들어 앉혔다.

순간 봄날의 기억 하나가 되살아난다. 책만 읽으며 하루를 보내고 싶다는 한 지인을 만났다. 나도 그러고 싶은 사람이라 첫눈에 우리는 서로를 알아봤다. 책과 함께 풀어가는 수다는 내 앙상한 독서력에 파급효과를 불러왔고 문학 이야기는 우리의 쉼터가 되고 삶의 위안이 되었다. 글쓰기도 배우고 싶어 여기저기 물색 중이었는데 마땅한 곳을 찾을 수 없었다. 그 지인 덕분에 수필 수업을 수강하게 되었다. 그렇게 인연이 닿았다. 이런 작은 우연들이 겹쳐 부유하다 어느 한순간에 붙들려 필연이 되나보다. 자석처럼 자연스럽게 이끌려가는 끌림처럼.

합평이 시작되었다. 짧은 통찰력이지만, 나도 무슨 말인가 하고 싶었는데 여기서 톡 저기서 톡 귤 알갱이 터지듯 톡톡 터지는 소리에 감각이 움츠러들었다. 듣고 있는 것만으로도 그 순간이 예속되어 고스란히 느껴졌다. 경청이 부족한 나에게 사려 깊은 생각을 할 수 있게끔 귀 기울여 들을 줄 아는 힘을 길러 주었다고 할까. 아직은 있는 듯 없는 듯 미약한 존재지만, 한 걸음 한 걸음 나아가다 보면 어느새 다음에 딛게 될 걸음을 알게 될 것이다. 합평은 휘청거리는 실력을 곧추세울 등뼈가 될 터이다. 이 또한 한 단계 진화 아니겠는가?

 나이 든 분들이 읽어 내는 연륜이 이끌어가는 수레는 세월을 덧입어 더 둥글둥글하지 않을까. 그 수레에 얹혀 있는 것만으로도 삶의 밀도가 올라가는 느낌이 든다. 함께 할 시간들이 오랜 시간이 지나도 잊히지 않고 멀리 있어도 그 향이 느껴질 것 같다. 무리에 낙오되지 않고 목표를 향해 쉼 없이 질주하는 당당함에서 젊은 날 그들의 삶이 어떠했을지 궁금함이 몽글몽글 피어오르기도 했다.

 글 속에서 그들의 삶이 조금은 비춰졌다. 다양한 직종에 종사하며 옹골진 삶을 살아내셨다. 끊임없이 물음표를 찍으며 고군분투하며 치열하게 살았을 터이다. 그랬기에 지금 그들의 삶이 더 평온한 것이 아닐까 싶다. 그 시절이 역할이었다면 지금은 영혼을 마주하니 체온이 높을 수밖에 없다. 그 열기가 뜨거워 가슴이 후끈 달아오른다.

 유독 내 가슴 언저리를 파고드는 분이 있었다. 예순이 넘은 나이에 글쓰기를 배워서 작가가 되겠다는 뚜렷한 목표를 가지고 수업 때마다 글을 써 온다고 했다. 노안으로 책을 읽고 글을 쓰고 여간 힘든 시간이 아닐 텐데. 자기만의 길을 내기 위해 뚜벅뚜벅 걸어가는 모습이 가히 존경스러웠다. 나이는 숫자에 불과했다. 그 뜨거운 희망 주머니 속에 성장의 빛이 가닥가닥 채워져 소원하는 작가의 길이 열리기를 진심으로 바란다.

나 또한 글 쓰는 사람으로 살고 싶다. 그래서 그녀의 삶이 내 안으로 고스란히 전해진다. 마음만 지중지중 거닐었을 뿐, 그녀만큼 끝까지 실행하는 의지력이 부족했던 나를 자각한다. 세상의 모든 처음은 얼마나 열의에 차 있는가. 그녀를 바라보며 내 마음 속의 구들장을 데워본다.

연륜에 주눅들까 봐, 혼자서 첫걸음을 떼야 하는 긴장감에 노심초사했던 순간을 바람결이 실어 나르고 있다. 나를 조이고 있던 긴장의 끈이 조금은 느슨해지는 것이 느껴졌다. 그들에게서 멀지 않을 내 모습이 투영된다. 나도 나이에 무색할 정도로 독서와 글쓰기로 가랑비 옷 젖듯 시시때때로 흔들리기도 하면서 튼실해지고 싶다. 처음 시작할 때처럼 소용돌이치는 마음에 용기를 잃지 않았으면 좋겠다.

집으로 돌아오는 길, 가슴 언저리에 온기 좋은 아랫목 같은 포근함이 내려앉는다.

바다가 남겨준 메시지

김 재 국
kcg590102@hanmail.net

 2024년 3월부터 한성백제박물관에서 전시되고 있는 유물들은 2007년 태안 앞바다 바닷길에서 기적적으로 건져 올린 보물들이다. 12C 고려시대의 보물들을 바라보다가 작은 물건이 하나 눈에 들어왔다. 그것은 벼루였는데 특이하게도 성인 손바닥 반 크기의 휴대용 벼루였다.
 벼루의 모양은 두꺼비다. 물방울 모양의 검은 무늬가 찍혀 있는 두꺼비의 등에 사각형 모양의 홈이 얕게 패어있어 그곳에 먹을 문질러서 먹물을 내도록 만들었다. 고개를 들고 앉아 있는 두꺼비 모양이 예사롭지 않다.
 예로부터 두꺼비는 많은 설화나 우화의 주인공으로 등장하여 의뭉하고 둔하면서도 슬기롭고 의리 있는 동물로 형상화되었다. [삼국유사], [삼국사기] 등 옛 문헌에 두꺼비는 나라의 흥망을 나타내는 조짐으로, 또는 불보佛寶를 보호하는 신령한 동물로 기록

되어 있다. <두꺼비 보은>이라는 설화에는 두꺼비에게 밥을 나누어주던 처녀가 마을의 당신堂神의 제물로 바쳐지게 되었을 때, 두꺼비가 따라가서 사람을 잡아먹던 지네를 죽이고 자기도 죽었다는 이야기가 있다. 두꺼비는 나와 눈이 마주치자 옛날이야기를 들려주었다.

때는 고려시대, 두 젊은이가 함께 과거시험을 보았는데 한 사람은 장원급제하고 한 사람은 낙제했다. 낙방한 친구는 고향에 내려가 열심히 글공부를 하던 중에 문득 개경에서 나랏일을 하는 친구가 생각났다.

그리운 친구를 생각하다가 친구에게 선물을 하나 보내고 싶었다. 무슨 선물을 보낼까 고민하다가 좋은 생각이 떠올랐다. 평소 글을 좋아하는 친구가 백성들에게 감동을 주는 지혜롭고 멋진 글을 쓰기를 소망했다. 관리가 되고 나서 나랏일에 바빠 글을 많이 읽지도 쓰지도 못하는 건 아닌지, 관청에 틀어박혀 탁상공론만 일삼는 건 아닌지, 걱정되었다.

친구에게 보낼 선물을 결정한 후 그것을 마련하기로 작정하고 주경야독하며 돈을 모았다. 그리고 며칠 밤낮을 걸어서 수십 리 떨어진 강진 도요지를 물어물어 찾아갔다. 그곳에서 물건을 하나 제작 주문했고 그것을 개경에 있는 친구에게 부쳐달라고 부탁했다.

정성 어린 장인의 손을 거쳐 천하에 하나밖에 없는 귀한 물건이 만들어지고 멀리 수도 개경까지 보내졌다. 강진에서 개경까지는 바닷길로 천 리 길이다.

　개경에서 일하는 그 관리는 친구가 귀한 선물을 만들어 보냈다는 전갈을 받고 고마운 친구를 생각하며 눈이 빠지도록 기다렸다. 바닷길을 거쳐 개경까지 당도하는데 열흘이 넘게 걸렸다. 그러나 풍랑을 헤치고 조류와 암초를 피해 밤낮을 항해하던 배가 충남 태안 앞바다 대섬 근해에서 그만 난파하고 말았다. 그것은 많은 사람들의 목숨을 앗아 갔고 청자를 비롯한 당시의 값비싼 물건들을 삼켜버린 안타까운 비극이었다. 친구가 보낸 선물도 노를 젓고 짐을 운반하는 많은 사람과 함께 바다에 수장되고 말았다.

　붓으로 글을 써서 뜻을 전달하고 기록을 했던 그 시대에, 개경에서 나랏일을 하는 친구가 저잣거리를 다니면서 가난한 백성들을 만나고 팔도 산천을 두루 다니다가 나라와 백성을 위한 좋은 생각이 떠오르면 언제든지 꺼내서 글로 기록할 수 있도록 선물하지 않았을까.
　두꺼비 모양으로 벼루를 선물한 것은 나라를 구하고 백성을 살리는 지혜로운 사람, 은혜를 갚을 줄 아는 의리 있는 사람이 되기를 바라는 마음이었을 것이다.
　바다는 타임캡슐이다. 바다는 시간과 공간을 초월하여 우리에게 커다란 메시지를 남겨주었다. 친구에게 보내지 못했던 그 귀한 선물을 천 년이 지나 21세기를 살아가는 우리에게 남겨준 것이 아닐까? 일 천년 가까운 시간 동안 바다 밑에 수장되었던 이 벼루가 우리 시대 사람들에게 던져주는 메시지는 무엇일까?

온갖 말과 글이 세상을 어지럽히고 수많은 사람들을 미혹하고, 네 편 내 편을 가르고 끝없는 분란을 일으키는 이 시대에, 남을 함부로 판단해 상처를 주지 말고 좋은 말과 유익한 글을 사용할 것을 교훈하는 의미로 받아들이고 싶다.

지금은 소통이 그 어느 때보다 중요한 시대다. 한 마디의 나쁜 말과 한 줄의 나쁜 글이 몇 초만 지나면 바이러스처럼 온 세상에 퍼져서 헤아릴 수 없는 많은 사람에게 해악을 끼친다. 한 마디의 근거 없는 헛소문은 악의적이든 아니든 한 인간을 패가망신시키기도 하고 소중한 목숨을 버리게 만들 수도 있다. 한 줄의 글이 나라의 근간을 뒤흔드는 망국적인 글이 될 수도 있는 시대다. 반대로 한 마디 말이나 글이 세상 사람들을 감화시키고 정쟁을 그치게 하며 화합과 평화를 만드는 초석이 될 수도 있다.

바다와 두꺼비 벼루가 남겨준 메시지, 언제 어디서나 좋은 말과 따뜻한 글로 사람들을 감동시키고 용기를 불러일으키며 이웃의 불행을 함께 나누는 역할을 게을리하지 말아야 할 것이다.

제 2 부

초수필문학회

- 김지연
- 김진영
- 맹경숙
- 문선자
- 민경관
- 박기준
- 박남주
- 박영신
- 박옥선
- 박온화
- 박정옥
- 박지유
- 박춘혜
- 배종화
- 백두현
- 서미애
- 서민용
- 서양호

순례길

김지연
singinggardener@naver.com

　불어오는 미풍이 끝없이 펼쳐진 푸른 밀밭을 솨-아 어루만지며 스쳐 간다. 물감을 풀어놓은 듯 파란 하늘에 하얀 구름이 그림처럼 떠 있다. 청명한 햇살과 따뜻한 공기는 내 온몸을 축복하고 지저귀는 들새들은 내딛는 한걸음 한걸음에 송가를 보내준다. 나는 살아있음을 느낀다.
　산티아고 순례 여행의 일정은 아주 단순하다. 걷고 먹고 자는 것이 전부다. 기상해서 아침을 먹고 두어 시간을 걸으면 작은 산골 마을이 나타난다. 마을 카페에서 생맥주 한잔을 시원하게 들이켜고 나서 그 취기에 힘입어 두어 시간을 구름에 떠가듯 걸으면 점심 먹을 시간이 된다. 산골 마을 투박한 가정식과 함께 든 포도주 몇 잔을 연료 삼아 다시 길을 나선다. 서너 시간 더 걸으면 마침내 그날 숙박할 마을에 도착한다. 저녁 식사를 하고 잠자리에 들면 그것이 하루의 일정이다. 놀라운 것은, 오랫동안 괴롭히던 불면증이 거짓말처럼 사라진다. 잠자리에 누웠다 했는데 눈을 떠 보면 아침이 되는, 시간 증발의 경험을 하게 된다.

대단한 볼거리 하나 없는 이 고단한 순례길에는 느긋한 휴식도, 관광이나 유흥, 오락도 없다. 나처럼 종교적인 동기가 없는 사람에게는 그야말로 "목적"이 없는 여행이다. 혹자는 도보 순례 여행을 하면서 긴 시간을 걷다 보면 저절로 깊은 묵상을 하게 되며 꼬여있던 인생 문제에 대한 생각이 정리되고, 그것이야말로 순례 여행의 목적이라고 말한다. 내 개인적 경험으로는 동의할 수 없는 의견이다.

하루 25km 이상의 거리를 며칠도 아니고 한 달을 넘게 걷는다는 것은 육체적으로 쉬운 일이 아니다. 걷기에 급급해서 생각에 잠길 여지가 없다. 또한 걸으면서 혹시라도 생각에 잠겨서는 안 된다. 생각에 잠겨 이토록 풍요로운 이국땅의 하늘과 대지와 공기가 선사하는 축복을 놓친다면 이 여행의 진수를 놓치는 것이다. 마지막으로, 생각에 잠길 수가 없다. 한참을 걸은 후 들이켜는 산골 마을 카페의 시원한 생맥주는 거부하기 어려울 뿐만 아니라 도수가 제법 된다. 그 취기는 무거워진 발걸음을 중력으로부터 해방 시켜 줄 뿐 아니라, 머릿속도 텅 비게 만들어 버린다. 이 여행의 진정한 목적은 오히려 생각을 멈추고 머리를 비우는 것이라고 말하고 싶다. 규칙적으로 들리는 자신의 거친 숨소리와 내딛는 발걸음 소리가 무념무상의 명상으로 우리를 이끈다. 이 무념무상 속에서 지극한 평온함과 충만감을 경험할 수 있었다.

지난 시간에 대한 회한, 앞으로 다가올 일에 대한 근심의 단단한 사슬에 묶여 진정으로 살아보지 못한 현재가 지금 나에게 삶으로의 초대장을 보내고 있다. 유칼립투스 숲길을 걸으면, 비강을 가득 채운 진한 나무 향에, 안개에 갇힌 듯 뿌옇던 머릿속이 명징하게 맑아진다. 내딛는 한걸음 한걸음에, 과부하된 회로 속 전류처럼 마음을 괴롭히던 번뇌가 촉촉하고 부드러운 흙길 속으로 사라진다. 산골을 따라 흐르는 수정처럼 맑은 시냇물의 노랫소리가 귀를 간지럽히면서 나를 부르면, 잠시 신발을 벗고 그 속에 고단한 발을 담근다. 산 둔덕길을 따라 붉은 개앙귀비꽃들이 미풍에 한가로이 흔들리고, 끝없이 펼쳐진 유채꽃밭 위 파아란 하늘을 종달새들 구애 노래가 이리저리 가로지른다.

  순례길 일정 막바지쯤, 멜리데의 마을 작은 성당에서 한쪽 팔을 십자가 못에서 빼어 아래로 늘어뜨린 예수님상을 만났다. 그 늘어뜨린 오른손 아래에 내 이마를 갖다 대며 나의 죄를 고해했다. 햇살과 바람과 꽃과 구름을 즐기지 못하며 살아왔던 죄인을 가엾이 여기소서. 인생의 가치는 목적에 있는 것이 아니라 과정에 있다는 것을 몰랐던 죄를 용서하소서. 삶을 살지 않고, 살아내려 했던 이 죄인을 용서하소서.

시간의 강

김진영
jiykim@daum.net

전철에서 내려 구도심舊都心으로 들어간다. 예상은 했지만 길은 한산하다. 그나마 서너 골목을 올라가니 작은 꽃밭과 공공주차장이 인적을 대신한다. 골목 입구의 전통시장에도 오래된 상가만큼이나 연세가 있는 상인들이 가게를 지키고 있는데, 손님의 발길은 뜸하다.

이렇게 한적한 길에도 사람들이 미어지게 지나다니던 시절이 있었다. 오십여 년 전 내가 자랄 때에는 도로뿐 아니라 골목의 끄트머리까지 인파가 대단했다. 바다를 매립하여 도시는 확장되었고 산등성이까지 엉성한 주택들이 즐비했다.

남쪽 항구도시는 전국 각지에 고향을 둔 이주민들이 꿈과 희망을 키우는 곳이었다. 나의 부모님도 직장을 따라 이곳으로 이주하여 생활의 터전을 잡았다. 우리 사 남매가 이곳에서 태어났고 성장하는 동안 여러 번 이사하였다. 바닷가의 초가집과 양철집을 거쳐서 계단을 한참 올라가는 언덕 위의 집이었다.

　내가 다니던 여학교는 맞은편 언덕 위에 있었기에 새벽부터 차량이 붐비는 도로의 갓길로 오르내리며 학교에 다녔다. 지각을 면하려 지름길을 찾아서 오르막의 골목길을 뛰며 숨을 헉헉거렸다. 여명이 밝아오는 언덕길에는 항구의 일터로 출근하는 사람들이 분주하게 움직였다.

　눈이 부신 오후가 되면, 동네 꼬마들이 구슬을 굴리고 딱지를 치는 소리로 골목길은 함성이 가득했다. 조금 지나면 장을 본 엄마들이 장바구니를 들고 언덕에 올라 골목에 들어섰다. 해가 설핏 기울면 국기 하기식 음악이 동네에 울려 퍼지고 아이들을 불러들이는 소리와 함께 백열등이 골목을 밝혔다.

　어른이 되었고 선택한 일을 하며, 다가오는 운명의 손길을 맞이하느라 바쁜 젊은 날을 보냈다. 생의 전장을 헤치느라 타지에 온 것이 어언 반세기가 지났다. 내가 성장했던 동네를 거의 잊고 살았다. 그런데 오늘, 동창회에 가느라 시간의 강을 거슬러 올라간다.

　학교 근처에 이르러 고개를 좌우로 갸웃거리며 이 골목과 저 골목을 들여다본다. 골목마다 겹쳐진 기억이 무거워서 한숨을 쉰다. 그 옛날 가족들이 들락거리던 골목길 언저리에 서니 금방이라도 내 이름을 부르는 것 같다. 사람의 기억은 어디까지 연결되어 있을까. 오만가지 기억들이 작은 머릿속에서 아우성치는 듯하다. 골목마다 빛바랜 기억들이 똬리를 풀고 나온다.

　어린 시절에는 자주 언덕에 올라 시내를 바라보곤 했다. 모든 것을 이룰 것만 같은 환상을 갖고 다양한 나의 미래를 상상하였다. 고개 위의 언덕에서 바라보던 시가지 건물들의 숲과 수평선을 보면서 나의 포부를 키웠다. 세상의 무엇이든지 나의 힘으로 될 수 있을 것 같은 아지랑이를 품에 안고 있었다.

이제, 옛 동네의 언덕을 오르니 꽃들이 적막강산을 채운다. 집집마다 담장에 수북하게 핀 꽃이 지나는 사람들에게 온기를 주는 듯하다. 연로한 주민이 지나간 시간을 얼굴에 담고 꽃을 가꾼다. 한여름 햇살이 아름드리 수국 꽃송이와 담장 위 능소화에 내리지만, 시간의 강을 건너서인지 옛 같지는 않다.

부모님은 넉넉하지 않은 살림으로 가족을 건사하느라 부대끼는 중에도 화단을 가꾸며 객지의 회포를 푸셨던 것 같다. 우리 집 담장에도 봄 햇살 속에 장미꽃 넝쿨이 흐드러졌고, 가을이 오면 좁은 마당에 국화가 가득했다. 우리 사 남매도 마당에 가득한 꽃송이처럼 몸과 마음을 키웠고 사춘기를 치르며 마침내 강으로 접어들었다.

시간의 강은 반세기 동안이나 흘러서 어언 하구역河口域에 들어왔다. 모래톱에 걸린 기억을 간추리니 이제야 부모님의 심정을 조금이나마 이해하게 된다. 부모님은 스물 남짓에 결혼하여 서른 안팎에 네 명의 자식들을 키웠다. 요즘의 나이 스물이면 아직 부모의 날개 아래에서 청춘의 꿈을 키우는 경우가 대부분이다. 얼마나 힘겨운 시간이 많았을까를 생각하니 부모님의 젊디젊었던 그 시절의 뽀얀 얼굴이 떠올라 마음이 저려온다.

연어는 모천에서 수십 일에 불과한 짧은 기간을 머문 후, 넓은 대양大洋에서 삼사 년 동안 키가 크고 어미가 되어 모천으로 돌아온다. 인간은 대부분 20여 년간 교육이라는 이름으로 고향에 머문다. 그러나, 성인이 되어 살아가는 대양은 인접한 동네일 수도 있고, 먼 나라일 수도 있다.

  나도 이십 대 중반에 옛 동네를 떠나, 반세기를 살았다. 그동안 나의 대양은 그리 좁지도 넓지도 않았지만, 모천은 그리도 멀었던가. 이제야 회귀하여 언덕에 올라서 아래를 바라보니 빌딩 숲은 더욱 우거져서 해안선과 수평선을 가렸다. 언덕의 길목에서 시간을 가늠하던 하루가 일 년이라는 시간의 시냇물을 이루고 어언 반세기라는 시간의 강물로 불어났다.

  이제 하구의 모래톱에 서서 강물을 가누며 바다를 바라본다. 아침마다 떠오르는 태양의 빛을 가슴에 담고, 시간의 강이 넘치지 않도록 차곡차곡 쌓아야겠다는 의지를 세운다.

가시방석

맹경숙
mks43@hanmail.net

뜻밖의 일이 벌어졌다. 역무원은 검표를 시작했다. 알고 보니 입석 손님이 많은 주말과 휴일에만 볼 수 있는 광경이다.

주말이라 그런지 역광장은 분주함이 가득했고 매표소의 줄이 길었다. 짐작했던 대로 좌석표는 없었다. 할 수 없이 입석 표를 손에 쥐고 차에 올랐다. 열차 칸의 통로를 지나다 보니 빈자리가 군데군데 보였다. 바쁘게 오느라 심장이 뜀박질을 하였다. 우선 빈자리에 앉았다. 자리의 주인이 나타나면 비켜주면 된다라는 단순한 나의 입장만 생각했다. 나이가 들어간다는 것은 두둑한 배짱도 덤으로 따라오는 것 같다. 곧이어 둔탁한 소리를 내면서 열차는 미끄러지듯 출발했다.

자리의 주인이 나타나면 언제라도 일어날 마음의 준비를 하고 있었다. 하지만 곧 나타나겠지, 했던 자리의 주인은 도착지가 가까워져 올 때까지 나타나지 않았다. 역마다 많은 사람들이 오르내리는 입구 쪽을 바라보면서 긴장하고 있었다. 하지만 이상하게 운이 좋은 건지 주인은 끝내 나타나지 않았다. 시간이 지남에 따라 편안함과 안락함에 젖어서 슬며시 눈을 감고 의자에 등을 기대고 있었다.

그때 지나가던 역무원이 다가왔다. 귓속말을 하듯이 "죄송하지만 입석이죠?"라고 묻는다. 순간 죄지은 사람처럼 당황하는 나의 모습을 보더니 조용한 목소리로 그냥 편안하게 앉아서 가시라는 귀띔을 해주셨다. 젊은 아가씨가 '제자리에 앉으신 분 그냥 앉아서 가시게 해 드리세요.'라는 말을 전했다며, 할 말을 마친 역무원은 급하게 지나가 버렸다.

갑자기 머릿속이 하얘지며, 가슴이 두근두근했다. 운이 좋아서 행운을 잡았다는 혼자만의 생각을 완전히 뒤집는 순간이었다. 요즘처럼 각박한 시대에 보기 드문 젊은이의 배려심에 감동하기보다 오늘 행운을 잡았다는 나의 착각이 몹시 부끄럽고 당혹스러웠다.

세상에 쉽게 얻어지는 행운은 없었다. 그 순간부터 나의 자리는 몹시 불편한 가시방석이 되었다. 감사하다는 인사를 하고 싶었지만 뒤를 돌아보아도 누구인지 알 수 없었고 서 있는 사람들에게 일일이 다가가서 물어볼 용기가 나지 않았다. 그야말로 좌불안석이 되었다.

두근거리는 나의 마음과는 다르게, 열차는 서서히 목적지에 도착했다. 잠시 생각을 가다듬고 통로를 지날 때 미안한 마음을 담아서 목례를 하듯 고개를 숙이고 급하게 내렸다. 도착역에 내리자 이제야 큰 걱정거리가 지나간 듯, 편안하게 숨이 쉬어졌다.

집으로 오는 길에 여러 가지 생각이 머릿속을 지배했다. 곰곰이 생각해 보니 평온해 보였던 일상의 겉모습과는 달리, 순간순간 불편했던 사연들이 참 많았다.

얼굴은 평온해 보였지만, 아무도 모르는 깊은 곳에서 끊임없이 소용돌이치는 감정들은 표면 위로는 드러나지 않았고, 외적인 태도와 행동은 마치 완벽하게 정돈된 듯 보였지만, 그 속에서 매일 씨름하며 숨겨진 갈등에 휘말리기도 했다. 외부의 평온함 속에서 나의 진짜 감정을 숨기는 것이 얼마나 힘든 일인지 실감한 하루였다.

요즘, 가시방석 위에 뭉그적거리는 사람들이 꽤 많다. 그들은 엉덩이가 찔려도 아프지 않은 모양이다. 피가 나기 전에 내려와야 할 텐데 걱정스럽다.

생존전략

문선자
m5258677@naver.com

사각사각 낙엽을 밟는다. 발길 옮길 때마다 가랑잎의 몸부림 소리가 은은하게 가슴으로 다가온다. 가을이 머물다가 간 자리에는 미처 떠나지 못한 가을이 뒹굴고 있다. 등을 세운 자작나무와 계곡을 더듬는 바람이 부딪치며 부둥켜안는다. 봄, 여름, 가을에 입었던 옷을 모두 벗어버리고 속살을 드러낸 나무들 사이로 수많은 이야기들이 웃고 울며 지나간다. 나 역시 그 길 사이를 걷고 있다.

변화무상한 대자연의 섭리 안에서 변화하는 계절의 징후처럼, 상처와 고통 역시 느린 걸음으로 멈추지 않고 나의 삶에 무늬를 새겨 넣는다.

나무들이 영양소를 공급받기 어려워 나뭇잎이 떨어지게 되는 생존전략의 일환으로 보듯 우리들의 인생도 추울 때 열 손실을 방지하기 위해 두껍게 옷을 입는다. 푸른 잎에서 울긋불긋 물들고 찬 바람이 불면 낙엽이 진다. 하지만 계절 따라 모습을 바꾸는 건 자연뿐 아니라 인간 역시 소소한 변화를 겪게 한다. 자신도 모르는 사이에 낙엽 지듯 머리카락이 우수수 떨어지는 현상이 일어난다.

무럭무럭 자라던 머리카락은 낙엽이 지는 가을이 오면 잠시 멈춘다. 가을 머리카락의 휴지기로 날씨가 건조해지면 두피도 건조해져 조그만 외부 자극에도 민감하게 반응한다. 이따금 세찬 바람이 불면 키 큰 나무에서 떨어지는 수천 장의 낙엽은 일시에 날아온 까마귀 떼처럼 공중에서 비행하다가 회전하며 낙하한다. 열매 떨어지는 가을이 되면 유난히 수다스러워진다. 좌우 종횡 자유분방하게 하늘은 무대가 되어 트럼펫 부는 낙엽 축제가 열린다.

가을이 와도 잎을 떨구지 않는 소나무, 사철나무는 광합성 조정통제를 잘하여 멋진 겨울을 지내고 있지만, 긴 손톱처럼 앙칼지게 하늘을 향해 등허리를 치켜세운 채 정갈한 모습으로 겨울을 버티는 나무도 있다. 밤나무, 떡갈나무 등은 떨켜를 만들지 않아 겨울이면 갈색이 되어 바싹 말라도 자신에게 주어진 환경에 맞춰 가지에 오래 붙어 있다. 일교차가 심해지면 날씨에 순응해 서서히 떨어지는 모습으로 바꾼다. 떨어진 낙엽이 수분마저 빠져 바람이 불면 바스러지기 시작한다. 나뭇가지에 대롱대롱 매달린 나뭇잎의 강인함을 바라보며, 나만의 사색과 감정의 시간이 어린 시절 기억으로 머리를 가득 채워 놓는다.

열 살에나 스무 살에 나는 약간 곱슬머리에 머리숱이 많아 관리하기가 힘들었다. 풍성해 보이던 머리카락을 잘라주고 군데군데 솎아냈다. 머리를 감고 손질하면 머리 전체가 차분함이 묻어났다. 그런 나를 친구들은 칭찬을 하며 부러워했다. 머릿결이 두껍고 찰랑거렸던 머리였다. 이제 나이 듦에 따라 두피는 먼지나 기름으로 막혀 있고, 숨도 쉬지 않고, 모공도 점점 좁아지고, 모근을 지탱할 힘이 줄어들어 모발도 얇아지며 탈모가 온다.

나뭇가지에 바스락 소리를 내며 매달려 있는 탈색된 잎들은 여자들의 머리 모양을 하고 있다. 구불구불 말려 있는 작은 잎들은 돌돌돌 말아 올린 할머니 볶은 파마를 연상케 하고, 큰 잎들은 젊은 여인들의 굵은 빌드펌 느낌으로 웨이브를 넣은 듯 멋스럽게 날리고 있다.

계절이 지나면 아무런 욕심 없이 자신의 옷을 내려놓는 자연을 보면서 헤어스타일을 가꾸기 위해 미장원으로 발길을 옮긴다. 미용실에는 하얀 수건들이 널려져 있다. 염색이나 펌을 하려면 먼저 가운을 입는다. 뽀송뽀송하게 말려진 저 수많은 수건들이 나의 머리를 거쳐 간다. 유명한 미용실을 가는 것보다 지명도는 조금 떨어져도 자기 머리를 잘 아는 단골집에 가는 것이 마음도 편하고 성공 확률도 높다.

높은 곳에 큰 부피의 덩어리를 올려놓으면 위치 에너지가 커져 과시할 수 있는 원리는 건축에만 있는 게 아니고 헤어스타일에도 적용된다. 우리는 머리를 매만질 때 스프레이나 왁스를 써서 정수리 부분의 머리를 세우거나 불룩하게 키운다. 사람의 신체에서 가장 높은 부분이 머리 정수리이고 이곳에 볼륨이 있어야 위치 에너지가 커지고 과시가 되기 때문이다.

나이가 들면 머리카락이 가늘어지거나 빠지면서 머리가 주저앉으면 왠지 자존감이 낮아진다. 이럴 때 머리의 풍성함을 회복하기 위해 여성들은 파마를 한다. 빠글빠글, 볼륨매직펌, 웨이브 펌, 베이비펌 등 각자의 상황에 맞게 스타일을 정한다. 여자의 변신은 무죄라는 말이 있듯 여자들은 자신을 가꾸기 위해 화장하고 헤어스타일을 바꾼다. 나는 샴푸를 한다. 두피에 진정제를 바른다. 모발에 수분 영양제를 넣어주고 마사지를 한다. 드라이로 말려주며 가볍게 웨이브 방향으로 뿌리부터 세워주고 모발의 풍성함을 같이 유지해 준다.

  토양이 좋아야 식물이 단단한 뿌리를 내릴 수 있는 것처럼 두피는 머리카락의 토양이므로 관리는 필수다. 지속적으로 손질하지 않으면 낙엽처럼 떨어지니 한 올 한 올 머리를 소중하게 다룬다. 이런 노력이 없다면 삶의 희열도, 추억도, 설렘도 없을 것이다. 노력은 결코 나를 배신하지 않으리라. 석양은 새벽부터 1초도 쉬지 않고 달려간 끝에 비로소 펼치는 황혼의 아름다움이다. 단풍도 비바람 뜨거운 햇볕을 온몸으로 견딘 고통 후에야 펼쳐지는 장관이다. 얼굴, 머리, 몸을 씻는다는 건 나를 들여다보는 것이다. 피부와 마음이 좋지 않은 기억을 지우는 시간이다.

  길바닥에 수북이 쌓여 있는 낙엽을 보며 그저 낙엽으로 보지 않는다. 새싹이 돋아 봄볕에 찬란하던 모습, 여름 그 무더운 열기와 소낙비에 짙푸르던 녹음, 안개와 서늘한 가을바람에 단풍이 들어 떨어지기까지 우리네 한평생 살아온 인생과도 같다. 해가 짧아지며 기온이 낮아져 나무 활동이 둔해지듯 우리는 늙고 병들며 낙엽처럼 떨어질 준비를 한다.

  낙엽이 떠나간 상처의 자리에는 돌아오는 봄 새잎이 돋아나고 그 자리에서 꽃이 핀다. 나의 머리카락도 새봄이 오면 찰랑찰랑 윤기가 흐르고 풍성해지도록 노력할 것이다. 소나무에 푸른 머리카락은 빗질하며 바람을 밀어내고 버틴다. 바람이 쓰윽 하늘 끝을 당긴다. 겨울에도 묵묵히 추위를 이겨내는 나무들의 모습을 보며, 인생의 역경을 이겨내는 방법을 배운다. 극한 환경조건에서 적응하기 위해 다양한 생존전략生存戰略으로 자신을 키우는 나무들, 생명의 냄새가 난다.

귀농의 꿈

민경관
ylim@lotteshopping.com

　농부의 아들로 태어난 이유만은 아니다. 십여 년 전 다니던 직장을 그만두고 농사지을 땅을 조금 마련해 두었다. 복잡하고 이기적인 삶에서 벗어나 인간 본연의 생활로 복귀해 보려는 욕심이 한껏 컸기 때문이었다.
　중학교를 마칠 때까지는 도회지 생활이 어떤 것인지 전연 알 수가 없었다. 마치 요즘 TV에서 방영되고 있는 <자연인의 생활>과 거의 흡사했다. 비교할 만한 게 없는 절대의 삶이고 보니 불만이나 불평은 아예 생겨날 여지가 없었다고 해야 옳을 것이다.
　상경하여 고등학교 입학 이후 지금까지 약 5, 60년은 180도로 변하여 생활방식은 물론 생각까지도 완전히 뒤바뀐 삶을 살아야 했다. 말하자면 경쟁사회로의 전환이었고, 물질 위주의 편의주의 삶이 지속되었으므로 생각도 이런 틀에 매여서 옛날 어렸을 때의 정 많고 푸근했던 농촌 생활은 잊은 지 오래되었다. 더구나 국민

경제가 급속도로 성장하다 보니 먹고살기는 쉬워졌으나, 정신적 상황은 오히려 반비례로 황폐의 상태를 면치 못하였다.

따라서 각종 사회악은 샘 솟듯이 생겨났으며, 전통적 풍속은 점점 사그라들었다. 도회지에서의 이런 현상이 점차 시골로 퍼져 나갔고 심지어는 나라 전체가 온통 혼탁한 세상으로 물들었다. 부모님에 대한 효도, 형제간의 우애, 이웃 간의 사랑, 어른을 공경하는 마음, 친구 간의 의리 등이 우리의 삶을 지탱해 온 기둥이었는데 지금은 퇴색된 지 오래다.

본능으로의 회귀라 할까, 삶의 정화라 할까, 생각이 여기에 미치자, 귀농을 꿈꾸고 농지를 장만했던 것이다. 그런데 토지를 구입하던 해에 그만 허리를 다치고 말았다. 아침에 일어나서 지하실에 내려가 쌀부대를 3층 살림집에 옮기려고 어깨에 메는 순간 심한 통증을 느꼈고, 그 자리에 주저앉고 말았다. 한, 양방의 각종 치료를 다 받아봤으나 소용이 없었다. 헤매던 끝에 주사 치료를 받고 괜찮아졌지만 몇 년 후 재발하기에 이르렀다. 수술밖에 별도리가 없다고 하나, 수술이 100% 완치를 보장하는 것도 아니며, 오히려 더 악화될 수도 있어서 선뜻 응하지 못하고 그냥저냥 지낸다. 이런 이유로 귀농은 자연스럽게 지연되었다. 땅을 사놓고 임대를 줄 수밖에 없었고 전원생활에 대한 애착은 끊이질 않아 그 동네를 자주 드나들게 되었다. 차츰 구수한 충청도 인심이 내 몸에 스며들었고 맑은 바람, 신선한 공기, 별이 총총한 밤하늘, 모두가 나를 새로 태어나게 해줬다.

벌써 수년간의 세월이 훌쩍 지나고 보니 그동안 있었던 일들이 주마등처럼 뇌리를 스친다. 약주 좋아하시던 여든 줄의 배 씨 할아버지는 얼마 전에 낙상사고가 원인이 되어 이 세상을 하직하셨고, 이에 충격받은 할머니마저 뒤를 따르셨다. 월남전에 참여했던 연하의 구 씨도 우리 일이라면 발 벗고 도와줬는데 고엽제 후유증으로 그만 저세상 사람이 되고 말았다. 그분들께 두 손 모아 명복을 빈다.

임차인이 기르는 채소밭을 보노라면 푸르름이 안겨주는 생명력의 용솟음은 어디에도 비교할 수 없는 약동의 산물이다. 가슴 저 밑바닥부터 올라오는 환희와 찬탄의 파노라마다.

2018년부터는 임대 기간이 종료됨으로써 직접 농사를 지어야 한다. 그러므로 내년(2017년)에는 농작물의 선택, 농막의 신축 아니면 개보수, 농기계 마련 등 이것저것 알아보고 세밀한 계획을 세워야 한다. 허리가 시원치 않으니 농작물 선택이 제일 중요할 듯하다. 뒤늦은 귀농을 꿈이 아닌 현실로 자리매김해야 하기 때문에 현장 방문이나 농업교육도 필수요소가 될 것이다. 한 가지 걱정은 농사짓기에 나이가 너무 많다는 것이다. 하지만 초심은 변함이 없고, 농부로 살다가 마감하고 싶은 것이 지금의 내 마음이다.

누군가 말했다. 이 세상 모든 것은 '일체유심조一切唯心造'라고. 흙으로의 귀환은 어김없는 우리들의 참모습이며, 토지의 소유는 만인의 몫이기에 훗날 누구의 것이 되든 미련은 없을 것이다. 후손이 내 뒤를 잇지 못한다 한들 그것이 무슨 걱정거리일 것이며 손해될 일도 아니라 생각한다.

그저 가슴이 설렐 뿐이다.

카르페 디엠

박기준
ins111@naver.com

회사에서 퇴근하고 오니 아내가 "나 사고 쳤어." 한다. 결혼 35주년 기념으로 제주도 한 달 살이 할 집을 예약했다고 한다. 작은 회사이지만 아직 운영 중인데 한 달 동안 회사를 비운다니, 조금은 당황스러웠지만 두 딸 시집보내고 가끔 손주들 육아 보조하는 아내를 생각하여 흔쾌히 수락했다.

아내는 23살에, 시할머니와 시부모와 4형제가 사는 집에 시집와서 두 딸 낳고 참 고생이 많았다. 두 딸 낳으니 3대 열 명의 식구가 작은 아파트에 옹기종기 살았으니 어린 아내의 마음고생은 참 많았으리라. 은행장 부인이 될 거라는 아내의 꿈도 잠시 노마드 기질이 있는 나는 러시아 무역을 한답시고 안정된 은행원 생활을 접었다. 결과는 참담한 그 자체로 실패였고 그 이후 중소기업체 직원, 밤무대 가수 대리기사, 보험 대리점 등을 거치며 힘든 삶을 살았다. 양화대교 위에서 흘러가는 강물의 유혹도 받았고,

도저히 희망이 보이지 않아 이혼하자는 나의 제안에 아내는 당신은 세 여자의 태양이라는 기나긴 편지를 써 주며 나를 격려해 주고 신뢰해 주었다. 그 후 사업에 재기하면서 나는 아내를 위해 살기로 마음먹었다.

준비는 여행 기획을 잘 짜는 아내가 했다. 간단한 옷이나 생필품, 의약품 등은 나의 애마에 실어 탁송으로 보냈다. 우리의 반려견 초코는 애견 동물병원에 부탁하였다. 한 달 동안 서로 처음 연애할 때처럼 살아보자고 호칭도 '여보'에서 '허니'로 바꾸었다.

제주! 이름만 들어도 설레는 섬. 어딜 가도 어머니의 품처럼 반겨주는 바다. 하늘의 구름이 세상 근심을 잊게 그림을 그려주고, 가만히 있어도 바람이 귓가를 간지럽히고, 적당한 오름과 둘레길이 있고, 예상치 못한 곳에서 가끔 날 것 그대로의 자연을 만날 수 있는 곳이다.

제주 한달살이의 다짐은 '카르페 디엠'이었다. 시집 몇 권과 노트북이면 족하다. 노마드의 삶처럼 즐겁게 자연의 아름다움에 취하고, 파도치는 백사장에 앉아 가슴이 설레는 시를 읽고 샛별을 바라보며 내 마음이 이끄는 대로 글을 쓰는 것이다. 사랑하는 아내와 힘들었던 우리의 30대 시절, 용감한 도전이었던 40대 시절, 화려한 부활을 꿈꾸던 50대 시절을 두런두런 이야기했다.

많은 오름과 해수욕장도 있지만 한적하고 조용한 동네 구경을 나갈 수 있는 순간들. 성산 부근에 있는 오조 포구는 화려함은 없지만 스란치마 같은 노을과 산책을 하면, 보랏빛으로 시시각각 물드는 바다와 성산일출봉과 주위 자연경관들이 어우러진 제주 해안 마을의 풍경을 한 컷 찰칵하여 마음에 인화하였다.

  한라산은 결혼 5년 차에, 백록담에 힘겹게 오른 기억이 있다. 이번에는 아내의 체력에 맞게 한라산 등반코스 중의 하나인 어리목코스 입구 맞은편에 있는 어승생악 탐방로를 오르기로 했다. 어승생오름은 제주의 특산물로, 조선시대 이름 높았던 말 중 가장 뛰어난 명마가 탄생하여 '임금님에게 바치는 말'이란 의미의 '어승생'이란 이름을 가지게 되었다고 전해진다. 탐방로를 따라 손잡고 걷다 보면 바위를 둘러싸고 있는 나무들이 자주 눈에 띈다. 흙도 없는 바위 위에 씨가 떨어져 나무가 자라나는 데는, 수많은 시간 동안 바람과 낙엽과 햇살이 기여했으리라. 오름을 오르다 보면 탐방로 곳곳에서 신선한 풍경을 만날 수 있다. 태풍과 눈보라 속에서도 사계절 동안 파란 주목朱木 잎에 떨어진 낙엽과 그 옆의 이끼들, 가을에 단풍들 준비를 하는 당단풍나무들, 서어나무와 그 아래에 있는 조릿대밭은 숲이 수백 년 동안 인간의 방해 없이 자연적으로 진화를 거듭하다 마지막에 도달하는 극상림 숲의 모습이다. 중간중간 들리는 박새와 직박구리가 노래하는 소리는 숲속 나뭇잎들을 바람과 함께 춤추게 하기에 충분하다. 야생화 피는 철이 지나, 새끼노루귀는 볼 수 없었지만, 섬사철난과 홍노도라지는 아직 조금씩 눈에 띄어 반가웠다. 오름 정상에 도착하여 남쪽으로 한라산을 등지고 서면 넓게 펼쳐진 시야로 마음마저 뻥 뚫리는 기분이다. 우리나라에 이렇게 아름다운 곳이 많다는 것을 새삼 깨달으며 제주를 두 발아래 두며 청색 하늘을 바라보고 있으면 내가 살아있음을 느낀다.

함덕 해수욕장은 볼거리가 참 많다. 에메랄드빛 바다가 형광색 물고기를 풀어놓았다. 바람이 등에 먹구름을 올리고 파도를 유혹하기에 바쁘다. 멀리 보이는 어선에는 어화가 아물아물 피어 눈부신 석양의 무대를 만든다. 별들 사이로 가냘픈 달빛이 웃던 밤, 윤슬처럼 펼쳐지는 멸치의 군무. 어선은 풍어를 싣고 노래를 부른다. 야자수가 자라는 해변은 이국적인 분위기를 즐기고 한쪽에선 버스킹의 기타 소리에 맞추어 파란 눈의 외국인도 어깨춤을 춘다. 폭죽은 하늘을 향해 기쁨을 노래하고 한쪽에선 드럼 소리가 열정의 삼바 춤을 춘다. 술에 취한 방파제 연인은 어쩌다 찾은 이방인의 넋두리를 듣기에 바쁘다. 아내와 델문도 카페에 앉아 커피 향을 마시며 바다 위에서 춤추는 별들을 보며 손을 꼭 잡았다. 따듯하다.

서우봉에 올랐다. 패러글라이딩을 타기 위해서였다. 겁이 많은 아내는 잠시 주저했지만, 오늘이 가장 젊은 날이라는 나의 설득에 동참해 주었다. 패러글라이딩은 바람의 협조가 없이는 불가능하다. 바람이 미약하여 1시간 이상 기다려서 겨우 패러글라이딩을 탈 수 있었다. 바람이 등 뒤에서 불어 두둥실 나를 끌어올릴 때 함덕 해수욕장 관광객들의 부러운 시선과 멀리 푸른 하늘에서 나는 비행기와, 같은 하늘에서 유영하는 아내의 살짝 겁먹은 얼굴의 행복한 표정. 수평선 끝에서 만나는 바다와 하늘의 애정 어린 허그는 내려오고 싶지 않은 풍경을 만들었다. 둘째 사위가 왜 파일럿이 되었는지 잠시 알 것도 같았다.

기억에 남는 건 바다 배낚시였다. 수영을 못하는 아내는 이 또

한 머뭇댔지만 35년을 나를 믿고 따른 것처럼 나만 믿으라고 큰 소리치니 믿고 따라왔다. 서귀포항에서 출발하는 3시간짜리 체험 배낚시는 우리를 태우고 잔잔한 바다 한가운데로 데려갔다. 선장님의 바다낚시 요령을 설명 듣고 낚싯바늘에 물고기를 유혹할 수 있는 새우 찌를 걸었다. 낚시는 기다림의 미학이다. 도심에서 정신없이 빠르게만 산 우리에게는 낯선 풍경이지만 수줍은 바다 위로 자박자박 구르는 경치가 있어 여유를 가질 수 있었다. 나는 배낚시를 몇 번 해 보아서 내가 먼저 낚을 수 있을 거라 속으로 내심 자신하고 있었는데 아내의 낚싯대가 먼저 흔들려 잡아당기니 손바닥만 한 참돔이 딸려 나왔다. 그렇게 큰 아내의 환호성을 처음 들었다. 해님보다 더 활짝 웃는 아내의 얼굴은 소설 속에서 상상한 천사의 얼굴이었다. 노래미, 쟁방어, 우럭 등 아내가 3마리, 내가 2마리 낚아서 2마리는 선장님이 회를 쳐주어 소주와 함께 먹었다. 자연산 참돔, 그 쫄깃한 맛은 내내 잊지 못할 것 같다.

 우리는 일몰을 보기 위해 서우 낙조를 볼 수 있는 서우봉에 다시 올랐다. 약 20분 올라가면 가장 아름다운 일몰을 볼 수 있는 벤치가 있다. 벤치 아래에는 한가로이 여유를 즐기고 있는 제주 말의 무리가 우리를 환영해 주었다. 떠오르는 아침 햇살보다 서쪽 하늘 저녁노을이 아름다운 건, 환갑이 지난 삶을 살아본 사람만이 느낄 수 있는 아름다움이리라. 해안선으로 떨어지는 태양은 우리에게 그동안 열심히 잘 살아왔노라 하며 한 폭의 금빛 노을을 선물해 주었다. 내가 본 가장 아름다운 노을이었다. 아내는 저녁노을을 보며 무슨 생각을 하고 있을까? 노을 속에 떨어진 아내의 눈물이 가슴을 아프게 했다. 어쩌면 내 인생 최고의 여행은 제주 한 달 살아보기가 아닌, 삶이라는 긴 여정에서 사랑하고 이해하고 용서하며 동반자로 나를 지탱해 준 아내와의 살아온 시간이라는 생각이 든다. 당신의 나에 대한 믿음은 나의 당신에 대한 믿음에서 출발한다는 평범한 진리가 부드러운 바람결을 타고 내 곁을 스쳐 지나간다. 우리 부부는 35년째 여행 중이다.

황제골프

박남주
dusmot@daum.net

"어이, 운동하러 필드에 한 번 나가야지!"

친구의 전화가 온다. 당장이라도 나가고 싶으나 비용이 만만치 않으니 현직 시절과는 달리 선뜻 응하지 못한다. "백수는 과로사 한다"는 어느 시인의 시구절처럼 이일 저일 재어 보느라 생각에 혹사당하고 있다. 한때는 겨울철에도 컬러 볼을 챙겨서 눈밭을 발로 헤치고 샷을 날릴 정도로 좋아했다. 심지어 골프가방을 가지고 필리핀으로 향하기도 했다.

퇴직 후 필리핀에서 꿈 같은 한 달을 지냈다. 고향 친구가 그곳에서 홈스테이를 운영하고 있었기 때문이다. 여행도 할 겸 골프가방을 가지고 갔다. 친구 집에는 어학원생을 이동시켜 주는 운전기사와 봉고차가 있어서 내가 이동하기에 어려움이 없었다. 아떼(도우미) 세 사람은 시장보기 전담, 주방일 전담, 청소와 빨래 전담을 각각하고 있었으므로 나는 호텔 투숙 후 침대에서 몸만 나오면 될 만큼 편하게 지냈다.

친구 집에서 자동차로 10여 분 거리에 육군부대가 있다. 그곳의 9홀짜리 아미골프장은 대중 골프장이라서 값이 쌌다. 평일에는 손님이 많지 않아 바로 골프를 칠 수 있어서 자주 갔다. 9홀 코스를 두 번 돌아도 평일에는 1,800패소(3만 6천원)이다. 가끔은 하루에 오전과 오후 두 번씩 라운딩을 하기도 했다. 캐디에게 팁을 3백 패소를 주면 무척 고마워했다. 아미골프장에는 손님이 많지 않았다. 티박스에서 드라이버를 휘두르다 OB(out baund)가 나더라도 샷을 다시 할 수 있도록 배려해 준다. 필드에서 아이언 샷을 잘못해서 골프공이 해저드hazard나 벙커bunker에 빠져도 다시 칠 수 있다. 벙커에서 샌드웨지로 실전 연습을 해보기도 했다. 골프 예절은 아니나 혼자 치거나 케디와 나뿐이니 가능했다.

아미골프장 입구에 골프 연습장도 있어서 많이 이용했다. 상주하는 코치가 몇 명 있는데 개인레슨을 받는 사람은 별로 없었다. 내가 자주 다니다 보니 그 코치들과 인사를 나누게 되었다. 때론 코치와 함께 필드에 나가는 경우도 생겼다. 평일에는 코치들도 시간이 남아서인지 부담 없이 라운딩을 함께했다. 적당하게 팁을 주면 오히려 나와 함께 필드에 나가기를 좋아했다. 그들은 코치라고 뻐기지 않고 겸손하고 친절했다. 대체로 한가한 편이라서 언제든지 연습장도 이용할 수 있었다. 이용료를 계산하고 나면 소녀 한 명이 나무로 짠 사각형 틀에 40개의 공을 담아 가지고 나온다. 한 판에 100패소이니 서너 판을 치게 된다. 한국의 골프 연습장처럼 자동 볼 공급 장치가 없다. 볼을 놓을 매트도 없고 아이언용 고무티도 없다. 그러니 맨땅에 볼을 놓고 쳐야 했다. 그래서 볼을 놓아

주는 소녀들이 있다. 내 앞에 앉아서 미세한 흙을 봉곳하게 모아 그 위에 골프공을 올려놓는다. 내가 샷 하기 좋도록 해주는 것이다. 처음에는 민망하고 당황스러웠다. 한 번 공을 쳐낼 때마다 앞에 앉아서 작은 흙 봉우리를 만들어 그 위에 볼을 올려놓는다. 소녀에게 미안하니 팁을 주게 된다. 다행히 드라이버용 티는 있어서 소녀들에게 덜 미안했다. 어쩌면 골프장 측에서도 볼 공급기와 숏 아이언용 매트를 일부러 설치해 놓지 않은 듯하다. 그녀들의 일자리를 마련해 주기 위함이 아닐까. 기계장치를 설치하는 비용은 둘째치고 인건비가 싼 이유이기도 하리라.

친구 집에서 자동차로 30여 분 거리에 있는 공군부대에 골프장이 있다. 빌라모어골프장이다. 18홀 정규 홀이라서 아미골프장보다 그린 피green fee가 비싸다. 실감 나게 골프를 치고 싶을 때는 그곳으로 갔다. 한국에서 드는 비용의 반값도 안 된다. 필드에 들어서서 길게 펼쳐진 잔디와 주변의 풍경을 보면 기분이 상쾌해진다. 나는 장타는 아니지만 롱홀long hole에선 마음껏 휘둘러 보는 통쾌함도 맛보곤 했다. 레스토랑의 음식값도 비싸지 않고 사우나 시설도 잘 되어 있다. 한국 사람들이 여행사 상품으로 팀을 구성해서 오는 경우가 있지만 나처럼 혼자 오는 사람은 없었다. 따라서 라운딩rounding이 끝나고 사우나실에 갔을 때 목욕탕 전부를 독차지하는 경우도 있었다. 처음 빌라모어골프장에 갔을 때 몇 번은 여자 캐디가 배정되었는데 나중에는 나이 든 남자 캐디가 고정으로 배정되었다. 캐디와 친해지다 보니 내 마음대로 칠 수 있어 좋았다. 그는 매우 친절했다. 내가 만난 그곳 사람들의 서비스 정신과 남을 배려하는 마음은 배울 만하다고 느꼈다.

몇 년 전 설악산 H 골프장에서 '대통령 골프'를 친일이 있다. 장마 뒤끝이라서 우리 팀이 예약한 시간의 앞팀과 뒷팀이 예약을 취소해서 기회를 얻게 되었다. 이런 경우는 뒷팀에 쫓기거나 앞팀과 간격을 좁히느라 서두를 필요가 없어 느긋하게 칠 수 있다. 앞뒤 팀의 영향을 전혀 받지 않고 골프를 칠 수 있는 기회를 얻기는 쉽지 않다. 이런 때를 흔히 "대통령 골프를 쳤다."라고 한다. 나는 필리핀의 정규 홀에서 다른 팀 없이 혼자 골프를 쳤다. 그야말로 '황제골프'를 친 것이라고 할 수 있겠다.

한 가지 놀란 것이 있다. 정규 홀 중간의 그늘 집은 건물부터가 한국과는 달리 시골 잡화상점 같았다. 골프용품을 파는 바로 앞에서 잡상인이 깔판을 펼쳐놓고 로스트 볼(헌 공)을 팔고 있었다. 그런데 아무런 제재를 받지 않고 장사를 하고 있었다. 한국 같으면 골프장 내에는 일반인은 얼씬 못 하게 막았을 텐데 이상했다. 그들의 더불어 사는 방법인 듯했다. 욕심내지 않고 서민들을 배려하여 기회를 제공해 주는 방편이라고 생각했다.

빌라모어골프장은 정규홀이므로 연습장 시설이 좋을 줄 알았는데 그렇지 않았다. 아미골프 연습장과 다를 바 없었다. 맨땅에 소녀들이 흙을 봉곳하게 모아 볼을 올려 주어야만 아이언샷을 할 수 있었다. 역시 소녀들에게는 그곳이 일터라는 생각이 들었다. 나는 정규코스 라운딩이 끝나면 운전기사가 픽업할 때까지 연습장을 이용하곤 했다. 연습장에는 파인애플, 파파야, 망고, 바나나 등으로 즉석에서 주스를 만들어 파는 곳이 있다. 볼을 놓아주는 소녀에게 마시라고 권유하면 사양해서 혼자 마실 수밖에 없었다.

내가 현직(법인영업단) 시절에 고객과 함께 골프를 치러 가는 경우가 종종 있었다. 회사 규정에 따라 경비 마련은 되지만 뒤풀이까지 신경을 써야 했다. 필리핀에서는 적은 비용으로 부담 없이 황제골프를 즐기고 뒤풀이도 신경 쓸 필요 없어서 마음이 편했다. 그러나 한국에서 친구들과 어울려 치던 때와는 다르게 마음이 부풀지는 않았다. 여행도 누구랑 하느냐가 중요하듯이 골프도 마찬가지다.

지금은 지방 현장 일이 끝나서 준공까지 했다. 새로운 상황을 맞게 되었다. 시간의 여유가 있지만 현실에 적응하느라 애쓰고 있다. 가끔 마음속에서 불끈하고 골프하고 싶은 충동을 느낀다. 골프에 대한 호불호好不好나 내 처지를 따져보지 않고 말이다. 까짓거 인생 천년만년 사는 것도 아니지 않는가. 절제는 하되 소외되지 않도록 처신해야 할 듯하다. 친구가 불러 줄 때 어울려야 하지 않겠는가.

"어이, 무더위 가시면 필드에 한 번 나가세!"

나는 친구에게 전화했다. '굿 샷!' '나이스 퍼팅!'을 외치며 기분을 풀고 싶다. 필리핀에서 쳤던 나만의 황제골프보다는 "자식과 골프는 내 마음대로 안 된다"는 말을 연발할지라도 친구들과 함께 마음 편하게 어울리고 싶다. 즐거움을 실감할 수 있는 진정한 골프를 누리기 위해….

데칼코마니

박영신
hopaksin@hanmail.net

펜과 붓으로 나비를 그리면서 한 치의 오차도 없이 정확하게 대칭되는 무늬가 놀라웠다. 신이 펼쳐놓은 신비한 예술을 보는 것만 같았다. 사물에 숨겨진 놀라운 대칭 무늬들은 또 얼마나 많은가. 이 평범한 사실이 새삼스럽게 느껴지는 것은 삶의 무늬도 정확한 대칭의 무늬로 보일 때가 있기 때문이다. 똑같은 상황에서 과거의 한 풍경이 왼쪽이라면 현재의 오른쪽은 왜 다른 색깔 다른 감정으로 보일까. 그러고 보면 인생은 길고 긴 시간을 따라 데칼코마니를 그리는 과정이 아닐까 싶기도 하다.

종종 휴대폰으로 음악을 들으며 산책을 한다. 천변을 따라 걷다가 신기루처럼 빠져들게 하는 곡에 발길이 멈춘다. 그것은 에르네스토 코르타자르의 〈waiting for you〉. 기다림의 서정이 묻어 있는 짧은 연주곡이다. 다리가 껑충한 흰 두루미가 가까이서 나를 관찰하는 줄도 모르고 회상에 사로잡힌다.

그때 나는 허리가 맵시 좋게 잘록한 긴 흑백의 체크무늬 스커

트를 입고 있었고 윤기로 반들거리는 긴 머리를 귀 옆으로 쓸어 내며 한없이 사랑스러운 표정을 짓고 있었다. 젊음의 순결한 빛이 드러난 이마를 반짝이며 골목 끝을 바라보았다. 그는 나를 도시의 번잡한 길 가운데 세워놓고 할 일을 하고 올 테니 기다리라고 말했다. 두 시간쯤 걸린다고 했고 나는 고개를 끄덕였다. 딱히 어떻게 시간을 보내야 할지 몰랐지만 보도블록 사이로 지하의 환풍기가 불룩 튀어나온 빌딩 앞에서 그를 기다리기로 했다.

  그는 인파 속으로 표표히 사라졌고 두 시간을 그냥 무작정 기다리기로 했다. 꽉 짜인 고층빌딩들은 유리의 반사광으로 번쩍이고 소란스럽게 오가는 사람들 틈 사이로 도시의 모습은 빈틈없이 완벽했지만 갑갑하지 않았다. 내가 그를 기다리는 시간은 그를 마음에 담아 오롯이 봉헌하는 시간이기 때문이다. 막 피어난 꽃봉오리가 햇빛을 받아들이는 시간처럼 시간의 흐름은 내게 순항하는 운명을 말해주는 것 같았다. 내 앞의 그는 언제나 반듯한 얼굴에 열정과 고뇌와 우수가 번갈아 반짝이고 눈빛은 강렬하며 선한 모습으로 삶의 의지에 불타올랐다. 그는 바쁜 나머지 며칠 감지 못한 머리카락은 꾀죄죄했지만 어쩐지 그 냄새도 좋았다. 가로수들은 간간이 바람에 흔들렸고 범람하는 홍수처럼 밀려드는 사람들 사이에서 신기루처럼 나타난 그가 몽상적이며 유쾌한 모습으로 다가오기를 기다렸다. 휘어지고 야트막하게 내려다보이는 길목은 훈훈한 긴장감이 느껴지고 오후의 공기는 신선했다. 그에게서 풍겨오는 모든 것들은 내 영혼의 창문을 흔들었으며 마음의 조그만 언덕을 넘었고 산을 넘었고 드디어 구름으로 두둥실 떠 있는 것만 같았다. 사랑은 삶에 조화롭게 빛났으며 영원을 확신할 자신이 있었다. 세월 따라 깊어질 미세한 잔주름을 너그럽게 바라보며 담백하고 편안한 세월을 맞이하고 싶었다.

두 시간이 조금 지났고 그는 보이지 않았다. 빌딩의 틈새로 오후의 햇살이 분수처럼 쏟아져서 몇 가닥은 눈을 찔렀다. 바삐 지나쳐가는 사람들은 슬픔도 권태도 조급함도 보이지는 않았지만 지친 듯이 보였다. 가로수가 바람 소리를 내며 요령처럼 흔들렸다. 그의 향기가 코끝으로 잠깐 스치는 듯했다. 예감처럼 그가 나타나 내 손을 덥석 잡았다. 입가엔 다정한 미소가 흘러넘쳤다.

어느덧 음악은 끝났다. 천변에서 나를 훔쳐보던 두루미가 발자국 소리에 예민해진 얼굴을 반대로 돌린다. 아직은 좀 더 음악의 잔상에 머물고 싶지만 텅 빈 적막 속으로 소리는 흩어졌다. 심상心象으로 미끄러지던 음악의 풍경 속에서 빠져나온다. 집에 도착하여 모자를 벗으니 흰 머리카락 몇 가닥이 쓸어내리는 손바닥을 타고 부스스 떨어진다. 안경알을 닦아내고 움푹한 두 눈을 비비고 둔중한 허리에 붙였던 파스를 떼어냈다. 발톱을 깎다 말고 서창에 물든 저녁노을을 바라본다.

이별이라는 변곡점은 대칭의 가운데 지점처럼 느껴지고 그와 나의 시간은 다르게 흘러갔다. 붉고 탱탱한 복숭아가 익어가는 시절이 있고 떨어지는 시기가 있고 떨어져서 흙에 파묻히는 시기가 있는 것과 같은 이치다. 잘 익어 무게를 감당하지 못하고 떨어져 방치된 복숭아는 향기가 진하다. 복숭아도 한 철의 기쁨을 슬픔의 향기로 토하는 것이다. 그처럼 처절한 시기도 세월에 묻혀 간단하게 흘러간다.

　수십 년이 지난 후에 사람들이 몹시 붐비는 빌딩에서 그와 우연히 마주쳤다. 비록 먼발치였지만 그도 나도 무연한 시선으로 그냥 지나쳤다. 한 올의 애증의 그림자도 일어나지 않았다. 그의 뒷모습도 그렇게 보였다. 흐르는 시간을 밟고 삶의 또 다른 명제 앞에 자신을 드러내며 또박또박 걸어가듯, 당당한 걸음으로 서로 뒤돌아보지 않았다. 지금은 그 풍경이 긴 세월을 두고 데칼코마니를 그린 것처럼 보인다. 선명하게 보이는 그림 위에 더 찍어야 할 붓질은 없다. 어느 쪽으로든 삶은 변화되고 사화산死火山처럼 느껴지는 지금의 삶에도 시간의 봄비는 내린다.

　무궁무진한 삶의 계곡이 숨겨놓은 것이 있다면 그것은 타인을 향한 시선을 거두고 자신에게 차분하게 자리를 주는 시간이다. 상대에게 투사했던 희로애락의 감정과 스스로의 존재를 돌아보는 시점이다. 참된 자기 이해는 스스로 길을 찾아 끝없이 걸어가야 할 난제와 같다. 내 안에서 거울처럼 반사되는 타인이기에 온전히 타인의 존재를 이해하는 것과 자기를 아는 일은 닿아 있는 것 같다. 무장한 세월이 지난 끝에, 덧씌워진 착각과 환상의 너울을 벗고 백지와 같은 마음으로 다시 바라보게 된다. 나비의 두 날개를 닮은 이색적인 양 날개를 관조하고 총체적인 삶의 이면도 보게 된다. 다시 흰 종이를 펼쳐놓고 색색의 물감을 듬뿍 묻혀 붓질한 후에 절반을 접었다 편다. 다채로운 빛깔의 나비 문양이 새롭게 탄생한다. 황홀하고 다소 추상적이며 말로 설명할 수 없는 진리처럼 아름답다.

이유 있는 글쓰기

박옥선
hajung2815@daum.net

　아주 특별한 날이 아니다. 멀리 출장을 다녀온 큰아들과 작은아들, 세 모자가 맥주 한 잔을 놓고 한자리에 앉았다. 일 년에 큰아들 얼굴 보는 것은 열 손가락 안이다. 기회다 싶어 글이라고 한 편 써 놓은 것을 큰아들에게 보였다. 이과 출신인 큰아들은 매사에 빈틈이 없고 정확해야 하는 성격이라 칭찬 같은 것은 기대하지도 않았다. 읽고 있던 큰아들이 "여기는 문맥이 맞지 않은 것 같다."며 꼬집어 냈다. 문과를 나온 작은아들이 "형님아, 우리 엄마 대단하다. 대학 나온 나는 이렇게 못 쓴다. 엄마 글이 처음보다 많이 발전했다. 또 조금 부족한 부분은 선생님께서 잘 지도해 주신다."라며 엄마를 부웅 띄운다.

　내가 작은아들 마음을 모르는 바는 아니다. 엄마의 실력을 누구보다 알고 있기에 중도에 포기라도 할까 봐, 책상 앞에 있는 모습만 보면 "우리 집에서 공부 제일 열심히 하는 사람은 할머니다."

손자, 손녀 들으라고 일부러 큰 소리로 말한다. 내 옆에 와서는 어깨를 안마해 주며 책 보는 엄마 모습이 참 보기 좋다. 엄마는 모르시겠지만 자기가 볼 때는 엄마 글이 많이 늘었다고 기를 살리며 격려하는 말을 내가 어찌 모를까. 말하진 않았지만 누구나 쓸 수 있는 글, 아무나 못 쓴다는 글을 이젠 그만해야 하나 망설일 때도 있었다. 작은아들은 내 마음을 읽기라도 했을까. 하지만 나는 선생님이 뽑아와서 읽어주는 글에 늘 눈뿌리가 뜨거워지니 오늘도 가방을 들고 집을 나선다. 좀 느리고 갑갑해도 가랑비에 옷 젖듯이 서서히 스며들고 싶어서다.

방금 쓴 글 한 편을 중학생 손자에게 읽어보라며 건넸다. 마지못해 받아 든 손자는 앉지도 않고 선 채로 대충 훑어 내린다. "아현아, 할머니 글이 어때?"라고 물었다. "할머니, 대충 뜻은 알겠고 잘 쓰신 것 같아요."라는 짧은 대답에 "할머니는 좋아하는 글을 쓰고 모아서 책 한 권 내는 것이 꿈이란다." 하며 슬쩍 눈치를 보니 "그럼 할머니 한번 만들어 보세요. 할머니 책이 나오면 잘 보관해 두었다가 결혼해서 자식에게 보여주고 너희 증조할머니 작품이라고 말할게요."라고 한다. 내가 이 세상에 존재하지 않아도 내 삶의 흔적이 증손자로 이어져 내려간다는 이유 하나만으로 할미 입이 귀에 걸린다.

이렇게 분명한 이유가 어디 있을까. 지금부터 나의 목표가 확실히 정해졌다. 숙제도 생겼다. 손자와의 약속만은 지켜내야 한다. 내 책이 만들어져서 냄비 받침이 되든 책장을 떠받드는 힘겨운 기둥 역할을 하든 아궁이의 불쏘시개가 되든, 내 손을 떠난 뒤에는 상관할 바가 아니다. 지난 수업 때 선생님께서 남의 책을 받아만 두고 읽지 않으면 저승 가서 두 손으로 떠받쳐 들고 있어야 한다는 말에 양심에 찔린 적이 있다. 부지런히 받아둔 책을 읽어야겠다.

 책을 낸 선배님들은 처음 책을 내고 나면 산통을 치른다는 이야기를 들었다. 엄마 뱃속에 열 달을 품어 세상에 빛을 보게 한 엄마의 산통만 산통일까. 나같이 부족한 사람이 몇 년을 가슴에 품었다 내놓는 글도 그에 못지않은 산통일 것 같다. 어떤 분은 책 멀미도 한다고 한다. 혹독한 신고辛苦가 오더라도 나는 그것을 향해 가야만 한다. 뚜렷한 글쓰기 이유가 있기에 그날까지 글을 써야만 한다. 잘 보관할 한 권의 책을 위해.

사랑죽

박온화
onwha0608@hanmail.net

 사람들 무관심에 누렇게 짓밟힌 낙화 목련, 바람에 날려 죽을 힘을 다해 외친다. 운명의 몽둥이질에 고독한 침묵으로 몸부림치는 사람을 따뜻한 심장으로 어루만지라며 애절히 호소한다. 내 마음을 속속들이 알아주는 정원 뜰 백목련의 충언이다. 때가 이르렀음을 느끼는 결심과 망설임 사이로 나의 고심 속 우물은 깊어간다.

 지는 꽃잎의 하소 속에 남편의 시간들이 흘러온다. 젊은 시절 이상의 높은 하늘을 우러르며 꿈의 비행기로 비상하다 현실 혼돈 난기류에 부딪혀 그는 추락했다. 오십 중반에 얻은 뼈아픈 질병은 뇌출혈 편마비의 그를 삼십년이나 끌고 다닌다. 대퇴부 고관절수술마저 그를 눌러 앉히자, 십 년 넘은 요양원의 삶이 또 붙잡는다. 긴 세월 자식과 가정을 아내인 내게 맡기고도 자신의 아픔만

토로하는 그가 원망스럽지만, 한편 연민이 치솟는다. 새까만 송충이눈썹에 서리꽃이 허옇게 핀 84세의 노구老軀, 그는 원하는 꿈과 성공을 이뤄보지 못했다. 세상 원통함과 억울함의 퇴적으로 바윗덩이가 된 심신을 끌어안고 얼마나 한이 맺혔을까. 전국성지순례 완주의 깨달음이 있어 그를 집에서 돌보려 맘먹으면서도, 칠십 넘은 몸은 뭉그적대고 있다. 고마운 목련이 생을 다하면서 내가 망설임을 누르고 결심하도록 힘을 실어준다.

기적처럼 그가 폐렴 치료 후 콧줄을 떼자마자 가족들 품으로 모셔왔다. 우주선 타고 안착하듯 집에 도착한 그는 어사화 꽂고 금의환향하는 양 폭풍눈물을 쏟는다.

"이게 얼마 만이오? 우리 집 맞지요? 꿈인지 생신지. 정말로 고맙소."

뜨거운 포옹, 뭉클한 감동이 영화처럼 펼쳐진다. 대여해온 장애인침대에 누워 파노라마로 집안 곳곳을 훑는다. 인테리어 하는 큰아들이 작은아들과 힘을 합해 새로 단장해준 새하얀 벽과 강화마루 바닥, 옷장과 식탁, 주방 장식들이 반짝이며 그의 입성을 반긴다. 베란다를 통과한 빛살이 생소해하는 그를 보자, 창문 너머로 시선을 옮겨준다. 정원의 박태기나무와 살구나무 꽃을 발견해 내곤 손 흔들어 화답한다.

남편을 집으로 모셔오면서 가장 힘든 숙제가 죽을 쑤는 일이었다. 7개월 이상 콧줄을 꿰고 경관유동식을 받아먹은 그의 식도는 실처럼 좁아졌다, 물죽 쑤는 법을 배워왔지만, 극도로 쇠진해진 남편의 맞춤식 죽을 쑤는 일은 보통 난제가 아니다.

알람이 선잠을 깨우면 새벽도 출동한다. 새벽은 매일 죽을 쑤러 나오는 내가 안쓰러운지, 일찍 나온 까치에게 엄마 마음을 부탁하고 여명 뒤에 숨어 응원한다. 앞치마를 동여매고, 죽 끓이기 시동을 건다. 죽은 잘 끓다가도 잠깐의 생각으로 시간을 놓치면 애를 먹이고, 아차 실수하면 그릇에 들러붙기도 한다. 이리 튀고 저리 데이며 상처가득 살아온 칠십 평생은 어쩜 그리 사람 속을 긁어대는 죽과 같을까.

죽 끓이는 일은 절대음감을 얻으려 몰두하는 기타 조율에 견줄 수 있다. 너무 팽팽하게 줄을 당기면 끊어지고, 줄이 끊어질까 조심스러운 나머지 제대로 당기지 않으면 정확한 소리를 얻지 못한다. 너무 센 불로 죽을 빨리 끓이려하면 타버리거나 눌어붙고, 약한 불로 오래 끓이려하면 생기 있는 죽을 만날 수 없다.

죽을 쑤면서 순교성지를 순례할 때 간절했던 마음들이 살아났다. 온전히 자신을 바치는 순교자들의 핏빛 정신을 생각하며, 아픈 이를 낫게 해달라는 기도에 전념할 수 있었다. 도자기를 빚는 장인과 같은 인내로 절정에 끓어오르고 튀는 죽의 특성을 이해하게 되었을 땐 눈물이 절로 났다. 점차로 남편의 소화 정도와 그의 선호도를 살펴보며, 죽의 묽기와 끈끈하기, 부드럽기와 퍼지기 등도 체득하게 되었다.

콧줄 뗀지 얼마 안 된 남편은 처음엔 맑게 끓인 물 같은 흰죽을 먹었다. 차차 감자, 당근, 양파, 호박 등 야채들을 다지고 잡곡밥에 물을 충분히 넣어 끓인 야채죽도 잘 소화했다. 인스턴트 종류의 다양한 죽과 요리법 레시피(recipe)를 구매해 쉽게 끓일라치면, 귀신처럼 알고 거부하거나 성의를 봐서 조금 먹어주곤 했다.
　남편은 쇠고기죽, 버섯죽, 달걀죽도 잘 먹지만, 약간 칼칼한 김치죽도 '사랑죽'이라 부르며 아주 좋아한다. 맞다! 진정한 사랑으로 다지고 정성으로 만든 사랑죽은 신의 한수다. 그의 쩝쩝대며 먹는 소리에 살아난 기쁨이 춤추고, 땀 흘리며 흔드는 고갯짓엔 행복이 뛰어와 감동의 시를 쓴다. 누가 이런 보람에 찬 아름다운 풍경을 연출해 주었는가. 감사의 잔이 넘쳐흐른다. 사랑죽은 신뢰와 화합의 마중물이다.
　직장이 바쁜 큰아들에 비해 일이 자유로운 작은아들은 간병에 대한 생각 또한 남다르다. 하루가 멀다 않고 집에 와서는 아빠에게 죽을 먹여드리고, 조곤조곤 말벗도 돼드린다. 엄마가 힘들까봐 야채 등을 자기 집에서 다지고 육수로 끓여 담아온다. 아들의 베이스 죽에 쇠고기, 전복, 닭고기 등을 다져넣어 쑨 죽은 끝내준다.
　지방에서 부모 곁으로 이사와 아빠의 간병과 엄마 일을 돕는 우렁이각시의 효심이 더해져 남편은 어느 사이 두 볼과 다리 팔뚝이 통통하다. 몸을 움직일 수 없는 그의 전신을 닦아주고 대소변을 처리함에 땀 뻘뻘 무거워도, 햐, 그게 어딘가!
　3개월 이상을 남편은 집에서 왕이 된 양 행복감에 젖었다. 미안했던 지난날을 보상하듯 사랑을 쏟을 수 있는 나도 뿌듯했다. 하지만 예전 사랑을 회복해 뜨겁게 보낼 시간은 길지 않았다. 시샘이었을까. 암이란 폭군이 순식간에 덮치더니, 시커먼 덩어리로 그의 식도를 막아버렸다. 사랑죽을 통과시켜 주지 않았다. 너무 시급히 농성가래와 역류로 그의 목을 죄었다. 그는 물 서너 숟갈에 가쁜 숨을 몰아쉬었다.

　얼마 후 물처럼 맑게 걸러낸 미음 세 숟갈을 끝으로 그는 떠나갔다. 한동안 나는 속을 끓여 밥을 먹지 못했다. 그가 꿈마다 나타나 슬퍼하였다. 하늘에서도 내 걱정으로 애면글면하는 그를 보기가 부끄러웠다. 경직된 혼자만의 된밥을 깨고 부수었다. 뭉근히 끓여 섞이고 어우러진 겸손의 죽, 사랑죽을 먹는 지금 속이 편하다.

타작마당

박정옥
jubu002@hanmail.net

마당이라면 흔히 집채에 속한 반반한 터를 생각하지만 내 기억 속엔 또 다른 마당이 있다. 논과 밭 가까이 낮은 언덕에는 작은 저수지가 있었다. 천수답에 가까웠던 전답을 위해서 만든 못이다. 저수지 옆에는 그보다 더 작은 마당이 있었다. 이 들마당을 떠올리면 푸른 심줄이 튀어나온 장딴지와 구릿빛 얼굴이 땀으로 번들거리던 아버지 생각이 난다. 겨우내 잠들었다가 깨어나는 뭇 생명과 푸릇푸릇한 새싹이 봄소식을 전하면 들마당을 향한 아버지의 발걸음도 분주해졌다.

봄이 농익어 갈 때쯤 푸른 보리도 바람과 햇살을 빌려 색을 바꾸며 탱글탱글 탐스러운 알갱이를 만든다. 망종이 다가오면 온 들판이 초록으로 무성한데 유독 보리만이 수염을 빳빳이 세우고 황금 같은 찬란한 금빛을 뽐낸다. 보릿고개를 아는 듯 '곤궁한 사람을 구하러 왔노라.' 하고 외치듯이 출렁인다. 이때쯤 어른들은 무성히 자란 잡초를 베어내고 돌을 골라내며 마당을 다듬는다. 겨우내 얼어서 퍼석해진 흙도 자근자근 밟아주고 파인 곳은 황토를 넣어 단단하고 매끄럽게 전체를 다져준다. 여러 날 정성을 다해 다듬어서 단단해지게 한다.

보리가 뜨거운 볕에 까슬거리는 수염을 비비며 바싹바싹 말라갈 때 어른들은 숫돌에 시퍼렇게 간 낫으로 보리를 벤다. 베어낸 보리는 적당량을 단으로 묶어서 말린 다음 타작한다. 마당이 첫 일을 시작하는 날이다. 가장자리에는 금빛 보릿대가 쌓여있고 중앙에 한 아름씩 보릿단을 놓고 도리깨로 때린다. 기름한 작대기 끝에 물푸레나무로 서너 개의 휘추리를 휘휘 돌아가게 달아놓은 도리깨는 보리나 콩의 낱알을 털어내는 최고의 농기구라 할 수 있었다. "털썩털썩" 도리깨가 매질할 때마다 알갱이들이 후드득 떨어졌다. 유월의 짱짱한 해와 보리 가시랭이가 부모님의 몸에 끈적끈적 붙어서 숨쉬기조차 힘들 때도 오히려 당신들은 "어 이!" 하고 추임새를 넣어가며 박자를 맞추어 알곡을 털어낸다. 추임새 덕분인지 도리깨질에 더 힘이 들어간다. "털썩! 털썩!" 도리깨질이 쉬워 보여 나도 획획 휘둘러봤지만, 보리가 아닌 내 뒤통수만 눈물 나게 때리곤 했다.

타작마당에 해가 지기 전에 그날 타작을 마친다. 빈 보릿단은 구석으로 치우고 갈고리로 보리지푸라기를 긁어내고 나면 마당엔 알곡이 누렇게 쌓여있다. 어른들은 해가 지면 바람이 자러 간다고 서둘렀다. 바람의 힘을 빌린 엄마의 보리 디루는 솜씨는 신기하기만 했다. 나무로 만든 바가지에 보리를 가득 담아 키 높이만큼 올려서 살살 흩뿌리면 검불과 가시랭이는 타작마당 밖으로 날려 나가고 알곡은 수직으로 떨어졌다.

엄마가 보리를 디루는 동안 나는 타작마당 여기저기 떨어져 있던 이삭을 부지런히 주워서 낡은 양동이에 담았다. 엄마는 내가 주운 이삭은 따로 모아두었다가 용돈으로 바꾸어 주었다. 어린 나이였지만 용돈을 모으는 재미에 힘들어도 논밭이나 마당에서 이삭 줍는 일을 마다하지 않았다.

들마당은 보리타작이란 큰일을 무사히 마친 셈이다. 집에서 타작할 때도 있었지만 들마당 덕분에 온 집안에 먼지를 날리지 않고 타작할 수 있어 좋았다.

보리타작을 마친 마당은 잠시 쉬었다가 참깨와 들깨 단에 그 품을 내어준다. 보리처럼 요란스럽지는 않아도 마당 가장자리에서 풋풋한 잎들을 말린 깻단들은 마당 위에 깔린 천막 천 위에서 "토닥토닥" 막대를 맞으며 알곡을 털어낸다. 마당은 그저 누구든 품 안에 들기만 하면 다 품었다.

농부의 계절은 빠르기만 했다. 깻단을 품고 고소한 맛을 꿈꾸었던 그 마당엔 콩꼬투리가 조롱조롱 달린 콩대가 다닥다닥 붙어서 누워있다. 콩은 누가 건들지 않는데도 혼자서 탁! 하고 꼬투리를 열고 콩알을 쏘아 올리기도 한다. 그때쯤 여지없이 콩도 보리처럼 도리깨 타작을 당한다. 콩의 성질은 불같아서 도리깨에 맞고 나면 온 마당을 튀어 다닌다. 튀기만 잘하는 게 아니고 달리기도 얼마나 잘하는 철부지인지, 두부나 된장이 되기까지 수없이 어르고 달래야 밥상에 오른다.

　온 산이 단풍으로 물들 때 들판은 또다시 황금물결로 출렁인다. 타작마당이 할 마지막 일이 남아있다. 저 황금 들판을 품으로 끌어안는 일이다. 농부들은 마당을 다시 한번 다독인다. 튀어나온 돌들을 골라내고 마당 안쪽으로 발을 내민 풀도 뽑고 가장자리에 크게 자란 망초나 쑥부쟁이도 가차 없이 잘라 버린다.

　들마당 가장자리 빼곡히 볏단이 쌓이고 창고에 잘 보관해두었던 탈곡기가 들판으로 나와 타작마당에 자리 잡는다. 대여섯 사람이 힘을 합해 탈곡을 시작한다. 볏단을 옮기는 사람, 탈곡기를 열심히 밟으면서 낱알을 터는 사람, 짚단을 정리하는 사람, 가마니에 알곡을 퍼 담는 사람 등 일꾼이 많을수록 좋은 날이다. 왁자지껄한 웃음소리와 고성, "와롱 와롱 와롱!" 있는 힘을 다해 탈곡기가 내뿜는 가쁜 숨소리에도 마당은 풍요로운 가을걷이가 좋기만 했을 것 같다.

　봄부터 늦가을까지 들마당은 온전하게 터를 내주었다. 봄날, 뱀딸기가 샛노란 꽃을 피우며 빨간 열매를 맺을 수 있게 귀퉁이를 내어주고, 폭우로 쏟아지는 장맛비가 저수지로 가는 물길도 내어주었다. 타작마당일 땐 곡식과 함께 도리깨로 한없이 맞기도 하고, 토닥토닥 깻단과 속삭이기도 했다. 마지막으로 나락을 터는 난장판까지 말없이 받아주고는 황량하게 겨울잠에 들어가서 다음 해 봄을 꿈꾸었다.

　이제 고향 들판엔 보리나 벼 대신 유실수가 더 많고 저수지와 타작마당이 있던 곳에는 전원주택의 예쁜 마당이 들어섰다.

돌아보면 아버지의 일생도 우리 가족의 타작마당이었다.

먼 길 떠난 그리운 아버지가 꿈에 오신다면 나는 흰 머리카락이 보이지 않게 염색하고 재잘재잘 어리광을 부릴 것이다.

"아부지, 내가 얼마나 보고 싶었는지 알아?"

새벽 세 시

박지유
gaon8787@naver.com

잠이 오지 않는다. 뒤척임에 지쳐 창문을 연다. 사월의 봄밤, 싸늘한 공기 속을 밀도 있게 채운 라일락 향기에 온몸의 세포가 깨어난다. 새벽 세 시. 오가는 사람은 아무도 없다. 어디선가 들려오는 취객의 통화소리만이 고요한 밤을 흔든다.

어둠은 본능적으로 숨조차 가라앉게 하는가. 살아있는 것들의 숨죽인 고요가 더 가슴을 설레게 한다. 발소리를 숨긴 고양이 한 마리가 나타난다. 폴짝폴짝 화분 사이를 뛰어다닌다. 담장 위를 오르내리다 단풍나무 옆에 자리를 잡는다. 주목과 단풍나무 화분을 화장실로 쓰는 무례한 녀석이 바로 이 녀석이란 걸 오늘에서야 알게 됐다. 창문을 사이에 두고 안과 밖이 확연하게 다른 새벽 풍경이다. 밝음 속에서 사는 이들의 쉼표를 찍는 시간, 어둠 속에선 또 다른 삶의 현장이 열린다.

누군가에겐 치열하고 바쁘게 살아내야 하는 하루가 이미 시작된 시간이기도 하다. 새벽 배송차가 서서히 골목으로 들어온다. 서둘러 배송물품을 꺼내 잰걸음으로 계단 아래로 내려간다. 시동이 켜진 탑차의 소음이 새벽공기를 흔든다. 신문배달 오토바이도 달려온다. 우편함에 신문을 꽂고 급히 사라진다. 하루를 여는 부지런한 사람들의 발소리가 어지럽게 떠다닌다.

바람을 타고 라일락꽃 향기가 일렁인다. 어느 봄날, 친구와 낙산성곽길을 걷는데 라일락 꽃나무가 있었다. 내게 잎사귀를 따 주며 맛을 보라고 했다. 먹어보니 지독하게 쓴맛이다. 잔뜩 찡그린 내가 재밌는지 그녀는 유쾌하게 웃었다. 우리의 삶은 향기를 가득 품은 라일락꽃과, 향기롭고 예쁜 꽃을 피우기 위해 달콤한 진액을 다 소진한 쓰디쓴 라일락 잎사귀를 닮았다며 인생을 논했다. 누구나 가슴속엔 희로애락을 품고 사는 것이니까.

불면의 밤은 흩어진 기억의 조각들로 마치 퍼즐놀이를 하는 듯하다. 나이가 들수록 무뎌지는 감성과 감각도 이 새벽엔 마음의 문을 드나들듯 온갖 희로애락의 순간들이 자유롭다. 수십 년 전의 일도 어제 일처럼 생생하고 어제 일은 안개처럼 흩어지기도 한다. 잠 못 이루는 새벽, 되돌릴 수 없는 시간의 궤적들이 쓸데없는 상념의 꼬리를 문다.

어제는 새벽 세 시에 집을 나섰다. 양수대교를 지날 때부터 안개가 짙어졌다. 가로등 불빛도, 앞서가던 차도 어느 순간 보이지 않았다. 빛나던 것들의 빛을 지우고 마치 움직이는 모든 것들이 사라진 듯했다. 와이퍼를 작동시켜도 들러붙는 안개의 미립자를 당해낼 수가 없었다. 마치 거대한 회색 구름 속으로 들어온 듯 착각이 인다. 비상등과 상향등을 켜고 속도를 줄였다. 서행으로 가던 앞차가 갑자기 나타났다. 아찔한 순간을 가까스로 피하고 강변도로를 지나자 희미하게 불빛이 보이기 시작했다. 고작 이십여 분 동안 안개를 헤치고 나온 길은 꿈이라도 꾼 듯 아득한 느낌이 쉬 가시지 않았다.

20대의 청춘은 안개 속에 갇힌 새벽이었다. 다니던 회사에선 희망이 없었고 길을 찾지 못해 안타까웠던 방황의 시절이었다. 눈만 뜨면 보이는 푸른 앞산과 들녘이 내게는 권태였다. 서울행 기차를 사라질 때까지 바라보곤 했다. 기차만 타면 지겨운 고향을 떠날 수 있을 거란 환상에서 헤어나지 못했다. 막연한 동경을 안고 늘 떠나는 꿈을 꾸었다. 결혼식 날 새벽 기차를 타고 서울로 올 때만 해도 내 앞에 펼쳐질 힘든 세상은 상상조차 하지 못했다. 쨍쨍한 햇빛 아래서도 밤인 듯 새벽인 듯 짙은 안개 속을 헤매던 날들이었다.

누구에게나 멈춤의 시간은 필요하다. 불편했던 생의 흔적들을 지우고 때로는 새로 그리며 내일의 삶을 설계할 수 있는 시간, 그것이 나에게는 새벽이다. 삶을 되돌아보면 허기진 마음 한편에도 행복한 순간들은 있다. 밤의 시간은 밝음을 향해 조용히 흐른다. 밤하늘엔 비워지지 않는 마음 한 자락인 듯 그믐달이 창백하게 걸려 있다. 온종일 시달리고 지친 사람들이 편안한 휴식을 하고 에너지를 생성하는 시간. 많은 이들의 꿈이 떠다니는 시간. 새로운 하루를 맞이하려는 작은 소란이 뒤섞이는 새벽 세 시다.

잠은 멀리 달아났다. 열린 창문으로 새벽의 한기가 다시 느껴진다. 따듯한 커피가 생각난다. 커피 가루에 물이 차오르며 강한 향을 내뿜는다. 안개인 듯 여명인 듯 희붐한 새벽 공기 속으로 커피 향이 퍼진다. 커피잔을 가만히 두 손으로 감싸든다. 온기가 온 몸으로 퍼져간다. 작고 소소한 것들의 위로가 마음을 채워준다. 이 새벽, 잠의 일탈은 멈출 수 없는 시간 속에 또 다른 삶의 궤적을 이어간다.

나신의 그 여인

박춘혜
hyunryul4125@hanmail.net

미술관 야외에 있던 나신의 그 여인이 내 집 욕실 거울 속에서 나를 향해 서 있다. 샤워하러 욕실에 들어섰던 나는 깜짝 놀랐다. '아니 저 여인이 왜 여기 있지?' 순간의 혼돈에서 깨어 정신을 차리고 거울 속 몸피를 보니 그 조각여인과 닮았다. 나를 보며 내가 놀란 것이다.

자주 들르는 미술관 야외에서 늘 마주치는, 프랑스 작가 세자르 발다치니의 <빌르타뇌즈의 여인상>은 철로 만든 작품이다. 두상 없이 풍성한 가슴과 배, 가느다란 다리의 천상 중년여성의 모습이다. 늘 눈여겨보며 지나곤 했었는데, 욕실에서 그 여인을 마주보다니….

얼마 후 미술관에 다시 들렀다. 가까이서 보니 그녀의 피부가 매끄럽지 않다. 어깨부터 가슴 쪽으로 부슬부슬 껍질이 벗겨져 내리고, 왼쪽 가슴은 끝 부분이 떨어져 나가 땜질을 해 놓았다. 그

너도 나이가 든 탓일까, 많이 낡았다. 야외에서 온갖 풍상을 겪으며 지냈으니 부석거림은 당연한 것이리라. 지난번 봤을 때와는 확연히 달라진 모습이다. 최근 들어 내 몸도, 여기저기서 아우성치며 무너져 내린다.

1965년생이니 1년 후면 그녀의 나이가 60세이다. 저대로 두면 나와 비슷하게 명을 다할 것 같은 느낌이다. 인생과 달리 예술 작품은 명이 길어, 오랜 세월 보존 할 수 있을 텐데…. 작품을 제대로 관리 하지 못한 미술관에 원망스러운 마음이 든다. 창밖에는 가을비가 세차게 내리는데, 온몸에 비를 맞고 있을 그녀의 자태가 눈에 선하다.

그녀는 낡았고 나는 늙었다. 나신의 그 여인을 생각하는 내 마음이 동병상련으로 아리다.

분위기 없는 여자

배 종 화
ba2414@daum.net

'눈은 자꾸 내리고 차가 끓는다/ 그해 그 봄이 두고 간 눈빛/ 삭정이에 턱이 걸린 낮달의 눈빛…' - 중략 -

"당신, 이 시詩 아나? 내 친구 서ㅇㅇ이 쓴 설다雪茶라는 신데."
"수시로 들응께 알지요. 그건 그렇고 인자 고마 마시고 잡시더."
"내 참 당신은 와그리 분위기가 없노."
 남편은 자칭 로맨티시스트지만 내 기준으로 보면 보기 드문 애주가다. 마시는 양이 젊어서 보다 다소 줄기는 했어도 즐기기는 마찬가지다. 술을 전혀 못 마시는 나는 술 마시고 하는 소리는 응당 쓸데없는 잔소리로 여기고 오래 들으려 하지 않는다. 함께 장단 맞출 생각은 더더욱 안 한다. 오히려 나이와 건강을 생각하라며 은근슬쩍 기죽게 한다.

오늘만 해도 그렇다. 오래전 세상 떠난 친구는 되도록 잊어버리고 술도 좀 멀리하라고 했더니 엉뚱한 대답을 한다. 술은 억지로 멀리하면 금주禁酒 스트레스로 멀쩡하던 사람도 아프게 된다나. 또 예나 지금이나 한결같은 소리로 자신의 건강은 알아서 챙긴다며 걱정하지 말란다. 할 말이야 많았지만, 한발 물러났다. 나라고 뭐 매사 남편 맘에 들게 사는 건 아닐 테니까.

우리가 사는 둥지는 작은 아파트다. 넓고 번드레하지는 않아도 둘이 지내기에는 전혀 부족하지 않다. 베란다 문을 열면 그림 같은 합포만이 한눈에 들어오고, 마산의 상징인 돝섬이 손에 잡힐 듯 가깝다. 동트는 아침 햇살을 남보다 먼저 만나고 확 트인 시야가 맘에 든다며 남편이 우겨서 이사 온 집이다. 이곳에는 서로 다른 취미와 고집이 부딪치고, 속절없는 세월 앞에 서로 위로하는 애달픈 연민도 출렁거린다.

티브이가 한 대밖에 없는 우리 집에서 리모컨 주인은 으레 남편이다. 당연히 스포츠 중계나 뉴스에 채널이 맞춰지기 일쑤다. 그중에서도 단연 골프 채널이 우선인데, 이름있는 골프대회가 시작되면 긍지가 대단하다. 골프는 남녀 모두 우리나라 선수가 다른 나라에 뒤지지 않는다며 자랑을 늘어놓는다. 무엇보다 훌륭한 선수를 만들려면 부모가 재력이 있어야 하고 뒷바라지를 확실하게 해야 한다는 말을 입이 마르도록 한다. 또 누구는 몇 번 우승했고 누구는 침착해서 믿음이 가고 누구는 아버지가 딸의 명성에 어울리지 않는 행동을 하였고 등, 모르는 게 없다.

나는 그런 남편에게서 멀리 있는 자식 생각하는 부정을 엿보게 된다. 하나뿐인 자식에게 경제적으로 힘이 되지 못한 걸 아쉬워하는 마음일 터이다. 자식이 진로 때문에 고민할 때 남편은 먹고 살기에 급급해서 힘을 보탤 여력이 없었다. 혼자서 이리저리 출구를 찾다가 처음에는 일본으로 결혼해서 다시 멀리 호주까지 나가 살게 되었다. 그때를 생각하면 나 역시 마음이 편하지 않다. 다 지난 일이라 그냥 묻고 사는 수밖에.

뉴스 시간에는 간혹 촌극이 벌어진다. 어쩌다 식견 있는 지도층(국회의원)의 일탈을 보면, 배웠다는 X놈들이 저러니 국민이 누굴 믿고 사나, 라면서 삿대질하고 흥분한다. 그럴 때면 나는 오히려 어깃장을 놓는다. 당신이 나서서 정치를 해 보든지 못할 바엔 그냥 보고도 못 본 척 들어도 안 들리는 척 우리 할 일이나 하고 삽시다, 라고. 이렇듯 함께 있으면 수시로 소리가 나고 삐걱거린다.

그렇다고 우리 두 사람 매양 다투기만 하는 건 아니다. 요즘은 상대를 배려해서 집안일은 나누어서 한다. 나는 요리에 익숙하니까 식사 준비를 맡아 하고 청소와 빨래는 매사 깔끔한 남편 몫이다. 평소에 땀을 많이 흘리는 남편은 밖에 나갔다 돌아오면 빨아야 할 옷이 많은 편이다. 두껍고 큰 옷은 세탁기에 맡기지만 대부분은 직접 손으로 한다. 세탁기 안에서 자신의 옷이 뒤죽박죽 엉키어 돌아가는 게 영 마음에 안 드는 모양이다.

남편은 무뚝뚝한 외모와 달리 섬세하고 여린 감성도 지녔다. 주름살이 늘어난 지금도 여전히 먼저 떠난 절친의 빈자리가 공허하다며 그리움을 주체하지 못한다. 기분 좋은 날에는 친구와 함께 불렀던 옛노래를 흥얼거리고, 오늘처럼 적적한 밤에는 혼자 술잔을 앞에 놓고 그가 남긴 시를 읊는다. 나라도 옆에 앉아 주거니 받거니 분위기에 젖어 들기를 내심 바라는 눈치다. 무관심한 내가 야속한지 남은 소절을 읊는 남편 목소리가 젖어 있다.

"쑥물 든 유년은 잠기며 뜨며/ 그런 날에 누워 삭인 허기로 온다/ 어디서 오는지 또 가는지/ 앞에 앉은 아내도 그림이 되어/ 차가 그만 잦았다 눈도 그치니." - 서우성 「설다雪茶」

"아, 안 잘끼요? 인자 불 꺼요이."
"알았다. 알았다. 아이구 참말로 분위기 없기는."

더 깊은 뜻

백두현
bduhyeon@hanmail.net

뚝. 딱! 대문도 바꾸고
톡. 톡! 식당도 바꾸고
며칠 전부터 영훈 형네 집수리가 한창이지만
영훈 형 아버지가
왼쪽만 닳아 유난히 얇아진 문고리 하나는
바꾸지 않으셨다.

왼손잡이였던
할머니의 흔적이라며.

살다보면 문득 문득 버리고 싶은 것들이 있다. 사람의 마음이
란 게 뭐든 낡으면 버리고 싶지 않나. 낡지 않았어도 싫증나면 버
리고 싶은 게 인지상정人之常情이다. 시간이 지날수록 몸에 맞지

않는 옷, 기울어진 식탁, 낡은 것은 낡아서 버리고 싶고 싫증난 것은 또 싫증나서 버리고 싶다. 그러나 버린다는 것은 새로운 것으로 다시 채운다는 것. 버리고 다시 채우고, 또 버리고 다시 채우고. 버리는 것도 채우는 것도 곱씹어보면 그저 삶의 일부분이다.

그런데 갈등한다. 혹시 다시 쓰일지도 모르기 때문이다. 내겐 오래됐지만 다른 누군가에겐 처음일 수도 있다. 선뜻 버리지 못하는 것들이 차곡차곡 구석에 가 쌓인다. 쓰임새가 적어지기 시작한 것은 맞지만 하나, 둘 나의 삶을 비켜나게 되는 것이 어느 한 편으로는 또 아쉽기도 하다. 그리고 집도 마찬가지다. 영훈 형네 집처럼 낡으면 바꾸고 싶다. 낡지 않아도 주인이 바뀌면 새 출발을 하고 싶다. 유행을 따라서도 바꾸고 싶다. 더 편리하려고 바꾸고 싶고 더 누리려고 바꾸고 싶다.

정신적인 가치관도 마찬가지다. 누군가 아버지처럼은 절대 살지 않겠다는 가치관을 가졌다면 그 역시 지난 삶은 지우고 싶은 거다. 사람들은 늘 새로운 것을 갈구한다. 끊임없이 보다 나은 미래를 꿈꾼다. 더 행복해지기 위해 발버둥 치는 거다. 그러나 그 새로움이라는 것은 칙칙한 과거를 버려야 가능한 것들이 많다. 그러므로 마음도 버리고 싶다. 안 좋은 추억은 금세 잊고 싶고 힘들었던 경험은 없었던 것으로 하고 싶다. 버린다고 있었던 게 없었던 것이 될 수는 없지만 그렇더라도 비우고 싶다. 새로워지고 싶다.

그러나 낡았더라도 버리기 힘든 것들이 있다. 구태라면 뭣이라도 다 버리고 싶을 거 같지만 오히려 간직하고 싶은 뜻밖의 소중함도 많다. 대표적인 게 향수다. 지나갔지만 지나가지 않고 그리워하는 마음이다. 결코 보편적이지 않을뿐더러 새로움으로는 대체가 불가하다. 흐르는 냇물처럼 지나가지 않고 계속해서 우러나는 샘물처럼 선명하다. 시간이 갈수록 오히려 되새김질하게 된다. 삶 자체가 버리고 싶은 게 많은 일상이지만 누구라도 각자 품속에서 꺼내보고 싶은 것도 있는 법, 정녕 그리움이다.

그런 의미에서 영훈 형네 집은 그 집의 할머니가 그립다. 큰 산처럼 집안 구석구석을 누비고 다니셨던 할머니의 굽은 등이 마냥 그립다. 그리움이 마루에도, 대문에도 서려 왼손잡이였던 할머니의 손길을 여전히 기다린다. 내 글에서 내 생각이 빠지면 남의 글이 되는 것처럼 영훈 형네 집에서 할머니가 빠지면 영훈 형네 집 같지가 않다. 다 버리고, 다 고쳐서 새집처럼 바꾸고 있지만 문고리 하나가 제 자리를 굳게 지키고 있다.

지도 위를 걷다

서미애
hymma@hanmail.net

나는 이제 딸의 집을 눈감고도 찾을 수 있다. 일본 요코하마 바다 근처의 한적한 동네, 작은 역을 따라 올라가다 보면 삼지창을 닮은 갈림길이 있다. 그 왼쪽 날개 부분에 커서를 찍으면 딸의 집으로 가는 작은 언덕길이 보인다. 조금만 올라가면 딸의 집인데 아쉽게도 그 앞까지는 거리 지도가 지원되지 않아 매번 그 밑에서 아쉬운 마음을 달래곤 한다.

어스름이 깔리는 여름날 저녁, 또 지도 위를 서성이다 딸에게 전화를 걸었다. 딸은 택배를 부치러 편의점에 가는 중이라며 심심한데 잘 되었다고 반가워한다.

"너 지금 어디쯤 가고 있어?" 딸과 나란히 걸을 양으로 위치를 물어본다.

"왜, 말하면 엄마가 알아?"

"응, 엄마가 지금 지도로 너희 집을 보고 있거든."

딸은 골목을 내려와 세 갈래 길에서 홍가시나무 담장을 끼고 우측으로 돌아간다고 했다. 나도 얼른 그 지점에다 커서를 찍는다. 골목 어귀에 핀 맨드라미와 분꽃이 정겨움을 더하고 있다. 길거리에 쓰레기봉투나 담배꽁초 하나를 찾아볼 수가 없다. 불법주차된 차도 없으니, 골목이 더 정갈하고 탁 트인 느낌을 준다.

딸이 지금 가고 있는 편의점은 골목 끝에서 왼쪽으로 돌아 300여 미터를 더 가야 한다. 지도의 거리 측정기로 계산해 보니 집에서 700여 미터 떨어진 곳이다. 그런데 가는 길목에 그 흔한 가게 하나가 없다. 이유를 물어보니 일본은 주택지로 지정된 곳에는 가게가 들어올 수 없다고 한다. 집 앞에 각종 가게와 편의시설이 있는 곳에서 살던 아이라 불편하지 않으냐고 물으니 오히려 조용해서 좋다고 한다. 어느새 그 환경에 적응되었는지 한결 차분해지고 여유로워진 모습을 느낄 수 있다.

딸이 처음 일본에 갔을 때도 매일 밤 함께 걸었다. 일본어를 전공하던 딸은 언어 공부와 현지 체험을 하겠다며 1년 목표로 도쿄에 갔다. 딸은 어느 대학교 근처에 숙소를 정하고 낮에는 학원에 다니며 저녁에는 아르바이트했다. 일은 모든 식당이 문을 닫는 밤 11시에 끝났다. 버스 노선이 마땅치 않아 으슥한 밤길을 매일 40분씩 걸어서 집으로 돌아간다니 여간 걱정이 아니었다.

딸도 무서운지 퇴근 시간이면 어김없이 전화를 걸어왔다. 나는 그렇게 매일 밤 통화를 하며 딸의 곁을 지켜주었다. 옆에서 남자 목소리가 들릴라치면 가슴이 철렁 내려앉았다. "뭐야?" 깜짝 놀라 물으면 편의점에서 술 마시는 남자들이라며 괜찮다고 했다. 하지만 주변 소리에 늘 촉각이 섰고, 딸이 무사히 현관문을 열고 들어가야 나도 안심하고 잠들 수 있었다.

늘 괜찮다며 씩씩하게 굴던 딸이 내심 힘들었던가 보다. 5개월이 지났을 무렵 "엄마 나 돌아가면 안 돼?"라고 물었다. 절대 중간에 돌아오는 일이 없을 거라고 호언장담하고 떠났지만 스물한 살의 어린 딸에게는 타국살이가 몹시 버거운 듯했다. 하지만 인생의 첫 도전에서 섣부른 포기는 후회를 남길 것 같았다. 나 또한 그런 경험이 있지 않은가. 딸도 이 고비만 넘기면 분명 잘할 수 있을 것 같아 조금만 더 참아보자고 달랬다.

다행히 딸은 집 근처로 일자리를 옮기며 안정을 찾았다. 그러곤 운명 같은 사람을 만나 6년의 연애 끝에 행복한 가정을 얻었다. 그때 포기하고 돌아왔더라면 딸의 인생은 어디로 흘러갔을까. 이 아름다운 삶이 준비된 줄도 모르고 지나칠 뻔하지 않았던가. 무조건 참는 것이 능사는 아니지만 대부분 참고 견딘 후의 결실이 더 옹골차다는 것을 딸도 배웠을 것이다.

결혼식을 올린 이듬해, 딸의 집에 가려고 비행기표를 예약했지만, 코로나로 온 세계가 비상이 걸려 가지 못했다. 각국의 공항이 폐쇄되니 물리적 거리보다 심리적 거리가 더 멀게 느껴졌다. 나는 그때부터 딸의 집에 가지 못하는 아쉬움을 지도로 달랬다. 딸이 걸어가는 길을 짐작해 커서를 찍으며 동네를 돌아보기도 하고, 언덕길 아래에서 딸이 콩콩 뛰어 내려올 모습을 상상하며 망연히 서 있기도 했다.

무거운 몸이 버거운 걸까. 딸의 숨이 가빠질 무렵 편의점에 도

서미애

착했다. 딸이 볼일을 보는 사이 나는 주변을 둘러본다. 도로 건너편에 홍가시나무와 철제가 반반씩 담장을 한 일본의 전형적인 목조주택이 있다. 편백 껍질로 이은 듯한 매끈한 지붕이 처마까지 이어져 멋스러움을 자아낸다. 작은 정원엔 게으른 햇살이 졸고 있다. 일본은 유독 홍가시나무나 구멍 난 철제로 된 담장이 많다. 아마도 고온다습한 기후 때문에 바람이 잘 통하게 하기 위함이 아닌가 싶다.

담장 앞 버스 정류장 옆에는 작은 벤치 하나가 놓여 있다. 나는 장대높이뛰기를 하듯 커서로 훌쩍 길을 건너 벤치에 걸터앉는다. 철제 담 사이로 숨바꼭질하던 바람이 내 등을 훑어 더위를 식혀준다.

커서만 찍으면 어디든 갈 수 있고 무한한 상상까지 펼칠 수 있는 것이 지도 위 세상이다. 디지털의 발달은 이렇듯 내게 신세계를 열어주며 세계 어디든 갈 수 있게 해 준다. 항공지도로는 아래를 훤히 내려다볼 수 있고, 거리 지도로는 마치 그 길을 걷는 것처럼, 주변을 살피며 이동할 수 있다. 여행책을 볼 때도 글쓴이의 행적을 따라 그곳을 찾아다니며 읽는다. 몇 초 만에 대륙도 횡단할 수 있다. 걸음이 원활하지 않은 내게는 디지털지도가 신대륙의 발견만큼이나 신비로운 세상이다.

딸이 아직도 매콤한 맛이 당기는지 한국 라면을 샀다고 자랑하며 편의점을 나온다. 11월에 출산을 앞둔 딸에게 따뜻한 밥 한 끼도 못 해 주었다. 입덧 때 엄마가 만든 닭볶음탕이나 아빠가 끓인 얼큰한 오징어찌개를 먹으면 입덧이 싹 가실 것 같다며 울먹이던 딸의 목소리가 아직도 쟁쟁하다.

　왔던 길을 되돌아간다. 라면 덕분에 딸의 발걸음이 한결 가벼워진 것 같다. 나도 서둘러 지도 위를 걷는다. 소소한 이야기가 이어진다. 귓전을 파고드는 바람 소리가 시공간의 경계를 허문다. 딸은 힘차게 땅을 딛으며 걷고 나는 커서로 경중경중 따라 걷는다. 어느새 집 앞이다. 내가 지도로 갈 수 있는 곳은 언덕길 아래, 나는 또 그 길 위를 서성인다.

된장찌개

서민용
sandurung@daum.net

　냉장고를 아무리 뒤져도 그것을 찾을 수 없었다.
　대신 공장에서 만들어 나온 것들만 있었다. 혹시나 해서 장독대를 뒤지기 시작했다. 마침내 작은 항아리에 하얀 곰팡이를 뒤집어쓰고 있는 막 된장을 찾을 수 있었다. 아마도 삼사 년은 된 듯한 오래 삭은 냄새가 풍겼다. 위의 것을 걷어내고 깨끗하고 풋풋한 된장을 조심스럽게 옮겨 담았다. 오래간만에 나만의 된장찌개를 끓여볼 참이다.
　우선 된장 두 숟가락을 뚝배기 바닥에 담는다. 어머니는 손수 담그신 된장을 아끼려는 듯 공장에서 나온 것을 쓰는데, 너무 달아서 내 입맛에는 영 맞지 않았다. 다음에는 감자를 깎아 얇게 썰어 담는다. 어머니는 감자를 깍두기처럼 썰어 넣어서, 잘 익지도 않고 뜨거워서 무심코 씹다가 잇몸이 데인 적이 한두 번이 아니다. 거기에 매운 고추를 두 개 역시 가늘게 썰어 얹고 마지막으로 마른 멸치 세 마리를 고명 얹듯 얹으면 준비는 끝난다. 불 위에 얹고 적당히 물을 부으면 맛있는 된장찌개가 부글부글 끓을 것이다.

이렇듯 막 된장, 감자 두 개, 고추 두 개, 멸치 세 마리만 넣고 끓인 된장찌개는 담백한 맛이 일품이다. 특히 고추가 매울수록 된장의 텁텁한 맛을 가려주어 깔끔하게 매운 맛이 좋다. 조미료를 쓰지 않고 천연재료만으로 우려낸 맛은 일류 요리사가 아니어도 쉽게 만들 수 있는 장점이 있고 몸에도 좋아 산에 사는 사람들은 그렇게 끓여 먹는다. 오래전 산속 생활을 할 때 주로 끓여 먹었는데 스님들이 부탁할 정도로 인정을 받았던 맛이다.

어머니는 지금 병원에 입원해 계신다. 약물에 의한 감염으로 C형 간염에 걸렸고, 그로 인해 황달에 걸렸다. 양약과 한약을 마구 잡수신 탓에 간에 무리가 되어 부었다는 의사의 진단이 내려졌다. 평소에 약을 너무 신봉하여 양약으로는 위장약과 간장약, 당뇨약, 혈압강하제 등을 허리통증에 좋다는 한약과 함께 드셨다. 또 민간요법으로 위염에 좋다는 느릅나무를 끓여 드시고 당뇨에 좋다는 돼지감자도 끓여 드셨으니 간에 무리가 갈 수밖에 없었다.

병원에서는 별 처방이 없었다. 우선 그동안 드시던 약을 모두 끊고 간을 정화 시키는 전해질 수액을 투여하는 방법밖에 없다고 했다. 원인이 약물이니 약을 써서는 고칠 수 없는 병이라 했다. 맞는 말이라고 모두 수긍했다, 본인만 빼고. 어머니는 온몸이 가렵고 열이 나며 힘이 없다고 하시며 영양주사를 달라고 애원하다시피 했다. 결국 영양주사를 맞았지만 별 효과가 없는지 고통을 호소하며 짜증만 부리고 있다.

국립병원에서는 별 처방이 없는 환자는 무작정 입원시킬 수 없다며 이삼일 후 퇴원하라고 했다. 하지만 환자는 움직이는 것조차 힘들어하는 상황이니 난감하기 그지없다. 못난 아들 덕에 팔십 평생을 손수 차려먹는 신세이다 보니 우선 식사 수발이 문제가 되었다. 어머니는 아들이 부엌에 들어오는 것을 싫어하여 아픈 몸을 이끌고도 기어코 밥을 짓고 반찬을 만들어왔다.

논의 끝에 요양병원으로 모시기로 하고, 여기저기 수소문을 하여 병원을 정하고 말씀드리자 바로 싫다고 하였다. 왜 그러냐고 물어도 그냥 싫다고만 했다. 나는 그 순간 생각나는 것이 있어서 어머니 뜻대로 하자고 말씀드렸다.

얼마 전의 일이었다. 평소 사무실에 자주 들르는 친구가 하소연을 해왔다. 그 친구는 형제가 오 남매인데 홀어머니를 자식들이 돌아가며 모신다고 한다. 선친의 재산은 모두 장남인 형이 물려받았는데 거기에는 무언의 약속이 포함되어 있었다고 한다. 즉 홀로 남은 어머니를 장남이 모시는 조건이 나머지 자식들이 유산을 포기한 이유였다.

그런데 장남이 모신 지 얼마 되지 않아 어머니는 큰누나네로 옮겨가게 되었다고 한다. 확실한 증거는 없지만, 며느리가 어머니를 구박하는 눈치를 챈 큰누나가 자기가 모시겠다고 해서 그리 되었다고 한다. 그러나 큰누나 댁에서도 어머니는 오래 살지 못하고 작은 누나네로 옮겼고, 또 동생네로 옮기는 수난을 겪으셨다고 한다.

이유는 어머니에게 있었다고 한다. 어머니는 경미한 치매를 시작하고 있었고, 삶의 자리를 옮기면서 그 현상이 더해져 자식들이 힘들었다고 한다. 하여 장기 요양시설로 옮기기로 합의하여 알아보니 치매 진단이 되지 않자 비용이 더 드는 요양병원으로 가자고 하니 완강히 거부하며 방문을 잠그고 두문불출하더라고 했다.

그 친구는 이제 자기 차례가 되어 어머니를 모셔왔는데, 어머니의 행동에 문제가 많다고 걱정했다. 음식을 흘리는 것은 그렇다 쳐도 그렇게 흘린 음식을 아무 데나 훔쳐놓는다며 한숨을 쉬었다. 또 혼자 중얼거리며 방 밖으로는 나오지 않으려 하니 답답해 죽겠다며 어찌할 바를 모르고 있었다. 어머니의 마음을 이해는 하면서도 막상 그 행동을 보면 마음이 편치 않아 함부로 대하게 되지나 않을지 걱정이라면서 한탄을 했다. 이리저리 삶의 자리를 옮겨 가면서 혹시나 자식들에게 버림받을까 봐 마음에 병이 되었을 거라고 위로를 해주었지만 나도 마음이 편치 않았다.

나는 그 생각이 나서 어머니에게 요양병원으로 가자는 제안을 거두었던 것이다. 얼마 전 아침 신문에 <요양 노인 '입소 스티그마' 아시나요?>라는 제목의 기사가 실렸다. 장기 요양시설 입소 노인 넷 중 한 명은 입소로 인한 수치심을 가리키는 '입소 스티그마'를 겪고 있는 것으로 나타났다는 논문이 발표되었다고 한다. 또 이런 요인 등이 겹쳐 입소 노인 열에 넷 가까이는 "삶이 만족스럽지 않다."고 답했다고 한다.

또 입소가 자신의 뜻이었는지, 가족의 강제에 의한 것이었는지 등을 묻는 '입소 자발성'에 대한 물음에서는 "자발적이었다."고 명확하게 응답한 이들은 열에 두 명이었다고 한다. 그러나 실제 시설 및 서비스에 대한 만족도 질문에는 64%가 만족한다고 응답해 비교되는 것이, 입소 이후 이들이 느끼는 총체적인 '삶의 만족도'를 묻는 질문에서는 "만족한다."는 응답이 12%밖에 안 된다는 사실이다.

  내일이면 어머니는 퇴원한다. 못난 아들은 이제부터라도 어머니께 건강한 밥상을 차려드려야겠다고 다짐했다. 비록 된장찌개밖에 끓이지 못하지만.

바래길을 걸으며

서양호
yanghsur@naver.com

남해 섬엔 바래길이라 불리는 둘레길이 있다.

'바래'는 남해의 토속어로 옛적에 남해의 어머니들이 생계를 위해 바다가 열리는 물 때에 맞추어 갯벌에 나가 미역이나 파래, 조개, 고둥 등의 해산물을 손수 채취하는 작업을 일컫는다. 그때 다니던 길이 바래길이다. 이 둘레길은 사람들이 두 발로 걸으며 남해에 있는 천혜의 자연환경을 만날 수 있는 걷기 여행길인데 길이가 251km이며 2010년에 첫 길을 열었다.

섬 전체를 연결하는 순환형 11개 코스는 남해안 종주 길로 이름 붙여진 남파랑 코스와 노선이 일치한다.

햇살 좋은 초가을 날 아름다운 풍광이 어우러진 바래길을 걸을 때는 푸른 바다 곁을 따라 파도 소리에 잠기며 한려해상공원을 이루는 작은 섬들에도 눈길을 주게 된다. 굴곡진 해안에 숨은 듯 안겨 있는 자그마한 예쁜 선착장도 스친다. 순박하고 다정한 섬사람들과 눈인사를 나누며 걷는 바래길은 사람 냄새를 느끼며 걷는 길이라 더없이 따뜻하고 정겹다.

맑고 푸른 하늘 아래 옥색 바다에는 윤슬이 찬란하다. 들판엔 벼가 익어가고 고추잠자리 떼가 수확을 예비한 논 위를 축하 비행하고 있다. 봄철 해안에는 해당화가 반갑고 가을철엔 해국海菊이 정겹다. 구월 끝 무렵, 남해안 바래길 곳곳에서 잘 가꾸어진 칸나 꽃밭을 만난다. 커다란 초록 잎 사이로 솟아난 꽃대 끝에 빨간색 꽃들이 탐스레 피어나서 푸른 하늘과 바다를 배경으로 정열을 불태우는 모습은 바래길을 더욱 아름답고 찬란하게 느끼게 한다.

봄철에 피맺힌 듯 붉게 꽃피우던 동백나무엔 짙푸른 초록 잎이 햇빛에 빛나고 밤톨 크기의 동백 열매들이 사과 빛으로 익어가고 있다.

바래길에서 만난 사람들 이야기가 훈훈하게 가슴에 남아 있다.
남해 마을 어귀에는 으레 느티나무가 수호신처럼 마을을 지키고 있다. 젊은 듯 늙은 트레커가 하루 일정 소화에 지칠 무렵 품새 좋은 백년 느티나무 그늘로 들어섰다. 등 굽고 머리 하얀 할머니 세 분이 앉아 계셨다.

갑: 아이고! 이 더분 땡볕에 머 할라꼬 혼자 이리 댕깁니꺼?
을: 이 양반 틀림없이 무슨 사연이 있는 기라.
병: 와! 자식이 앞섰나, 아이몬 마누라가 내빼뿐나?
　안 그라몬 멀건 양반이 더분데 혼자 이리 댕길 리가 있나?
트레커: 아이고 할매들이 점쟁이네, 딱 맞추네요.

병: 바라. 내 안 그라더나, 사연이 있는 거라!

갑: 어허 이! 시끄럽다, 고만해라 마, 벨소리를 다 하고 있네! 아재씨! 땀이나 닦으소, 그라고 내 따라 잠깐 오이소, 물이나 한잔 잡사서 보내야겠네.

할머니들에겐 자식을 앞세우는 일과 배필과의 이별이 일생에 있어 가장 큰 고통이 따르는 일로 가슴에 박혀 있어 보였다. 할머니 댁은 정자나무에서 두 집 건너에 있었다. 국그릇 사발에다 찬물에 미숫가루를 타고 얼음까지 동동 띄워서 마시게 했다.

"이거 잡숫소, 더위 묵을라."

시골 인심에 돌아가신 어머님 생각이 났다. 지전 한 장을 접어서 할머니 손에 쥐여 드렸다.

"아이고, 이라몬 안 됩니더. 이거 받을라꼬 한 게 아이라카이!"

"할머니 고마바서 드립니더, 이거 까자 사 자시이소."

만류하는 할머니를 다독이며 다시 정자나무 쪽으로 가서 인사를 하고 떠났다.

바래길을 걷는 오후 한나절 산비탈 밭길 옆을 걷고 있었다. 나무 그늘에서 땀을 말리는 농부 한 분의 곁을 스치게 되었다.

"농사일이 힘드시죠? 아저씨는 농사일로 힘드신데 저는 노느라 힘드네요."

"쉬엄쉬엄 걸으시오. 오늘 다 못 걸으면 내일 걸으면 되지 않소? 우리 농사일도 그런 마음으로 하고 있습니다. 이 마을에서 대학이라고는 내 혼자 갔습니더, 부모 잘 만난 덕이지요."

10여 년 전에 부모님이 연로하셔서 가족은 부산에 두고 혼자 고향으로 왔으며 부모님들은 구순을 넘기고 두 분 다 돌아가셨다고 했다. 그래도 고향을 못 떠나는 것은 부모님 혼백이 고향집에, 농사짓던 들판에 머무는 듯해서 고향을 떠날 수 없다고 했다.

"어른들 혼백이 머물고 있는데 어찌 떠날 수 있겠소? 그건 불효지요! 내 대까지는 이곳에 머물자 하고 지냅니다. 그래야 최소한의 자식 도리라도 하는 것이라 여깁니다."

가슴이 먹먹해졌다. 우리는 몇 마디 이야기를 더 나눈 후 헤어졌다.

아침나절 밭으로 향하는 노부부의 구부정한 허리와 터덕거리는 발걸음 소리가 애처롭다.

영감님은 밭이랑을 고르고 마님은 마늘 종자를 심었다.

"할머니, 밭이 넓은데 언제 다 심을라요?"

"하다 보믄 다 해집니더. 오늘 다 못하몬 내일 하몬 되지요. 뭐."

할머니가 입고 있는 고쟁이에 황토물이 누렇게 들었다.

"할머니! 밑에 머시라도 깔고 앉아야지, 맨땅에 그래 앉아서 하면 우짜지요?"

"괜찮심더. 내 궁디로 흙을 눌러 주어야 마늘이 잘 컨다카이."

"아이고 할매, 많이 눌러 주이소. 마늘 잘 커구로!"

명량 방창한 하늘, 우리는 서로를 쳐다보며 박장대소했다. 항상 무쇠 팔다리로 사는 게 아닐 텐데 일생을 하루 같이 일만 하면서 평생을 살아온 노부부가 이날도 들판에서 하루를 삭이고 있었다.

바래길을 걸으며 많이도 느끼고 배우고 감동하며 걸었다. 시골 인정에 울컥하고, 효심에 감동하고, 농작물은 사람 발걸음 소리 듣고 자란다는데 마늘밭 할머니 궁둥이 누름 농법은 소박한 해학이 깃든 지혜임에 절로 머리가 숙어졌다.

'두 발로 걸어 다닐 수 있을 때까지가 인생'이라 하지 않았던가. 길 따라 지천으로 자라며 쉬엄쉬엄 오르는 넝쿨손은 서두르지 말고 우쭐대지 말라는 느린 삶의 음계를 보여주었다.

바래길, 어머니들이 걸으시던 그 예던길을 걷는 자체가 곧 마음 수양이고 지혜를 얻는 길이었다. 감사와 겸손을 가슴에 지니게 한 행복했던 걷기 여행길이었다.

서양호

제 3부

소수뿐닷우회

- 수지 J
- 신동숙
- 신동욱
- 우창남
- 윤경화
- 윤숙현
- 윤운선
- 이다해
- 이미애
- 이상열
- 이영숙
- 이예경
- 이정선
- 이정심
- 이제봉
- 이채영
- 이희도
- 임영도

시월의 마지막 밤

수지 J
luvsiri@naver.com

노오란 은행잎이 금빛 비가 되어 내리는 가을.

오랜만에 바쁜 일이 없는 이번 주에 부모님도 서울에 잠시 오셨다 하여 함께 점심을 먹기로 했다. 추석 이후 첫 만남이다.

"엄마, 내일 우리 몇 시에 만날까?"

"아… 엄마가… 가슴이 아프고… 숨이 답답해서… 병원에… 가고 있다."

전화기 너머 숨 가쁜 엄마의 목소리에 너무나 놀란 나는, 이제 막 퇴근한 남편을 붙들고 강북 S 병원으로 달렸다. 밤중이라 다행히 차가 막히지 않았지만 분당에서 병원까지는 거의 1시간이나 소요되었다. 응급실 앞에서 안절부절못하고 계시는 아버지의 모습을 뵈니 와락 눈물이 쏟아졌다. 이게 무슨 일인지! 급히 보호자 등록을 하고 응급실 안으로 들어갔다.

길게 줄지어 있는 응급실 안 침상들은 커튼으로 가리워져 저마다 힘겹게 신음하고 있었다. 마치 구조를 기다리는 무인도 같았다. 엄마는 여러 개의 링거를 팔에 꽂은 채 가슴 통증을 계속 호소하고 있었다. 침대 옆에서 떨리는 엄마의 손을 잡았다. 간호사들은 심전도 검사와 피검사를 하느라 분주했다. 얼마나 흘렀을까. 기다림 끝에 의사 선생님은 엄마가 심근경색이라고 진단 내렸다. 심장 수치가 너무 높게 나오니 오늘 밤 중환자실로 옮겨 지켜보다 내일 아침 정밀 검사를 더 진행해 보아야 한다고 설명했다.

말로만 듣던 심근경색이라니, 평소 몸에 해로운 어떤 것도 하지 않고 운동도 적당히 하시는 분인데….

중환자실은 보호자 출입이 통제되어 있어 엄마는 난생처음 차가운 병실에서 혼자 밤을 보내야 했다. 중환자실 앞 긴 복도는 새하얗게 질린 모습들로 엄숙하고 듬성듬성 무릎에 얼굴을 파묻은 사람들이 보였다. 그 복도의 모습마저 너무나 창백했기에 엄마를 홀로 두고 차마 발이 떨어지지 않았다.

남편은 나와 아버지를 호텔로 데려다 주었다. 다행히 아버지가 묵고 있던 호텔은 병원과 가까운 거리에 있었다. 아버지와 나는 하룻밤을 호텔에서 지낸 뒤 아침에 다시 병원으로 가기로 했다.

호텔 방으로 돌아온 아버지는 한동안 아무 말 없이 한숨만 내쉬셨다. 어리둥절하고 불안한 표정으로 엄마가 어디 있는지, 어디가 아픈지 묻기 시작하셨다.

"그래, 엄마는 지금 어디 있니?"

"엄마 지금 병원에 있고 내일 아침에 같이 보러 가요."

"어디가 아픈 거야?"

"응…. 심장이 아프대요."
"엄마가 왜 밖에 나갔어?"
"엄마 병원에 계셔요."
"병원? 어디가 아픈 거야?"
"심장이요."

아버지는 무거운 숨을 계속 내쉬며 엄마가 어디에 있는지, 어디가 아픈지 밤새 묻고 또 물으셨다. 늘 한 몸처럼 함께 계시던 엄마의 부재가 알츠하이머 초기증상의 아버지를 더욱 혼란스럽고 불안하게 하는 것 같았다. 방금 병원에 다녀온 사실도 잊고 계속 같은 질문을 하신다.

새로운 기억이 새겨지지 않는다는 것은 참으로 슬픈 일이다. 아픈 날도 많겠지만 찬란한 추억이 될 날들도 아직 많이 남았는데 말이다. 어두운 호텔 방 침대에 누워 천정을 도화지 삼아 나는 아버지를 닮은 커다란 나무의 나이테를 빙빙 그려보며 밤을 지샜다.

다음 날 아침, 일찍 병원으로 향했다. 밤새 중환자실에서 연락이 없어 위급한 상황은 없었다는 것이니 다행이었다. 엄마는 어떤 마음으로 밤을 보내셨을까. 몸의 상태는 어떠신지 불안했다.

심장초음파와 조영 검사를 마치고 의사 선생님을 만날 수 있었다. 의사 선생님은 다행히 상태가 괜찮아져서 혈관 시술은 하지 않아도 되겠다고 했다. 극심한 스트레스가 원인으로 급성 심근 경색이 온 거라며 약물치료로 대체해도 될 상황이라는 것이다. 스트레스가 얼마나 심했으면 심장을 조여 올 정도란 말인가!

아버지는 괜찮으시다가도 현재의 상황을 잊고 방금 한 말을 반복하시거나 같은 질문을 여러 번 하신다. 가끔 길을 잃는 경우도 있어 엄마는 늘 불안하다고 하셨다. 아버지의 모든 행사와 일정에 동행하고, 아버지가 실수하실까 항상 걱정하신다. 계속된 긴장감은 엄마의 심장에 무리가 갈 만큼 큰 압박이 되어 온 것이 분명했다.

저녁에 오빠가 부모님을 모시러 와서 오랜만에 오붓한 시간을 갖게 되었다. 우리 남매는 각자 결혼해서 바쁘게 지내다 명절이 되어서야 며느리, 사위, 손자, 손녀들과 함께 부모님을 만나곤 한다. 오늘처럼 온전히 우리 네 명이 함께 차를 마시는 것은 참 오랜만이다. 어린 시절로 잠시 돌아간 것 같은 아련함도 느껴진다. 자식들의 세월을 더한 만큼 부모님은 벌써 가을에 이르렀다. 따뜻한 차 향기와 함께 오래전부터 익숙한 향수가 우리를 가만히 감싸안는다.

고운 은행잎에 가을을 담아 마음에 새겨본다. 노랗게 익은 부채모양의 작은 명패에 쓰여질 단어들을 고르면서 지금까지의 아름다운 추억들로 조금씩 이 가을을 채워가기를. 아픈 아버지를 바라보며 가슴 아리도록 슬픈 엄마의 마음에도 가을의 평안이 가득 차 주었으면 좋겠다.

지금 이 순간처럼 기억해야 할 오늘의 이야기는 숱하게 남아있다. 아버지의 이야기도 여기서 이만 끝나지는 않을 것이다. 아버지에게 새로운 기억을, 매일의 찬란한 오늘을 이 가을과 함께 넣어 드리고 싶다. 그렇게 시월의 마지막 밤이 지나고 있었다.

금빛 은행잎이 흩날리더니 밤이 되자 별빛이 하염없이 흘러내렸다.

한여름 밤의 꿈

신동숙
dongsds45@naver.com

뙤약볕이 내리쬐는 한낮이다. 호박잎이 더위에도 시들지 않고 긴 갈고리 같은 줄기를 내밀어 돌담을 타고 간다. 줄기와 잎 사이에 주먹 두 개 크기의 호박이 수줍은 듯 숨어 있다. 긴 장마 끝에 무엇이 남아 있을까 했었는데, 어린 시절 소풍날 보물찾기 시간에 보물을 찾아낸 것처럼 반갑다. 애호박전을 만들어야겠다. 문득 음식을 배우러 다니던 때에 요리를 가르치던 선생님 말씀이 생각났다.

"호박전을 만들 때는 여름날 기생이 입는 하얀 모시 깨끼적삼에 속살이 보이듯이 호박 연두색이 아른아른 보이게 만들어야 한다. 눈으로 보고 입에 침이 고이고 입에 넣어서 살캉하니 씹히며 고소하고 담백해야 한다. 간은 슴슴하여 재료 본연의 맛을 잃지 않아야 한다."

이렇게 모든 음식 재료의 속성을 살피고 색을 살려서 정성을 다하여 만든 음식을 내 집에 온 손님에게 대접한다. 품격이 있는 손님은 한 번의 접대에도 두고두고 그 맛과 정성을 생각한다. 호박전을 할 때마다 이 말을 새기며 정성을 들인다. 매번 아른아른 속살을 만들어 내기가 녹록지 않다.

여름 삼복중에 내 집에 오시는 손님은 호랑이보다 더 무섭다고 어머님께서 말씀하셨다. 옛 시절에 손님 접대를 위해 여름 음식을 만들던 그 노고를 나는 가늠할 수가 없다. 다만 무섭다고 하신 그 표현으로 미루어 짐작할 뿐이다. 나는 음식을 만드는 일이 즐거웠다. 맛있게 먹는 모습만 보아도 행복했다. 관심이 많다 보니 시간과 돈을 들여서 배우러 다녔다. 마지막으로 몸을 살리는 음식을 배우고 배움을 멈추었다. 좋은 재료가 있으면 누구와 함께 나눌까 생각하거나, 아니면 도란도란 이야기꽃을 피울 사람을 부르곤 했었다. 정성을 기울인 음식을 함께하는 시간은 서로의 정을 다정하게 주고받는 날이었다. 삶의 찐한 즐거움이었다.

나는 한여름 밤을 떠오르는 음식으로 탑을 쌓아놓고 몸을 살리는 음식을 고르고 있다. 다정한 사람, 고운 사람, 삼씨(말씨, 솜씨, 맵씨)를 갖춘 사람들이 떠오른다. 그중에서도 마음이 연두색처럼 여린 사람은 필히 불러서 젓가락이 자주 가는 음식을 눈여겨보다가 살그머니 그 음식을 앞으로 밀어주고 싶다. 이 여름이 다 가기 전에 여름 별미를 만들어서 사람들에게 대접하고 싶다. 산해진미가 아니더라도 내 정성을 담은 손끝으로 빚어낸 음식이면 좋겠다. 지치고 더운 날에 힘을 나게 하는 소박한 음식들을 생각해 본다. 기름지지 않으면서 담백한, 속이 편한 식재료를 떠올

신동숙

려 본다. 여름밤은 짧다. 그러나 내 꿈은 길다. 호박 넝쿨에 호박꽃이 마디마다 피어나듯이 떠오르는 얼굴들이 많아서 여름밤 음식 탑이 높아만 간다.

  여름별미 몇 가지를 만들어 대접하고 앵두화채를 후식으로 내어놓는다. 내 귀한 손님들은 여름밤 밝은 달빛 아래서 환한 박꽃 같은 하얀 웃음을 나에게 답례로 보여 주려나….

ND # 선수목先樹木

신동욱
shinndw@hanmail.net

유난히 무더위가 심해 잠 못 이룬 날이 많은 여름이었다. 파리 올림픽 메달 소식은 후덥지근한 날을 시원하게 해주었고 나를 되돌아보는 계기가 되었다.

파리 올림픽에서 10미터 공기권총 은메달리스트인 6살 아기 엄마인 김예지 사격선수 소식은 감명 깊었다. 미국 NBC가 뽑은 올림픽 10대 스타 중 한 명으로 일론 머스크 테슬라 CEO는 '액션 영화에 캐스팅돼야 한다면서 연기는 필요하지 않다'는 등, 많은 수식어를 달아 깜짝 스타로 올려 놓았다. 평범한 실업팀에서 20년 무명 시절이 있었다고 했다. 인터뷰에서 "아이에게 부끄럽지 않은 엄마가 되자"라는 결심이 동기가 되어 올림픽 스타가 된 셈이다. 밥 먹는 시간 외엔 총을 들고 있었고, 초기 실업팀에서 안주했던 시절이 부끄러워 명절도 없이 365일 노력하였다고 했다. 매일 자전거로 왕복 80킬로 이상을 출퇴근 하면서 5시간 이상 달려 체력 훈련을 하였다고 한다. "남들만큼 하는 것은 노력이 아니고 그 이상을 하였을 때 노력이라 생각한다."는 말이 감명 깊게 다가왔다. 간절함이 있다면 실행으로 옮겨 인간의 한계를 뛰어넘은 엄청난 노력의 결과라는 것을 느끼게 해주었다. 간절한 염원이 노력을 만들었으며 준비된 노력이 꽃피워 위대한 결과를 이루었다는 인터뷰였다.

"동기가 행동을 만들고 반복된 행동은 습관이 되어 습관이 삶을 변화 시킨다"라는 구절이 떠올랐다. 나에게도 간절한 염원이 삶을 변화시킨 몇 가지 경험이 있다. 손자가 세 살 때로 기억한다. 약 30년 이상 피던 담배를 끊었다. 할아버지한테 담배 냄새나면 손자가 싫어한다는 며느리의 간곡한 청을 무시할 수 없었다. 마침 서울 방문 중이던 교황의 힘을 빌려 금연을 결심했다. 오죽이나 끊기 힘들었으면 교황까지 들먹였을까.

그해 8월 15일 서울 광화문 미사 시간에 맞추어 일명 '금연 여행'을 떠났다. 함께한 아내에게는 사전에 설명하고 어려운 결심이 실패하지 않도록 도움을 청했다. 10일간 동해안과 울릉도 여행을 계기로 현재까지 10년 이상을 금연에 성공, 힘들었던 기관지염과 니코틴 중독에서 완전히 해방된 셈이다. 금연 결심과 도전은 너무나 힘든 과정이었다. 6개월 이상 금연을 10회 이상 했으나 번번이 실패였다. 손자에 대한 사랑은 상상 이상으로 힘이 세다는 것을 증명한 셈이다.

종교 활동으로 절친 네 명이 매월 한 달에 한 번 당일치기 전국 사찰 순례를 5년 이상 지속하고 있다. 남자들만의 여행이지만 나에겐 아주 소중하고 행복한 여정이다. 오고 가는 승용차에서 법우들의 수준 높은 불교 해설, 일상에 대한 잡담과 사찰에 얽힌 역사를 익히고 있다. 사찰 주련 공부와 큰스님의 법회 참석과 맛집 탐방을 하면서 변함없는 우정 쌓기로 5년 이상 사찰 순례를 이어오는 원동력이 되어주었다.

시절 인연이 닿았는가.

2023년 순례 계획에 5대 적멸보궁 중 제일 힘든 코스인 설악산 봉정암 탐방 순례를 그해 10월 9일에 결정했다. 청계산 옥녀봉 등정도 힘들어하였던 나에겐 너무나 벅찬 일정이었으며 두렵기까지 한 순례길 계획이었다. 나는 평소 산에 오르는 걸 두려워하는 편이다. 50대 이후 산 정상 등산에서 심장 이상과 다리 경련으로 몇 차례 힘들었던 경험이 트라우마로 남아 있다. 60세 이후부터 높은 정상을 오르는 등산보다 둘레길의 가벼운 걷기 위주로 취미생활을 했다.

봉정암과 설악산 대청봉 등정 계획은 70이 넘은 노객들에겐 다소 무모하였다. 부처님의 가피로 최고의 풍경을 경험할 수 있는 기회였기에 네 사람 모두 포기하지 않았다. 결정 이후, 철저한 준비가 필요했다. 나는 6개월 전부터 스쿼트와 수영을, 한 친구는 일본 여행 중에도 매일 1시간 이상 새벽 운동, 또 한 사람은 매일 달리기와 체중 감소 등 네 사람은 각자 철저한 준비를 했다. 그만큼 걱정이 앞서는 순례 여정이었다.

10시 정각에 백담사 수심교修心橋에서 부부 동반 촬영 후 부인들은 백담사에 남겨두기로 했다. 도반 네 사람은 각각 약 6킬로 이상의 배낭과 함께 10.6킬로 거리의 해발 1,223미터 봉정암을 향하여 출발하였다. 萬海는 出家, 日海는 家出 후 머물렀던 유명한 백담사지만, 오늘은 먼발치에서 금강문을 바라만 본 후 무사를 기원하며 순례자의 마음으로 첫걸음을 옮겼다.

  백담계곡의 많은 돌탑 수만큼 무탈한 순례길 성공을 기원하며 약 한 시간 정도 3.5킬로의 편안한 평지 트래킹 후 첫 휴식 장소인 영시암에 도착했다. 구곡담 계곡가의 단풍은 아직 좀 이른 듯 선 분홍빛 단풍이 새색시처럼 한들거리고 있었다. 계곡이 깊어 갈수록 청량한 물소리와 푸른빛의 많은 계곡 담과 작은 폭포들이 우리를 반겨주었다. 주변의 화려한 산세와 기암 능선의 절경이 어우러져 내설악 최고의 풍경을 선사해 주었다. 연이은 감탄사와 사진 촬영으로 피곤함도 잊은 채 수렴동 대피소에서 4.3킬로 쌍용폭포에 도착했다. 본격적으로 시작되는 내설악 단풍이 맑은 물길 따라 분홍과 빨강으로 향연이 이어졌다. 첫 단풍과 함께 자연이 주는 최고의 경치에 넋을 놓고 다리 난간에서 움직이질 못하고 머물기도 했다. 또한 잦은 강수로 수렴동 계곡의 수량까지 풍부하여 폭포마다 멋진 비경을 선사하니 풍광은 기대 이상 너무 멋진 절경의 연속이었다. 날씨도 비가 그쳐 간간이 햇빛이 반겨주었고, 살짝 드리운 구름은 최고의 그늘을 제공하여 힘든 산행길에 힘을 보탰다. 이 또한 부처님 은덕으로 생각되어 신이 주신 고귀한 선물 같아 겸손까지 겸비하게 했다. 그저 경이로운 비경은 어디에서도 볼 수 없는 최고의 선물이었다. 한참을 망연히 서서 눈에 담은 뒤 다시 본격적인 험준한 오르막길 산행이 시작되었다.

이제 백담사에서 출발한 지 약 다섯 시간, 9킬로에 도달하였다. 남은 거리 1.6킬로 지점의 쌍용폭포를 지나자 오른쪽 발목이 미세한 경련이 일기 시작했다. 잠시 계곡물에 발을 담그며 쉬었다 출발했다. 약 10여분 뒤처져서 불편한 나 때문에 앞뒤에서 살뜰히 챙겨 주며 가는 정이 넘치는 벗에게 고마움을 느끼며 산길을 올랐다.

목적지 500미터를 남기고 이제 마지막 해탈 고개에 도착했다. 지혜의 샘에서 물 한 병을 보충 했다. 수없이 흐르는 땀을 닦으며 오르고 또 올랐다. 숨이 턱까지 차올랐다. 몇 번의 쉼 끝에 출발 6시간 만에 목적지 설악산 봉정암에 도착했다.

전국에서 기도 영험이 가장 높은 적멸보궁 사리탑에 도착해 불심을 담은 진솔한 참배와 고난의 종점에서 두 손 모아 간절히 기도를 올렸다. 하늘과 맞닿은 산정의 시원함에 시야가 확 트였다. 천상에 온 듯 솔솔 부는 바람은 스님의 독경 소리를 흩날리며 맺힌 땀방울을 금세 씻어 주었다. 또한 명소답게 많은 순례자의 예불과 기도에 열중하는 그들의 얼굴엔 고행 끝의 편안함이 깃들어 있었다. 동반한 벗들도 참배를 마친 뒤 기념 촬영 후 전망대에 올라서니 말문이 막힌다

"우와" 하는 탄성 소리만 끝없이 이어진다.

그 유명한 용아장성, 공룡능선이 함께 눈앞에 파노라마처럼 펼쳐졌다. 잦은 구름으로 선뜻 모습을 내어 주지 않는다는데 우리에겐 아주 선명하게 보여주고 있었다. 그것도 비 그친 뒤 일몰의 멋진 노을과 단풍이 함께 어우러진 비경이야말로 형언할 수 없는

모습이었다. 감탄과 감사가 저절로 터져 나왔다.

적멸보궁에서 바라본 야간 불빛의 사리탑은 신비로운 자태로 많은 불자들에게 영감을 주는 듯하였다 이튿날 새벽 따끈한 미역국과 몇 조각의 오이지로 아침 공양을 마친 후 봉정암에서 출발했다. 2.3킬로 정도 두 시간 반 만에 설악산 정상 등정에 성공하였다. 대청봉엔 약 20명의 등반객이 저마다 좋은 날씨와 설악산 전체를 조망할 수 있는 절경에 환호성을 터트리고 있었다.

절정은 순서를 기다려 대청봉 주홍색 글씨 표석에서 사진을 찍었다. 인증사진과 기념 촬영을 마친 후 그제야 속초 시내와 동해 바다와 운해 낀 내설악의 형언할 수 없는 전경에 넋을 놓고 바라보았다. 정상에서 바라본 내설악 풍경은 아침햇살을 받아 계곡 깊숙이 깔린 하얀 운해와 더불어 장관이었다 그간 어려웠던 과정이 주마등처럼 스쳐 갔다. 너무 힘들어서 다시는 올 수 없다는 생각에 정상의 세찬 바람에도 불구하고 한참을 천상의 향연에 머물렀다.

대청봉 정상에서 오색 탐방지원센터 방향으로 약 5킬로의 하산길을 택해 출발했다. 출발한 지 약 5분 정도 지날 무렵 나의 등산화 뒤쪽 바닥이 떨어져 너덜거린다고 친구가 알려 주었다.

새 신발이지만 오랫동안 신발장에 있어서 밑창이 상했던 모양이다. 집에서 출발 시 혹여 이런 상황을 염두에 두고 준비해 간 끈으로 신발을 동여매고 다시 출발했다.

그나마 다행이었다 사전 준비를 한 덕택에 낭패는 면했다. 오색 방향 하산길은 생각보다 험한 급경사 돌계단의 연속으로 조심 또 조심하며 하산해야 했다. 하산 초기에 두어 번 미끄럼을 당했기에 더욱 조심스럽게 스틱의 힘을 빌려 위력을 느끼며 하산했다.

끝도 없는 돌계단이 이어졌다. 정상으로 향하는 등반객들에게 정상 날씨가 너무 좋다고 힘내시라며 인사를 건네면서 몇 번의 휴식을 통해 단풍의 절경을 만끽하며 천천히 하산했다.

산은 오르는 것만큼 내려가는 것 또한 힘들다는 것이 느껴졌다. 출발 약 네 시간 후 오색 탐방지원센터에 무사히 도착해 대청봉 등정 일정을 마무리했다. 무척이나 염원했던 설악산 대청봉 표시 석 앞에서 두 팔 치켜든 인증사진을 보며 그 후 변화된 나를 돌아본다.

등정 6개월 전부터 성공을 위한 나름의 준비가 시작되었다. 스쿼트와 수영을 계획하였고, 오래전부터 하여온 수영은 주 3회 이상, 스쿼트는 처음 시작한 날 50개씩 3세트를 마쳤다. 시작 며칠간은 아파트 계단 오르내릴 때의 가재걸음이 동반된 고통으로 시작하였다. 둘째 달부터 하루 300개, 400개, 500개, 등정 마지막 1개월 전부터는 하루 600개씩 차츰 높여갔다. 등정 일 년이 지난 지금까지 매일 스쿼트와 수영은 습관으로 바뀌어 일상이 되었다.

깜짝 스타의 인터뷰처럼 금연 실천, 봉정암 순례 및 대청봉 등정 경험담들은 사전에 철저히 준비된 노력의 결과물이다. 각자의 간절함이 불러온 자산이다. 이런 나의 자산은 매일 습관으로 돌아와 현재 산오름에 대한 두려움을 사라지게 해주었다. 가끔 환희와 감동을 맛보는 요산요수樂山樂水의 변화된 삶을 살고 있다.

"欲來鳥者先樹木(욕래조자선수목)" 새가 오기를 바란다면 먼저 나무를 심으라는 옛 고사성어를 되새기며 오늘도 수영장을 향한다.

에스프레소

우창남
cnwoo2000@hanmail.net

지나친 생각이 마음을 탁하게 만들 땐 산책하면서 들르는 곳이 있다. 묻어버린 철길에 세월의 흔적이 남아 있는 마산 임항선 그린웨이를 걷다 보면 만날 수 있는 곳이다. 인근 주민이나 운동을 나온 사람들이 아니면 오갈 일 없는 한적한 골목길. 이곳에 동네 사랑방 같은 카페가 있다. 두 평 남짓한 심플한 공간에 따스한 햇볕이 비추어 편안함을 주는 곳이다. 거리의 소음이 잦아든 모퉁이에서 구수하고 따뜻한 냄새로 사람들의 발길을 돌리게 한다. 모락모락 피어나는 짙은 커피 향은 길가에 핀 꽃송이들이 한꺼번에 피워내는 감미로운 그들의 냄새인지도 모른다. 바깥에서도 내부를 훤히 들여다볼 수 있는 솔직한 공간 안으로 들어서자 단정한 차림새의 인상 좋은 주인이 반갑게 맞이한다. 두세 사람 정도만 서 있을 수 있는 작은 카페이지만 커피에 대한 열정은 누구 못지않다. 이곳에는 특별한 풍경이 하나 있다. 바로 매장 앞쪽 야외

벤치에 앉아 편안하게 커피를 즐길 수 있는 '노상 커피' 문화다. 외부에도 의자를 두어 자유롭고 평화스러운 분위기를 만들어 사람들의 일상이 묻어나는 곳, 주민들이 편하게 휴식을 취하다 가는 공간이다. 언제 들러도 편안하고 행복한 곳이 될 수 있길 바라는 주인의 노력이 드러난 모습이기도 하다.

자리를 잡고 앉았다. 목련이 녹아 흐르는 따사로운 오후, 가로수 이파리는 아기 피부처럼 싱그럽게 빛나고 멀리 보이는 무학산은 수채화처럼 산뜻하고 선명해 보인다. 공기는 깊게 들이마시고 싶을 정도로 감미롭다. 아름드리나무 잎이 바람에 흔들리고 부서지는 빛 속에서 만날 수 있는 휴식의 한 종류를 또 경험한다. 커피를 마시는 일은 순간을 누리는 일이다. 좋아하는 공간에서 맛있는 커피를 마시면 순간의 행복은 더욱 짙어진다. 커피를 마시다가도 가게 앞을 지나는 낯익은 얼굴에 반가운 손 인사를 건넨다. 마산 앞바다를 내려다보고 있는 저 산과 이곳 사이의 거리를 괜스레 가늠해보며 커피 한 잔이 주는 여유에 푹 잠겨 찰나의 포근함을 붙잡는다. 소담한 벤치에서 커피를 즐길 수 있는 이곳에서는 햇살과 바람까지도 기억에 새겨진다.

항상 그랬듯이 에스프레소를 시켰다. 그것도 더블샷으로. 대개의 카페에서 에스프레소를 시키면 직원이 살짝 당황하면서 묻는다. "양이 조금 적은 거 아시죠?" 다소 못 미더운 표정으로 확인하는 게, 머리털이 허옇게 센 늙은이가 주문하니 독특하다고 여기는 모양이다. 에스프레소는 아주 진한 이탈리아 정통 커피이다. 아메리카노는 에스프레소에 뜨거운 물을 부은 것이다. 흔치 않은 아주

작고 깜찍한 잔에 담긴 커피는 육수처럼 걸쭉하고 표면에는 기름이 둥둥 떠 있다. 색깔은 검다 못해 매력적인 황금빛이 감돈다. 에스프레소 잔을 들고 한입 머금자마자 그 향기가 입안을 습격해 온다. 사랑에 빠질 것 같은 매혹적인 느낌이다. 그 여운을 잠시 음미하다가 다시 남은 반 잔을 원 샷. 더 이상 말이 필요하랴. 지옥의 쓴맛과 악마적인 고소함이 혀를 자극한다. 혈관 속으로 고급 에스프레소 커피를 흘려보낸다. 거부할 수 없는 유혹처럼 전신에 퍼지는 커피 향. 잔을 든 채로 눈을 감는다. 코끝을 맴도는 커피 향으로 삶의 냄새를 맡는다. 커피는 내 안에 있는 나도 모르는 나를 만나게 해주는 수단이다. 각자의 안에는 결코 들여다볼 수 없는 블랙홀 같은 부분이 있고 그것이 일으키는 힘이 앞으로 나아가게 한다. 커피의 검은 액체를 들여다볼 때마다 매일 조금씩 내면의 또 다른 나의 모습을 들여다보는 것이다. 그렇게 인생을 들이킨다.

내가 카페에서 에스프레소만 고집하면 처음 들어보는 커피라고 다들 신기해한다. 손바닥에 올릴 수 있을 만한 크기의 전용 잔에 담겨 있는 모습과 적은 양에 놀란다. 그리고 강렬한 쓴맛에 또 한 번 놀란다. 커피 맛은 취향의 영역인데 에스프레소 맛을 설명해달라고 할 때마다 난처하다. 좋아하는 운동선수를 왜 좋아하는지 설명해야 하는 것과 비슷한 난처함이다. 그리고 에스프레소를 마시는 사람이 내가 한 설명으로만 그 맛을 한정 짓게 될까 봐 조심스럽다. 분명 맛이라는 것은 표현될 수 있는 언어의 영역을 넘어서는 것일 테니까.

나는 스스로에 질문을 던졌다. 왜 에스프레소만 마시는지. 그것은 에스프레소만큼 색이 진한 사람이 되고 싶었다. 강렬한 에스프레소 한잔처럼 누군가의 목구멍에 타들어 가듯 인상을 남기는 삶. 그래서였을까? 나는 너무 강하고 뜨거웠다. 진정성이 없는 것은 거부했으며 진한 원액 같은 감성만을 추구했다. 의도도 순수하고 틀리지 않았지만, 한쪽으로 조금 치우쳤던 것 같다. 주변 사람들도 좋아하는 사람과 싫어하는 사람으로 극명하게 갈렸으니까. 그러다 글을 쓰게 되면서 더 다양한 사람들의 감정을 이해하기 시작했다. 타인을 향해 품을 크게 펼칠 줄 아는 사람, 상상만으로도 멋진 인격이다. 글 쓰는 사람으로서, 한 명의 인간으로서도 성장하고 있다고 느낀다.

커피, 그중에서도 에스프레소를 마시지 않고서는 머리와 마음에 차오른 문장이 손끝으로 넘어가지 않는다. 한 번씩 스푼을 저으면 내 피가 도는 것 같다. 살포시 올라앉은 보드라운 황금색 거품을 호호 불면 부드럽게 흩날렸다가 다시 제자리로 돌아온다. 보글보글 끓어오른 거품보다는 결이 고와 착 감기는 포근한 감촉. 벨벳 같은 거품이라는 표현이 더 잘 어울린다. 그 향미가 마음에 떠오르는 감성이 되어 새로운 문장으로 피어나는 것 같다. 정서, 전율, 감성, 관능, 감정의 순화. 에스프레소는 글의 물결을 닮았다.

시누님표 문장부호

윤 경 화
sbh2544@hanmail.net

　팔순의 시누님과 '카톡'을 시작한 지 반년쯤 된다. 남편의 칠순 잔치 초대장을 휴대전화로 가족들에게 발송했다. 금방 "카톡." 하고 성급한 답이 왔다. 남편의 남매 중 최고령인 둘째 시누님이 참석하시겠다는 답장이다. 초대에 응해주셔서 감사드린다는 말과 기쁜 마음으로 기다리겠다는 답신을 드렸다.
　그 후로 좋은 정보와 시누님의 일상 중 일부를 종종 톡으로 보내신다. 열의가 대단하시다. 새로운 것을 익히는 일은 젊은 사람도 귀찮아하는데 적지 않은 연세에 휴대전화의 다양한 기능을 익혀 활용하시다니 놀랍기만 하다.
　톡을 주고받은 지 열흘쯤 지나서인 듯하다. 보내온 문자에 전에는 보이지 않던 검은 점이 보이기 시작했다. 자세히 들여다보니 문장부호다. 서너 음절이 지날 때마다 마침표가 있었다.
　아뿔사! 그 문장부호의 행간에 시누님의 고민이 보인다. '야는 글자 사이에 점을 찍어놓았네. 글 쓰는 사람이니까 점을 찍는 게 맞는 것 같은데, 어디다 찍어야 하노? 이 정도 하면 되겠제.' 하시면서 점을 찍으신 것 같다. 서너 음절마다 '시누님표' 문장부호가 자리 잡고 있다.

이런 사단이 벌어진 것은 순전히 나의 글쓰기 습관 때문이다. 처음 습작을 할 때 문장부호를 무시하고 글을 썼던 버릇 때문에 문장부호를 놓치는 경우가 종종 있었다. 그래서 아예 무슨 글이든지 문장부호를 사용하면서 그 행위가 글쓰기 속에 버릇으로 굳어 버렸다. 나의 이런 습관이 시누님의 '톡놀이'에 영향을 미친 것 같다.

처음으로 문자가 왔을 때는 문장부호는 없지만, 띄어쓰기와 오탈자가 없는 읽기 편한 SNS에서의 전형적인 문장이었다. 그러나 몇 차례 문자가 오가면서부터 시누님의 문자에 변화가 시작되었다. 문제의 문장부호가 등장한 것이다. 누구나 쉽게 이해할 수 있던 문장에 '파리똥' 같은 마침표가 서너 음절마다 자리 잡으면서부터 나는 시누님의 문자를 두 가지로 이해해야 하는 상황이 되었다. 그것은 바로 내가 자초한 일이기도 하다.

문장을 바르게 재조합하는 일과 본래 전하고자 하는 정보를 제대로 이해하는 일이었다. 처음엔 시누님의 특별한 문자는 나에게 특혜인 듯 즐겁게 읽고 답을 드렸다. 매번 문장부호를 어느 구간에 배치할지 고민한 흔적이 보여 문장의 옳고 그름보다 '생각하는 순간'에 의미를 두며 문자 친구를 계속 이어 가고 있다.

나는 오늘도 평소와 다름없이 시누님과 톡을 주고받는다. 아침에도 건강정보를 보내셨다. 당연히 나는 감사의 인사를 띄웠다. 다시 시누님 방식의 문장으로 톡이 왔다.

"그래. 건강에. 좋다니 한번보내. 봤다"

보내기를 누르고 난 뒤의 시누님의 표정을 상상해본다. "야가 말이 없는 걸 보니 내가 제대로 점을 찍고 있나 보네."라고 하실 것만 같다. 미소가 절로 번진다. 시누님의 문장부호가 어디에 찍혀도 내 눈에는 완벽한 문장이다. 시누이와 올케 사이를 부드럽게 엮어주는 더없이 곰살맞은 점으로 보여서다.

나와 띠동갑인 시누님은 시집왔을 때 살림살이의 멘토였다. 나이가 꽉 차서 결혼했지만 매사에 서툴기 짝이 없었기 때문이다. 재치 있는 시누님은 현장 탐방을 해가며 좋은 물건 고르는 법과 가격 흥정하는 것까지 확실하게 가르쳐주셨다. 그러니까 간이 크게도 신혼 초부터 '시' 자의 상징과 같은 시누이에게 나의 약점 덩어리를 통째로 안겨드린 셈이다. 그렇지만 내 눈에 시누님은 언제나 곱고 지혜로우며 사려 깊어 주변 사람들에게 의지가 되는 분으로 보인다.

어느덧 마흔 해가 지나고 고운 할머니가 되어 거동도 줄어들고 적적한 시절에 접어드셨다. 다행히도 호기심과 학구열이 여전하신 데다 시력까지 좋아 문명의 이기를 잘 활용하시는 듯하다. 그 중에 스마트폰을 으뜸으로 들 수 있을 것이다. 새로운 것에 대한 호기심이 젊은 사람 못지않은 듯하다. 게다가 나의 무심한 행위가 시누님의 왕성한 호기심에 날개를 달아드린 것 같기도 하다.

세상 일에는 긍정의 이면에 그와는 다른 동네가 있다는 것을 잠시 잊었다. 혹여 시누님께서 다른 사람과의 문자에도 문장부호를 그렇게 사용하고 계신다면 그냥 있을 일이 아니었다. 며칠 전까지만 해도 즐겁던 시누님의 문자가 걱정되기 시작한다. 사실 우리가 살아가는 데 그 점 하나가 그리 대수롭지 않은 것도 사실이다. 그러나 그 점 하나를 무시할 수 없는 것도 사실이다. 이 선문답 같은 현상이 어우러져 날마다 법석을 떠는 무대가 세상이고, 그 세상은 보이지 않는 인간의 다양한 내면에서 생산된다.

아직 안방 노인이기를 거부하는 호기심 왕성한 시누님이다. 어쭙잖은 글쟁이 올케의 대책 없는 습관이 스마트폰의 다양한 기능이 주는 재미에 푹 빠진 시누님께 누가 될 것만 같아 마음이 조급해진다. 퇴근 후에 시누님을 찾아갈까. 가서 자연스럽게 이해를 돕는 법도 생각해 본다. 아니다. 더 바람직한 방법이 있을 거야. 잔머리 쓰는 내 꼴을 보더니 남편이 웃는다. 순간 좋은 생각이 떠올랐다.

"맞다, 큰질녀. 그래, 시누님의 큰딸이 아이들을 가르치고 있으니 잘할 수 있을 거야."

점 하나의 의미를 갈파한 대중가요를 귓등으로 들은 적이 있다. 많은 사람이 공감하는 그 의미심장한 점이 인간사를 꿰뚫는 힘을 가졌다는 것을 가볍게 여겨서는 안 될 일인 듯하다. 겉보기엔 무의미한 듯한 시누님표 점 역시 어느 곳에 자리를 잡든 나에게는 최고의 힘을 가진 완벽한 문장이다.

나는 걸어 다니는 천사를 만났다

윤숙현
yoon016@hanmail.net

다시 봄이다.

응달쪽의 눈은 그대로인데 성급한 개구리는 종족 번식의 준비가 한창이다. 물이 고인 웅덩이에 방울방울 알을 낳고 몸을 푼다. 이제 곧 투명한 자루에 싸인 알들은 몸집을 불리며 올챙이가 되고 개구리로 탈바꿈할 것이다. 40년 서울살이를 정리하고 시골에 와서 살면서 신선한 공기에 취하고. 서정적인 풍경에 정을 주고. 대문 없는 집들을 신기해하면서 어느새 세 번째 봄을 만났다.

작년 3월 초, 마른 수풀 속에서 빠끔히 내다보는 가녀린 새싹을 발견했다. 벌써 새 생명이 스멀스멀 올라오는가 싶어 궁금한 마음으로 가까이 다가갔다. 3월의 오솔길은 마른풀이 살얼음을 덮고 있어서 자칫 미끄러우니 조심해야 한다. 그날 새벽에도 하천 산책로를 따라 걷는데 유난히 웅덩이 쪽에서 개구리들의 합창 소리가 소란스러웠다. 아직 올챙이가 깨지 않았는데 벌써 개구리 소리인가 싶어 이끌리듯이 길가로 다가서 고개를 빼고 밑을 내려다보는 그 찰나였다. 발밑의 땅이 내려앉으면서 그대로 꼬라박았다.

심장이 멎을 것 같은 충격에 잠시 정신이 없었다. 겨우 둘러보는 주변은 자갈이 깔린 얕은 물 위였다. 전혀 예상치 않았던 상황에서 정신을 차리고 119의 도움을 청해 응급실로 갔다. 검사 결과는 생각보다 큰 사고였다. 빗장뼈가 끊어지고 허리뼈에도 금이 갔다고 했다. 온몸으로 퍼지는 통증은 이루 말할 수 없이 여기저기 꼬리를 물고 이어졌다. 몇 시간 전까지만 해도 멀쩡했고 또 이런 사고는 나와 상관없을 줄 알았다. 하지만 나도 예외가 아니라는 끔찍한 현실과 맞닥뜨리니 겁이 나고 떨렸다. 수술 후 입원실로 옮겨진 뒤부터 통증이 괴로웠다. 코로나가 종식되지 않은 시기라 보호자의 도움을 받을 수 없으니, 간병인이 있는 병실로 가야 했다. 5인실에 두 분의 간병인이 하루씩 교대로 환자를 돌본다고 했다.

내 맘대로 움직일 수 없는 몸이 되고 보니 건강의 소중함이 절실하게 다가왔다. 식사가 나왔다. 환자를 위해 준비된 간병인이 손발 노릇을 한다. 구미가 당기지 않은 밥상을 받으면서 입이 소태같다는 말을 실감했다. 간병인은 고개를 젓는 내 의향을 무시하고 무조건 콩나물국에 밥을 한 숟갈 말았다. 나름 환자를 다루는 요령이었는지 국물로 입술을 적시니 바짝 말라붙은 입이 열렸다. 하지만 더 이상 목구멍으로 넘어가지 않았다. 간병인은 빈속의 약물은 독이니 얼른 회복하려면 무조건 뭐든 먹어야 한다며 아기 달래듯 했다. 나는 내 나이보다 조금 위인 간병인의 호칭을 언니로 정하고 그렇게 불렀다. 그 언니는 나를 위해 예비된 듯 세수를 해주고 머리를 감기고 물수건으로 손발을 닦고 약을 챙겨 먹이는 등 정말 가족처럼 돌봤다. 그런데 나한테만 그런 것이 아니었다. 마치 어미 닭이 병아리를 거느리듯 병실의 다섯 환자를 두루두루 살폈다. 병실이 편한 공간은 아니다. 하지만 수시로 들락거리며 살피는 간호사들과 각자의 앓는 소리로 순간순간 짜증이 올라왔다. 시원찮은 혈관이라서 쓸만한 핏줄을 찾아 찔러대는 주사는 공포였고 또, 내가 느끼는 통증이 고통스럽다 보니 다른 사람을 향한 배려는 사치였다. 하지만 날짜가 가니 점차 예민함이 무디어지고 낮 밤의 구분이 없는 어수선한 분위기 속에서도 잠이 들었다.

  간병인은 환자들의 수발 중에도 막간을 잘 활용했다. 쪽잠을 자고 식사도 후딱 끝내는 등 주어진 공간 속에서 무슨 일이든 발 빠르게 움직이며 해결했다. 환자들의 투정과 불평도 눈높이에 맞춰 대처하니 적성에 맞지 않으면 정말 해내기 힘든 일이라는 생각이 들었다. 나라면 돈 보따리를 안겨준다 해도 절대 못 할 것 같다. 이기적인 환자도 어르고 달래며 수발하는 특별한 사랑과 한계를 뛰어넘는 책임감이 놀라웠다. 엄마가 아가의 부스럭 소리에 민감하듯이 모든 촉각을 열고 살폈다. 어쩌다 내가 미안해서 사소한 일을 혼자 해결하려다 들키면 혼냈다. 자신은 환자에게 필요한 간병인이 되고 싶다는 것이다. 가끔, 간병인의 인성에 대해 이런저런 안 좋은 뉴스도 있지만 다 사람 나름인 모양이다.

간병 언니의 보호를 받으면서 속 사정 이야기도 할 만큼 친해졌다. 칠십 중반인 그 언니는 남편의 병간호가 시작이었다고 한다. 그 후 혼자되어 12년째 간병 일을 하면서 환자들이 회복되는 과정을 보면 보람을 느끼게 된다고 했다. 무슨 일이든 생각하기 나름으로 즐기면서 하면 힘들지 않다고 했다. 자격증을 따고 교육을 받고 처음 현장에 임하여 일하다 보면 어려운 고비도 온다고 한다. 그것은 인격적으로 무시를 당할 때 육신의 고달픔보다 더 힘들다고 한다. 물론 고용인은 맞지만 보살핌에 대한 마음을 홀대할 때는 상처를 받는다고 했다. 그러나 그 시기를 지혜롭게 넘기면 사람마다 다른 성격이 파악되어 잘 대처하게 되더라는 경험을 말했다. 이제는 좋은 인간관계를 맺는 요령을 터득해서 헤어질 때는 서운하다고 했다. 연륜이 주는 편안함이랄까? 무엇보다 따뜻한 교류로 3주 동안의 병원 생활을 잘 보낼 수 있었다.

퇴원하는 날이었다. 그 언니는 "아파서는 다시 오지 마!" 하면서 내 등을 쓸어주었다. 손꼽아 기다리던 퇴원이었는데 막상 헤어지려니 서운했다. 짧은 이별을 고하고 곧 다른 환자를 살피려 돌아서는 언니에게 이렇게 말했다.

"나는 이 병원에서 걸어 다니는 천사를 만났어요."

아버지의 외출

윤 운 선
yunshan514@daum.net

아버지가 사라졌다. 엘리베이터 앞에서.

무더위가 최고조를 향해 나아가던 7월의 마지막 주말, 여름휴가를 위해 청주에 있는 언니네로 모이기로 했다. 오랜만에 밖에서 만난 가족들은 담소를 나누며 한껏 여유를 부리고 있었다. 잘 놀고 집에 도착한 가족들은 그제야 아버지가 사라졌다는 것을 알아챘다. 아버지의 부재를 인지한 순간 머릿속은 까매졌고 오랜만에 품은 여유 따위는 온데간데없어졌다. 할아버지와 함께 걸어간 어린 조카에게 물으니 엘리베이터 반대편을 가리켰다. 서둘러 아파트 주위를 살펴보고 여기저기 분주하게 오가며 아버지를 목 놓아 불렀다. 애타게 부르는 소리만 아파트 단지를 맴돌 뿐이다. 집 앞에서 없어졌으니 금방 찾을 수 있다고 엄마를 안심시켜 보지만, 서서히 불안감이 목을 죄어오고 있다. 짧은 시간이라 멀리 못 갔을 거라 생각했지만 그게 아니었다. 거짓말처럼 감쪽같이 눈앞에서 흔적도 없이 사라졌다. CCTV도 흔하지 않던 시절이라 우리는 팀을 나누어 발품으로 늦은 밤까지 청주를 헤매고 다녔다. 그렇게 하루가 가고 이틀이 지나자 불안감이 극도에 달했다. 청주뿐만 아니라 주변의 여러 곳에 있는 파출소에 신고를 하고 전단지를 돌렸다. 길도 익숙지 않은 데 아버지는 어디로 갔을까.

몇 년 전, 아버지는 뇌출혈이 있고 난 뒤 알코올성 치매를 진단받았다. 대여섯 살 어린애가 되어 여섯 살 난 조카와 싸우는 게 일상이었다. 어린아이로 변해 자신이 받는 피해를 못 견뎌 했고, 바지에 용변을 보는 날이 점차 늘어갔다. 엄마는 늙어서도 애를 먹인다며 알아듣지 못하는 아버지에게 푸념만 해댔다. 엄마를 더욱 힘들게 하는 것은 아버지가 밤마다 산으로 내달리는 바람에 찾으러 다니는 것이었다. 아버지가 주로 찾아간 곳은 나무를 하던 곳과 그루터기를 날라 오던 곳이었다. 그런 날이면, 가족과 온 동네 사람들이 아버지와 숨바꼭질이라도 하듯이 이 산 저 산을 찾아다녔다. 급기야 밤마다 방문도 잠그고, 대문도 잠그느라 엄마를 더욱 마음 졸이게 했다. 그런 엄마를 위해 우리는 시간이 날 때마다 아버지를 돌보며 엄마의 온전한 휴가를 선사하고 싶었다. 그날도 엄마를 위해 모였던 것이다.

청주는 주위가 산으로 겹겹이 둘러싸인 곳이다. 아마 아버지는 옛날 고향 뒷산을 생각하며 타지의 산속으로 걸어 들어갔을 것이다. 실종 후 사흘까지 찾지 못한다면 대부분 탈수 증세로 사망할 위험이 크다는 경찰관 얘기를 듣자, 우리는 절망했다. 급기야 무당을 찾아가 아버지의 생사를 확인하는 지경에 이르도록 우리의 애간장은 녹아내렸다. 삼 일째 되는 날 오전, 파출소에서 연락이 왔다. 언니 집으로부터 삼사십 킬로미터 떨어진 곳에서 아버지와 비슷한 노인을 보호하고 있다는 전화였다. 급한 마음을 단단히 부여잡고 가는 동안 아버지가 꼭 계시길 빌고 또 빌었다. 한여름의 무더위와 모기에 아버지의 몰골은 그야말로 처참했다. 휑한 얼굴이며 남루한 모습에 우리는 무너져 내렸다. 이틀 동안 밤낮으로 낯선 산속을 헤매고 다녔을 아버지 생각에 울음바다가 되었다. 그해 여름은 우리에게 슬픈 퍼즐 조각으로 남았다.

그 후로도 아버지는 엄마의 온갖 잔소리와 힐난을 감수하면서, 엄마의 눈을 피해 찰나의 순간 산속으로 외출을 감행했다. 아버지는 왜 그렇게 산으로 달아났을까.

산은 아버지에게 온전한 자유를 주는 곳이었던 것 같다. 시대를 잘못 타고난 자신을 한탄하면서 무한한 안정감과 위안을 받고, 아버지를 다시 살아가게 하는 원동력이었을 것이다. 자신이 원하던 삶을 살 수 없어 절망했을 때는 보듬어 주었을 것이고, 자신의 잘못을 자책하며 찾아갔을 때는 위로를 받았을 것이다. 산에서는 구차하게 변명하지 않아서 좋았을 것이고, 말로 표현하지 않아도 그저 평온함을 만끽할 수 있었으리라. 자연인 그대로 아버지가 인정받을 수 있는 곳이었다. 곪을 대로 곪아 터져버린 마음의 상처는 무한한 대자연의 치유 능력에 아물어갔을 것이다. 평소 과묵하던 아버지가 말이 필요하지 않은 곳이라 더할 나위 없이 좋았을 것이다. 아무것도 방해하지 않는 곳, 정적인 아버지의 마음이 편히 쉴 수 있는 쉼터였다. 그래서였을까. 아버지의 뇌리에 깊이 박힌 그 숭고한 영역을 치매조차 감히 침범하지 못했다. 자신의 몸은 치매에 지배당해 거둘 수 없어도, 한없이 소중했던 장소인 산은 잊지 못했다.

그해 10월 어느 밤, 아버지는 영원히 산의 안식처에 안겼다. 과묵한 아버지 모습 그대로였다. 친정집에 갈 때면 뒷산을 자주 내려다본다. 아버지 생각에 마음이 편해진다. 지금은 아름다운 둘레길로 만들어져 더욱 나의 눈길을 끈다. 그러면 아버지가 나무 해오는 모습이 그려진다. 자신의 몸집보다 부풀어진 나무들이 아버지 등을 억센 힘으로 누르고 있다. 그것에 굴하지 않고 온몸으로 후끈한 열기를 품으며 지겟작대기 하나에 의지해 한 발 한 발 집으로 향한다. 아버지의 발걸음을 따라 가면 나무는 예전 모습 그대로다. 아버지의 숨소리가 바람을 타고 내게 전해온다.

사람이 선물이다

이 다 해
red1954@hanmail.net

창밖은 이른 봄 햇살이 퍼지고 있다. 소파에 앉으면 눕게 되고 누우면 바닥으로 스며드는 아득함이 두려워 목욕용품을 주섬주섬 챙겨 집을 나선다. 따뜻하게 퍼지는 봄빛이 잘 나왔다고 반겨준다. 바람결에 실려 온 달큰한 공기에 무거운 마음이 밀려간다.

뜨겁고 따뜻한 시간을 보내고 개운함에 가벼운 걸음으로 집에 오는 길, 근처 놀이터에 공차기하는 아이들이 자유로워 보이고 목소리가 드높아 저절로 미소가 지어진다. 네거리다. 정지신호라도 건널목이 짧고 차가 오지 않아 무시하고 건너는데 무언가 날아와 목욕 바구니를 들고 있던 손을 친다. 목욕용품들이 빨간 신호등이 켜진 건널목 가운데 후두두 쏟아진다. 황급히 주워 담아 길을 마저 건너 놀란 가슴을 추스르며 보니, 놀이터에서 날아온 축구공이 내 손을 치고 네거리 가운데로 굴러가더니 다행히 왕래하는 차를 피해 길 가장자리에서 멈춘다. 높은 지대에 아파트가 밀집

된 지역, 근처 초등학교가 있어 신호등이 많이 설치되어 있다. 산을 허물어 지은 아파트 단지라 내가 건너가는 길보다 높은 곳에 있는 놀이터에서 초등학생들이 공을 차고 있었다.

잠시 후 남학생 둘이 뛰어와 한 명이 재빨리 길을 건너 공을 줍는다. 그러고는 반대편인 내 곁에 서 있던 아이에게 던져주고 횡단 신호를 기다리고 있다. 놀라고 화난 마음에 곁에 있는 아이에게 무어라 말을 하려고 하니 어느새 공을 가지고 가버렸다. "얘, 할머니 손에 맞아서 놀랐잖아." 내 말을 꼬리에 달고 달려가 버린다. 건너편 아이에게 "할머니가 놀랐잖아." 소리를 질러본다. '미안합니다.' 나 '죄송합니다.' 한마디쯤 듣고 싶었는데, 신호가 바뀌자 녀석은 나를 보지도 않고 내달린다.

'녀석들 한마디만 했어도 좀 좋아.'라며 괜히 마음이 언짢다. 그러다 조금 전에 지나가던 아이의 표정이 떠올라 쿡 웃음이 나온다. 녀석도 많이 놀랐나 보다. 주위를 알아차릴 짬이 없었겠다. 어쩌다 높이 찬 공이 놀이터 울타리를 넘어 찻길까지 날아갔는데, 그 와중에 무사히 공을 구출할 수 있었다는 안도감과 긴장에 얼어붙은 표정이 교차하였다. 그러니 곁에서 와와거리는 할머니의 목소리는 귀에 들어오지도 않았을 것이다.

2월 초에 아들과 딸이 마련한 가족여행을 갔다. 실로 오랜만에 뭉친 가족이었다. 아들이 용인에 살고 있어 부산에 사는 딸과 우리 부부는 올라가고 아들 가족은 내려와 충북 단양에서 만나 관광하고 서울로 강원도로 갈 여정이었다. 단양은 도착한 첫인상부터 마음을 설레게 했다. 한파에 얼어붙은 남한강에 얼마 전 내린

눈이 쌓여 날씨가 맑아도 녹지 않았다. 강은 순백색 비단 폭인 듯 한낮의 순한 햇살이 내려 눈이 부셨다. 처음 접하는 풍경은 이번 여행의 기쁨을 예정하는 것 같았다. 아들 부부와 딸이 마련한 숙소와 먹거리들도 나무랄 데가 없었다.

테마파크에서는 아들 내외와 딸, 손주들은 '알파인코스터'를 타러 갔다. 외딴 숲길을 혼자 모노레일로 쾌속 질주, 공중을 부유하는 느낌이라는데 일행들은 타고 내려오며 재밌다고 떠들썩한데 이제 열 살인 손주가 맨 마지막으로 내려왔다. 날씨가 추운데 검정 패딩까지 입어서인지 더 까맣게 긴장되어 얼어 있었다. 그래도 무사히 내려왔다.

"괜찮았어? 안 무서웠어?" 모두 한목소리로 물어보았다. "무섭긴 했어!" 하면서 이제 땅에 닿았다는 안도감이 묻어 있는 들뜬 높은 음성에 긴장이 풀린 표정이었다. 우리 일행들의 관심을 한 몸에 받고 있던 손자가, "아~ 너무 무서웠어! 그런데 나는 내려오면서 이 세상에 온갖 긍정적인 생각들을 다 하고 내려왔어." 하는 말에 일행들은 한꺼번에 웃음을 터트리며 물었다. "어떤 긍정적인 생각을 했어?" "아~ 여기는 계단이야! 안전한, 그러니 천천히 내려가면 되는 거야.' 그렇게 생각하니 좀 견딜 만했어."라고 했다.

재미있지만 무서운 상황에서 긍정적으로 계단을 창조하다니. 흔히 자식보다 손주가 더 예쁘다고 한다. 손주는 책임도 없고, 기대도 없으니 예뻐하기만 하면 된다. 어차피 손자 바보인 나에게는 사랑스럽고 귀여운데 지혜롭기까지 하다. 이미 모든 것을 다 아는 존재로 이 세상에 온 듯한 손자라는 느낌에 아이가 아닌 것 같아 대견하기만 했다.

　황급히 공을 구출해 뛰어가던 초등학생들의 모습에서 그날 손자의 모습이 보인다. 그들의 당황과 긴장이 공감되면서 잠시 구겨지려던 기분이 가볍게 펴진다. 아이들은 어른의 아버지라고 했던가. 어떤 이가 요즘 사람들은 의식이 훨씬 진화되어 태어난다고 한다. 긴장된 순간에도 긍정적으로 자신을 안심시킬 수 있는 능력이 이미 내재되어 있는 손자, 나에게 손주들은 귀한 선물이다. 생각이 바르고 행동까지 귀여우니 어찌 손주 바보가 되지 않을까.

　집으로 돌아와 목욕용품을 정리하고 앉으니 며느리에게서 카카오톡이 온다. 손자가 반 부회장이 되었다고 한다. 학급문고를 만들어 우리 반이 책을 많이 읽는 반으로 이끌겠다는 공약에 표를 잃어 회장은 똑똑하고 인기 많은 여학생이 되었단다. 선생님과 회장을 도와 재미있는 반을 만들겠다면 제발 저를 뽑아주세요, 라는 호소가 먹혀 후보가 7명이나 나왔는데 부회장이 되었다고.

　회장 선거에 나가 종이 한 장을 찢어서 '이것이 무엇입니까? 한 장이 2장이 된 것이 아닙니다. 반장입니다. 또다시 찢어 이것은 반의 반장입니다. 이렇게 나는 이반의 반장이 되고 싶습니다.' 했다고 한다. 반회장 선거에 나가 반장을 연설한 엉뚱한 손자다. 며느리의 카톡에 따라온, 누나와 함께 꾸민 선거공약 문구와 연설 대본에 한참을 혼자 웃었다.

　그날이 그날 같은 새로운 것이 없는 노년의 생활에 기쁨의 선물을 주는 존재, 곧 사람이 선물이다.

우울, 그 음습함

이미애
hgaji_2000@hanmail.net

　가슴이 먹먹해진다, 우중충한 날씨에 비까지 흩뿌린다. 14호 태풍 찬투가 북상중이라 바람까지 도시를 쓸어버릴 기세이다. 버스 차창으로 흘러가는 풍경 속에서 낯선 사람들의 얼굴이 각인된다. 어떻게든 도와줄 수 있는 길이 없어 안타까울 뿐이다. 우울증은 스스로가 이겨내고 밖으로 뛰쳐나오지 않으면 답이 없다고 한다. 물론 곁에서 힘이 되어주는 누군가가 있다면 조금은 빨리 그 거대한 늪에서 빠져나올 수 있을 것이다. 하지만 비정한 이야기 같지만 결국은 자신의 무게이고 오롯이 의지의 몫이 된다. 우리 사회에서 우울증이 이렇게 깊이 널리 병증으로 자리 잡았을 줄은 잘 알지 못했다. 워낙 낙천적인 성격에 늘 바쁘게 지내다보니 우울이란 단어에는 많이도 무심했나보다.
　우연히 이런 병증을 가진 분들을 만나는 일에 참여한 적이 있었다. 이 일을 통해 정말 따듯하고 아름다운 사람을 많이 만났다.

안치환의 '사람이 꽃보다 아름다워' 란 노래제목이 왜 나왔는지가 절로 실감되는 순간도 있었다. 나 자신도 남을 위해서 이렇게 배려할 수 있을까란 생각에서 느껴지는 그 따듯함과 고마움에 더러 울컥하기도 했다. 혼자 계시는 어르신도 많았고 열악한 환경에서 생활하는 분들도 많았지만 다 건강이 안 좋고 환경이 어려워서 보기에 딱했다. 그 어떤 것보다 마음이 아픈 사람에게는 해줄 수 있는 게 없어서 발길이 떨어지지 않을 때도 있었다. 일이라고는 하지만 초면에 낯선 사람들의 고통이 가슴에 그대로 각인되기는 처음이었다. 무언의 도움을 바라는 손길, 어두운 혈색, 초점 없는 동공, 무기력한 행동들, 말 토씨 하나하나가 귀에 또박또박 들리고 그 시선들이 날 무너지게 만들었다. '당신은 혼자가 아닙니다.' 상담전화 365일 24시간 전문가가 대기하고 있다는 리플렛을 전달해주거나 힘을 내시고 건강을 생각하라는 말밖에 도움을 줄 길이 없었다. 흐린 날씨에 비까지 추적거리면 그들의 얼굴이 하나둘 거짓말처럼 새로운 아픔으로 다가온다.

마음을 다스리고 조절한다는 게 얼마나 힘겹고 처절한 일인지 그들을 보고 알게 되었다. 시간 가는 대로 물 흐르듯 살아온 내게 그들의 현실은 한 마디로 충격이었고 슬픔이었다. 공감을 하기에는 한계가 있었고 닿을 수 없는 곳에 머무는 그들과 아픔을 나눌 수 없어 안타까웠다. 어떤 도움이나마 줄 수 있을까. 공허한 메아리처럼 힘을 내라는 말 한마디는 입술을 떠나자마자 사라져버렸으리라. 어떤 진심으로 그들을 그 무기력한 구렁텅이에서 건져 올릴 수 있을까. 정말 암담했다. 스쳐가는 인연이긴 하지만 그들에게서 들은 그들의 세계는 훨씬 심각했다. 혼자서는 그 깊고 음습한 늪에서 빠져나오기가 힘들 것 같았다. 전문가가 도와주어야 했다. 그런데 그들은 그 도움을 제대로 받지 못하고 있었다. 동양 속담에 '마음의 병이 만병의 근원이다.'란 말이 있듯이 그들은 만병을 갖고 살아가고 있는 것이다. 그들은 그들 나름대로 시시각각 자신과의 사투를 벌이며 근근이 살아가고 있었다. 표면적으로만 평온해 보일 뿐이지 실은 전쟁터를 방불케 하는 그들의 처절하고 피폐한 삶이 그저 안타까웠다.

  초기에 치료하면 증상이 호전될 수 있지만 치료시기를 놓치면 증상은 더욱 심해지고 더욱 깊어질 확률이 높다고 한다. 우울증의 원인은 생물학적 요인, 유전적 요인, 심리 사회적 요인의 3가지가 물론 개인차가 있긴 하지만 복합적으로 작용해 우울증이 생긴다고 한다. 주요 증상으로는 항상 기운이 없고 나른하고 잠이 잘 오지 않고 표정변화도 없고 식욕에서부터 기본적인 욕구조차 생겨나지 않는 요건이 있었다. 결코 혼자 있어서는 안 되고 술에 의지해서는 더더욱 안 되고 집에 위험한 물건을 눈에 띄게 두어서도 안 되고 죽음에 다가갈 확률이 높으니 자신을 위해 도움을 요청하라고도 한다. 그런데 그들은 이미 그 환경에 젖어 손을 내미는 걸 주저한다. 그들을 그 무지막지한 심연에서 끌어내게 할 수 있는 최선의 방법은 과연 무엇일까.

  요즘 내내 그 생각으로 마음을 빼앗긴다. 그들을 웃게 할 수 있다면 그들을 조금이라도 행복하게 해줄 수 있다면 얼마나 좋을까. 이 아름다운 세상에서 아름다움을 알지 못하고 감사함조차 깨닫지 못하고 이 소풍을 끝내고 멀리 가버린다면 생각만으로도 이 얼마나 슬픈 일인가. 눈 맞춤에 미숙하고 먼 산을 응시하듯 건너다보는 눈빛이 청명한 가을 하늘에 감탄하는 울림을 경험하게 된다면 얼마나 좋을까. 같이 누리고 싶었다. 그들을 통해 내가 얼마나 많은 것을 느끼고 많은 것에 감사하는 걸 잊고 살아왔는지 새삼 깨닫게 되었다. 그들도 우울한 자신을 이기고 동아줄로 내린 두레박에 건강한 몸을 싣고 그 음습함을 뚫고 나오기를 간절히 바래본다.

  현실에 발을 딛지 못하고 아주 깊고 깊은 우물에서 혼자 갇혀 세상을 등진 눈빛, 허공에 매달린 목숨 마냥 위태위태하기만 하다. 악수를 하는 그들의 손목에 수없이 그어진 칼날의 상흔은 내 폐부를 찌를 만큼 비통하게 만들었다. 울컥했다. 얼마나 아팠을까. 도대체 마음이 얼마나 병들었으면 피가 날 줄 알면서도 자신의 몸을 다치게 할 수 밖에 없었을까. 그들에게 위안을 줄 수 있는 말이 무엇일까. 평범한 일상이 무너지고 관계가 사라지고 오로지 남은 건 자신과 가족뿐인데 가족조차 이해할 수 없는 그곳에 그들만이 갇혀있었다. 어떻게 벗어나게 해줄 수 있을까. 출구가 보이지 않는다는 생각밖에 떠오르는 말이 없다. 한 번도 가보지 못한 길이기에 그 길을 어떻게 빠져나와야 할지 나조차도 가늠할 수 없는 것이 그저 슬프다. 오늘도 그들의 채색되지 않은 모습을 떠올리며 선명히 대비되는 가을의 향기에 잠시 주춤해진다. 계절의 영롱함마저 그들에게는 뜻 모를 언어일 뿐이란 사실 또한 서글퍼진다. 지역사회가 더 적극적으로 나서야 더 큰 비극을 막지 않을까 염려될 뿐이다. 한해에 자살하는 인구가 OECD 국가 중에서 1위라고 할 만큼 우울증의 비중은 날로 높아지는데 반드시 함께 풀어나가야 할 만큼 더 많은 관심과 애정만이 해법이 되지 않을까 싶다.

 움푹한 자신만의 굴레에서 언제쯤 헤어날 수 있을지 누구도 장담할 수는 없다. 헤어질 때 항상 손끝에서 느껴지는 미세한 떨림이 나도 모르게 나지막이 인연의 안녕을 빌어준다.

해마다 늙어가고 해마다 젊어진다

이상열
epitome1@daum.net

떠나기 전에는 전혀 예상을 못 했다. 보름 일정으로 떠난 유럽 여행의 첫 도시인 로마에서부터 문제가 발생했다. 요즘 들어 평균 2, 3시간마다 볼일을 보는 습성이 붙었다. 참는 힘도 예전만 못해졌다. 잠자리에 들어서도 소변 때문에 중간에 깨는 일이 빈번해졌다. 그러고는 다시 잠들지 못해 끙끙거리며 뒤척이기 일쑤였다. 이런 상태로 일말의 불안한 마음을 안고 떠난 여행이었다.

로마에서 가뭄에 콩 나듯 있는 공중화장실을 찾는 일은 힘들었다. 수시로 위급한 상황에 빠졌다. 그래서 드나들기 시작한 게 카페 화장실이었다. 야외 카페에 앉아서 지나다니는 외국인들 구경하면서 화장실도 가고, 커피 맛을 음미하는 게 좋았다. 그러나 그것도 한두 번이지 빈번히 긴장하는 요의를 해결하려고 수시로 커피 마시는 일은 할 짓이 아니었다. 마음이 긴장되고 걱정이 생기면 자율신경도 예민해지나 보다. 시도 때도 없이 비상 신호가 울려댔다. 나중에는 아예 볼일 먼저 해결하고 관광을 시작할 정도로 모든 일의 우선이 되었다. 궁하면 통한다고 며칠 지나서는 어느 정도 요령도 생겼다. 밖에 자리가 많이 배치되어 있는 카페에서 점잖게 안으로 들어가서 해결하면 아주 간단한 일이었다. 안에서는 밖에 앉은 손님인가 보다고 여기는 것이었다. 그만큼 사람들이 많이 북적거렸다. 요의를 해결하고 음료수를 다시 마셔야하는 우스운 상황을 피할 수 있었다. 종업원이 가끔 알아차렸지만 별 문제는 없었다. 한 번은 주인 여자가 째려보기에 얼른 1€를 쥐여주니 크게 "그라치에!"라고 외쳤다. 이렇게 잘 적응할 수 있겠다는 서글픈 자신감도 붙었다. 지금까지 큰 불편 없이 해결해 온 우리나라에서의 화장실 문화가 고맙기만 한 여행이었다.

  나이 들면서 집을 떠나 여행에 나서는 일은 여간 신경 쓰이는 일이 아니다. 여기저기 기능이 저하되어 제약받는 일이 많고, 생활 습관에서 벗어나면 불편을 많이 느끼기 때문이다. 오른쪽 귀의 청력이 많이 떨어지고 책을 읽거나 화면을 보고 있으면 눈이 침침해졌다. 물론 주변의 대다수가 그럴 것이라고 생각하지만, 일상의 일들을 제한받고 보면 여간 불편한 게 아니다. 여행을 좋아하며 살아왔는데, 자주 떠나서 친구나 친지들과 같이 어울려 지내고 싶은데, 막상 떠나려면 여러 가지 걱정이 앞선다. 같이 자다 보면 코골이가 심해서 피해를 줄 텐데. 잠자리에 예민해져서 침대가 아닌 맨바닥에 요를 깔고 자려면 잠을 푹 자지 못할 텐데. 코 고는 거 신경 안 쓰고 머리를 벽이나 바닥에 대기만 해도 그대로 곯아떨어졌던 때가 바로 엊그제 같은데, 이제는 쉽게 푹 잠들지 못한다. 거기에다 매일 아침 복용할 건강 보조제 대여섯 종류에 혈압 약까지 잊지 않아야 한다. 탈모 방지 기능성 샴푸와 린스, 스킨로션에 선크림까지…. 여행 떠나기가 만만치 않다.

김훈 작가는 『연필로 쓰기』에서 "고목에서 갓 태어난 생명의 색은 우듬지 이파리에서 나부낀다. 나무는 폐허와 신생을 같이 살아간다. 나무는 해마다 늙어가고 해마다 젊어진다."고 썼다. 참으로 닮고 싶고 부러운 나무의 생태다. 나도 매일 머리가 자라지만 새로 나오는 머리칼은 대부분 하얗게 솟아오른다. 대부분의 장기나 내장 기관들은 시간과 함께 무너지고 허물어진다. 손톱, 발톱도 자라는데 그것마저 상처와 무좀에 영향을 받아 비뚤어지고 우그러져 솟아 나온다.

하느님은 어찌하여 우리에게는 나무와 같은 신생은 허락하지 않았는가. 파충류나 곤충과 같이 낡은 표피를 벗어버리고 새로운 껍질로라도 허물벗기를 하게 해줬으면 얼마나 좋을까. 잘 안 보이고 안 들리는 각막과 고막을 벗고, 내장 기관도 새로운 걸로 탈바꿈하면 좋겠다는 상상을 해본다.

늙어서 더 쓸모 있는 것

이영숙
emeritanice@hanmail.net

봄이 오면. 엄마는 담 밑에 작은 구덩이를 만들어 거름 한 움큼 넣고 호박씨 서너 알을 묻었다. 나비 날개 같은 호박 새싹은 돌보아 주는 이 없어도 햇살 먹고 바람 붙들어 성큼성큼 담으로 기어 올랐다. 호박잎은 한 한줄기 소나기에 푸르러지고 천둥소리에 놀라 더 퍼렇게 짙어갔다. 비 한번 오면 한 뼘씩 자라고, 뜨거운 햇살에 두 뼘씩 자란 호박은 심어 준 보답을 톡톡히 했다.

장마철이 되면 밭에 심은 채소들이 물러져도 호박순은 튼튼하게 자랐다. 시장이 먼 산골 여름 반찬은 호박만 한 것이 없다. 여린 호박잎은 줄기의 질긴 부분을 벗겨내고 밥솥에 넣어 쪄내어 쌈 싸 먹었고, 채 피지 않은 호박꽃 봉오리로 된장국을 끓였다. 못생겼다 푸대접을 받던 호박은 우리 남매의 허기를 채워주는 든든하고 고마운 먹거리였다. 모기가 윙윙거리는 여름밤. 마당에 모깃불 지펴 놓고 애호박과 감자 넣은 수제비 먹으며 은하수 찾아 견우

직녀 이야기 듣던 그 시절은 지금도 가고 싶고 그리운 추억이다.

호박 줄기는 눈길 주지 않아도 투정 한번 부리지 않았다. 배추처럼 자주자주 벌레를 잡아 달라 보채지도 않고 저 혼자 씩씩하게 자랐다. 작은 바람에도 넘어져 엄살 부리는 고춧대처럼 지주를 세워주지 않아도 저 스스로 여기저기 자랄 곳을 찾았다. 담 위로, 감나무 가지 위로, 심지어 거름 더미 위에도 자리 잡아 앉았다. 혼자서 잘 자라는 호박처럼 우리 남매들도 엄마 곁을 맴돌지도 않고, 여기저기 기웃거리며 놀잇감을 찾아 놀면서 쑥쑥 자랐다.

황금종을 닮은 호박꽃이 꿀벌들을 불러 모았다. 호박꽃 유혹에 빠진 꿀벌이 꽃 속 깊숙이 들어가면 우리 자매는 호박꽃 잎을 살포시 오므렸다. 놀란 꿀벌이 꽃 속에서 윙윙 소리를 내면 우리는 누구 벌이 더 크게 소리 지르는지 내기하고, 진 사람은 바보 같은 벌이라 투덜거리기도 했다. 남동생들은 벌이 꽃에 앉으면 검정 고무신을 들고 살며시 다가가서 날아오르는 벌을 잽싸게 낚아채고는 고무신을 빙빙 돌렸다. 기절한 꿀벌이 늦게 깨어나 날아가면, 벌을 잡은 동생은 자기가 이겼다고 어깨를 으쓱했다. 밤이면 반딧불이 잡아 호박꽃 속에 넣어 초롱불을 만들었다. 꽃 초롱 서너 개 만들어 꽂아 두고 멍석에 누워 노래 부르며 놀다 스르르 잠이 들기도 했다.

애호박은 여름 땡볕을 한 줌 한 줌씩 묶어 배 속을 가득 채운다. 하늘이 저 멀리 높아지면 누우런 엉덩이 쑥 내민 청둥호박이 부끄럼도 모른 채 담 위에 앉아 벙긋이 웃는다. 가을이 깊어지면 모양이 바르고 잘 익은 호박이 방 윗목에 탑처럼 쌓였다. 탑을 쌓을 때도 호박이 상하지 않도록 볏짚으로 똬리를 만들어 정성껏 쌓아 올렸다. 이듬해 봄까지 먹어야 할 양식이었다.

　가끔 도회지에 사는 친척이 오면 엄마는 탑을 하나씩 허물어 그들의 팔에 안겨 주었다. 가장 참하게 생겼고 특히 잘 익은 노란 호박을 선물로 주면서, 엄마 얼굴에는 미소가 번졌다. 자라면서 찌그러졌거나 우리들 장난에 바르게 자라지 못한 것들은 길게 잘라 빨랫줄에 걸어 호박오가리를 만들었다. 노란 호박이 줄지어 펄럭이면 고추잠자리는 하늘을 돌았고, 우리들도 마당을 돌고 돌았다. 긴긴 겨울밤 쌀가루에 호박오가리 넣고 강낭콩 듬뿍 뿌려 찐 시루떡은 우리 남매에게는 최상의 간식이었다.

　부르는 이도 재촉하는 이도 없는데 산속의 저녁은 득달같이 달려왔다. 서늘한 가을바람이 집 뒤 대밭을 헤집고 다니고, 마당에 산그림자가 내려오면 엄마는 큼직한 호박을 하나 안고 나와 호박을 긁어 함지박에 담았다. 해가 진 서산마루는 호박 속 같은 고운 노을로 가득했다. 동글납작한 호박전이 익어 가면 동쪽하늘에는 둥글넓적한 보름달이 떠올랐다. 호호 불며 먹는 호박전의 맛에 일곱 남매의 정도 깊어 갔다.

　호박은 앞에서 봐도 뒤집어 봐도 옆으로 보아도 내 눈에는 못생긴 곳이 없고, 삐뚤하고 미운 곳이 없다. 설령 가을철 다른 열매들보다 좀 못 생겼기로 호박만큼 베푼 열매들이 어디 있으랴. 어린잎부터 늙은 호박에 이르기까지 사람들의 몸과 마음에 풍요를 주는 것은 호박이 으뜸인 듯하다. 늙어서 더 쓸모 있고 더 베푸는 것 중 호박만 한 것이 없을 것 같다.

할머니가 윗목에 쌓인 호박을 보면서 "늙어서도 대접을 받는 것은 호박만 한 것이 없지." 했다. 묘사에 사용할 귀한 사과, 배, 밤은 광에 있는 커다란 단지에 담겨져 추운 곳에 있지만, 호박은 우리들이 자는 방에 같이 있으니 늙어서 귀한 대접을 받는 듯했다.

딸을 낳고 부기가 빠지지 않아 얼굴이 푸석푸석했다. 엄마는 가장 잘 익은 호박 두 덩이를 가지고 와 위쪽을 도려내고 씨앗을 빼낸 후 꿀을 가득 채우고 커다란 가마솥에 쪘다. 덜큰한 맛이 별로 입맛을 당기지 못 했지만, 엄마 정성에 억지로 먹었다. 호박 소주 덕분인지 부기는 빠지고 단추를 채울 수 없어 절망하게 하던 바지를 쉽게 입었다.

큰언니는 가끔 나를 '호박아.' 하고 불렀다. 얼굴이 까무잡잡하고 주근깨가 드문드문 박혀있는 나를 보면서 두 주먹을 얼굴 여기저기 붙이면서 놀렸다. 울퉁불퉁 못난이라는 뜻이었다. 못난이면 어떠랴. 세월이 더 많이 지난 후 뒤 돌아보았을 때 살아 온 날들이 호박 같은 삶이었다면 족하다 여기리라.

인연

이예경
mdhlee@daum.net

　후드득 빗방울이 떨어졌다. 녀석을 입양 보내는 날이었다. 오랜 세월 함께한 연줄이었는데 보내는 내 마음을 읽은 걸까, 이동하는 내내 빗줄기는 약해졌다 세지기를 반복했다.
　33년간 이사는 몇 번이나 했으며 옮길 때마다 눈칫밥은 얼마나 먹었는지. 녀석을 인정하고 따뜻하게 맞을 집에 가려고 긴 세월 동안 우여곡절을 겪었나 보다. 내 마음을 읽고 녀석을 받아줄 분과의 인연도 떠올려 보았다. 엮으려고 해도 마음대로 되지 않는 게 인연이 아니던가. 어떤 물건은 내치지 못해 힘들 때도 있지만, 이것은 얽힌 사연만큼이나 소중하고 기억하고 싶은 무엇이 있는 물건이었다.
　결혼 후 살림과 육아에 전념하느라 잠시도 눈 돌릴 틈이 없었다. 아이가 여섯 살이 되고 시간 여유가 생기면서 붓글씨를 계속 써보려던 참이었다. 마침, 부업거리를 찾던 옆집 새댁이 표구를 같이 배우지 않겠냐고 했다. 그때는 거실에 산수화나 붓글씨를 한 점씩 걸어 놓던 시절이었다. 두 사람은 의기투합하여 표구 강습에 빠져들었다.

서예, 산수화, 작가들에 대한 이론 수업을 시작으로 표구 이론과 실습으로 이어졌다. 서풍이나 화풍, 전반적인 미술 역사, 작품 보는 법까지 식견을 넓히는 데 도움이 되었다. 연습 삼아 액자 몇 개를 만들면서 자신감을 얻었고 직접 쓴 붓글씨로 두 쪽 가리개에 도전했다. 작품이 커서 한지 배접하기가 어려웠다. 목공 일까지 해야 하는 난이도 있는 작업이었지만, 완성하고 보니 제법 그럴싸했다.

다음에는 여덟 폭짜리 병풍을 만들기로 했다. 인사동 골목을 누빈 끝에 산수화와 추사 붓글씨를 구했다. 추사체는 획의 굵고 가늘기 만으로도 조형미가 느껴졌다. 여느 서체와는 다른 개성이 강한 필체다. 필요한 재료와 도구 구입을 위해 인사동을 수시로 들락거려야 했다. 산수화와 붓글씨에 걸맞은 비단 고르는 게 여간 신경 쓰이는 게 아니었다.

앞면은 고향을 그린 듯한 산수화, 뒷면은 추사 붓글씨로 용도별로 양쪽을 사용하도록 만들었다. 작품을 배접하고 말려들지 않게 하기 위해서 가끔 분무기로 물을 뿌리며 말렸다. 몇 번 반복 후 건조 판에 붙여 말린 다음 뜯어내 비단과 함께 붙이고 가장자리에 나무로 틀을 짰다. 오랜 시간 작업 끝에 완성한 병풍을 장롱 위에 모셔두니 뿌듯하고 든든했다.

이런 내 마음과는 달리 쓸데없는 짓 한다고 표구 작업하는 내

내 못마땅해하던 남편은 이사할 때마다 나에게 지청구했다. 이사 후 붙박이장이 장롱을 대신했으니 병풍이 있을 자리가 없어졌다. 키 큰 녀석이 다용도실 한쪽에 우뚝 서 있으니 문 열 때마다 거슬렸던 모양이다.

"이거 쓸 데가 있나?"

데려온 자식처럼 괜히 눈치가 보여 아무 말도 하지 못했다.

우리 집에서는 평생 빛을 못 볼 수도 있겠다는 불길한 예감이 들었다. 지금까지 쫓겨나지 않은 것만으로 고맙게 여겨야 할 판이었다. 남편에게 부아가 치밀었고 녀석에게는 미안했다. 내가 필요해서 공들여 만든 작품을 공간만 차지하고 걸리적거리는 물건 취급을 하다니. 더 이상 데리고 있을 이유도, 자신도 없었다. 내가 데리고 있는 것보다 가치를 인정해 주고 따뜻하게 맞아 줄 곳을 찾아보았다.

여의찮았다. 줄라치면 사양하면서 하나같이 계면쩍어하는 눈치였다. 고민 끝에 중고 물품 판매처에 내놓았다. 팔려 가더라도 필요해서 데려가는 사람이니 대우해 줄 거라는 생각이었다. 눈물을 머금고 말도 안 되는 가격으로 내놨는데 깎아 달라고 했다. '그걸 어떻게 만들었고 지금까지 어떻게 지켜왔는데' 하는 생각에 얼른 거둬들였다. 잠깐이나마 돈 몇 푼에 자식 같은 녀석을 팔아 넘기려 한 내가 잘못이지.

입양 보내기로 작정하고 나서 내 방 정면에 세워 두었다. 드나들 때마다 마주치니 더 애틋했다. 뜻이 있는 곳에 길이 있다던가. 지방에 계신 어르신께 병풍 이야기를 꺼냈다.

"공들인 작품을 그냥 가져올 수 있나, 내가 살게."

공들인 작품이라는 말에 가슴이 벅차올랐다.

"사긴요. 꼭 필요한 분이 가져가길 바랐는데 제가 감사할 일이죠."

간절히 기도하는 마음으로 녀석에게 마지막 눈인사를 건넸다. 긴 인생길에서 선물처럼 만난 녀석과의 연줄을 떠나보내며 삶의 무게뿐 아니라 욕심까지 함께 내려놓았다. 비는 여전히 내리고 있었다.

6·25 전쟁과 피난선

이정선
jungsunlee1221@daum.net

　밤새 70여 명의 피난민을 태운 배가 현해탄을 지날 때였다. 갑판 위에 미군용 담요로 겹겹이 몸을 덮고 누워 있던 우리는, 심하게 요동치며 덮쳐오는 파도에 온몸이 푹 젖은 채 꼼짝달싹할 수 없었다. 그렇게, 바닷속으로 휩쓸려 갈듯한 공포의 시간이 지나고 배가 현해탄을 벗어나자, 광란의 바다는 잠잠해졌고, 모두는 안도의 숨을 내쉬었다.
　새벽이 밝아 오면서 광활한 수평선 위로 불덩이처럼 솟아오르는 일출은 형언할 수 없는 장관이었다. 온 누리가 불타는 황금빛으로 생동하며 넘실대는 바다 여기저기서, 수많은 무지갯빛 날치가 부채 같은 지느러미를 퍼덕이며 솟구치더니, 갑판 위에 누워 있는 우리의 얼굴 위로 포말을 머금고 휙휙 날아올랐다. 그리고 반원의 천연색 스펙트럼을 그리며 다이빙하듯 다시 바닷속으로 사라지는 것이었다. 이렇듯 눈부신 진풍경에 압도된 나는, 피난선에 몸을 실은 비참한 상황도 잊은 채, 천상의 영상을 보는 듯한 황홀한 현기 속에서 그 광경을 영영 잊을 수 없게 되었다.

1946년, 공산화 되어가는 북한의 고향 땅을 등지고, 우리 부모님은 어린 4남매를 데리고 어렵사리 북위 38도선 이남으로 월남하였다. 그러나 전남 광주에 안주한 지 4년 만인 1950년 6월 25일, 북한 공산군의 남침으로 우리 가족은 또다시 피난길에 나서야만 했다.

경찰에 몸담고 계셨던 아버지는 국군과 함께 후퇴하게 되었고, 광주에 남아 있던 우리 가족은 정부 최종 피난지인 부산에서 아버지와 상봉하기로 하였다. 당시 38세의 젊은 나이였던 어머니는 이남에 와서 태어난 막내까지, 이젠 5남매가 된 자녀를 이끌고 여수로, 여수에서 부산까지 배편을 이용해서 피난 가야 하는 처지에 놓여 있었다. 열악했던 교통 사정은 고사하고 전쟁으로 북새통인 피난길이 그 얼마나 두렵고 막막했을 것인지…, 지금의 내가 생각해도 아찔할 뿐이다.

힘겹게 여수에 도착한 다음 날 아침, 우리 가족은 피난지 부산까지 가기로 한 선주船主의 가족과 친인척, 그리고 여수 경찰서장 B 씨의 가족 등을 비롯한 70여 명과 함께 배편에 어렵사리 편승할 수가 있었다. 선주는 부산까지 가는 대가로 쌀 세 가마를 요구했고, 어머니는 즉시 승선 값을 지불했다.

그런데 여수항을 출항하여 부산까지 직항해야 할 배가 무슨 영문인지 욕지도라는 섬에서 사흘, 매물도라는 섬에서 나흘이나 머무는 것이었다. 왜 일주일씩이나 이 섬 저 섬을 배회하면서 목적지인 부산에는 가지 않는 것인지, 어머니와 우리 가족은 너무나도 애가 탔다. 수상히 여겨져 살펴보니, 남침해 오는 북한군과 아군과의 대치 전황戰況을 알려주기로 한 여수 경찰서 무전선無電船을 기다리고 있었던 것이었다. 매물도에서의 마지막 날, 찾아온 경찰 무전선의 연락을 받고 작금의 전황을 알게 된 선주는 우리 가족에게 통보하기를 '이젠 피난 가기엔 부산도 위험하니 곧장 피난지를 일본으로 변경한다는 것'이었다. 이럴 수가 있을까…. 애당초 부산에 가기로 약조해서 이 배에 승선한 것이 아닌가. 부산에서 아버지를 만나기로 한 우리는 어쩌란 말인가! 어머니는 '제발 우리 가족만이라도 부산에 내려주고 일본에 가면 안 되겠느냐'고 통사정하였다. 그러나 표변한 선주는 그렇게는 못 한다고 하면서, 일본까지 피난을 함께 가든가, 아니면 통영에 내려줄 테니 육로로 부산까지 가든가 택일하라고 억지를 부렸다. 위기 상황에서 중대한 약조를 어긴 자가 도리어 갑질을 하면서 부산에 가려거든 통영에서 하선下船하라는 것은, 파죽지세로 남침해 오는 북 공산군에게 잡혀 우리 온 가족이 몰살당하라는 말과 진배없었다.

"이런 당신네를 믿고 이 배를 탄 것이 잘못이지, 별수 있나요? 그렇다면 일본이든 어디든 당신네 가는 곳까지 따라갈 수밖에요." 이렇게 말하고 어머니는 비장한 각오를 다졌다. 부산에서 아버지와 상봉하지 못하게 된 우리 가족은 생사 여부도 전할 길 없이 그네들 배의 포로가 되어 피난 아닌 피난으로 현해탄을 건너 일본 땅까지 끌려가게 된 것이었다.

알고 보니 애초 부산으로 피난 가려던 선주와 여수 경찰서장 B 씨네 가족이 결탁하여 밀수로 일본 엔화円貨를 구입하고, 전황에 따라 여차하면 일본으로 도피하기 위한 만반의 준비를 했던 것이다. 이처럼 미리 도모한 은밀한 결탁이 있었기에, 전쟁의 위급한 상황에서 공무수행 해야 할 여수 경찰서 무전선이 민간 피난선에 전황을 알려 주려 매물도까지 왔던 것이다. 뿐만 아니라 여수경찰서장 B 씨는 자기 처자식의 경호를 위해 국가공무원인 무장 경찰관을 승선시키는 월권까지 하였다. 더더욱, 거액의 경찰서 공금을 피난 가는 처자식 편으로 빼돌린 죄상까지 밝혀져 훗날 정부 피난지 부산에서 체포, 투옥되었다. 위기 시대의 종말 의식이 이들 내면 깊숙이 감추어진 이기적 욕망과 죄악의 모습을 밑바닥까지 드러내 보인 것인가?

   여름, 가을 그리고 겨울에 접어든 11월 말, 한국 피난민을 소환해 달라는 아버지의 청원으로 일본 이즈하라 수용소에 있던 우리 모두는 오끼나와에서 부산까지 가는 미국 무기 수송선에 편승하여 귀국할 수 있었다. 악몽에서 깬 듯한, 꿈만 같은 재회였다.
   70여 년이 흐른 지금에도 내게는 6·25 전쟁과 피난, 동족상잔의 비극적인 기억이 음화처럼 남아 있다. 그러나 피난선 위에서, 요동치는 파도에 온몸이 젖은 채 꼼짝 없이 누워 있던 내 얼굴 위로 일출과 함께 무지갯빛 포말을 뿌리며 날아오르던 날치들의 영상은, 어둠에는 빛이, 위기와 재난에도 소망이 함께한다는 상징적 메시지로 기억되는 것이다.

악몽

이정심
haenam24@hanmail.net

누군가 흔들어 깨운다. 거실에 있다가 나를 깨우러 뛰어 온 남편이다. 깨움을 당한 나는 눈은 뜨였지만 목에서 흐흐흑 흐느껴 우는 소리는 쉬이 그치지 않고 있다. 얼굴이고 베개고 온통 눈물로 젖어있다. 또 그 꿈을 꾸었다.

94년도의 더위는 참 대단했다. 200년 만의 더위라니 이전에는 그만큼 더웠던 해도 없었나 보다. 그해 초여름에 첫 아이를 낳았다. 채 못한 몸조리를 마저 하고자 해남 본가에 갔다. 바쁜 농사일에 정신없는 부모님 사이에서 갓난쟁이와 비비대고 있었다.

엄마는 온 동네를 수소문해서 아직까지 썩지 않고 남아 있는 해 지난 누런 호박을 구해왔다. 출산 후 별로 부기도 없는 것 같은데 산모라고 먹이고 싶었나 보다. 날도 더운데 가마솥에 호박을 안쳤다. 장작을 넣어두고 밭일을 하다 와서 솥뚜껑 한 번 열어 보고 아직 덜 고아졌는지 또 장작을 밀어 넣고 일하러 갔다.

읍내 사는 언니가 시골집으로 전화를 걸어왔다. 조금 떨어진 옆 동네에 감자 작업이 끝난 곳이 있으니 이삭을 주우러 가자는 전화다. 아무 생각이 없던 나는 좋다고 가자했다. 아기는 자고 있었다. 그 시간이 오전 10시쯤이었다. 언니는 버스 타고 오고 나는 걸어서 옆 동네에서 만났다. 모든 이삭줍기는 재미있다. 벼 이삭, 보리 이삭, 그중에도 수박 이삭줍기는 특히나 재미있다. 없을 듯하면서도 풀 속에 숨어 있는 걸 발견하면 찾아내는 보람도 크다. 감자 역시 그렇다. 온전하게 흙 속에 박혀 있는 것을 찾아내는 재미.

까만 봉지 한가득만 채워서 돌아오겠거니 하고 갔다. 언니의 손에 든 보따리에서 주섬주섬 꺼내는 것은 호미와 함께 커다란 양곡용 포대가 서너 개는 넘었다. 우리는 신나서 밭고랑 사이를 헤집으며 주워 담기 시작했다. 흐르는 땀을 손으로 훔쳐 가며 시간이 가는 줄 모르고 줍다 보니 젖가슴이 짜르르 아파왔다. 그때서야 생각났다. 내가 몸조리 중이라는 걸. 지금 아기 젖을 먹일 시간이라 젖이 돌고 있었다. 상황을 생각하니 갑자기 몸이 더워졌다. 더위는 내가 집에서 출발할 때도 대단했지만 지금까지 그걸 자각하지 못하고 있었다. 게다가 모자도 쓰지 않고 물도 챙겨오지 않았다. 넓디넓은 감자밭 한가운데라 더위를 피할 공간이 없었다.

나보다 세 살 위의 언니도 생각이 없기는 마찬가지였다. 내가 아기 낳았다는 걸 잊었는지 내 아기와 몸조리가 감자에게 후순위로 밀렸는지 모르겠지만 그걸 생각하기 전까지 우리는 즐거웠다. 커다란 포대로 서너 포대가 감자로 채워졌다. 시계도 없었고 시간도 알 수 없었다. 더위에 지치고 이젠 그만 줍고 싶었다. 이 많은 걸 다 어쩌지 싶었다. 집으로 가야되겠다고 언니에게 말했다. 언니는 형부가 일이 끝나는 대로 데리러 온다고 했으니 기다리라고 했다.

시간시간 젖이 돌고 아파왔다. 아기가 배고플 텐데 어찌할 바를 모르겠다. 기저귀도 봐줘야 하는데 걱정이다. 분유 먹는 아기라면 밭에 갔다 온 친정엄마가 혼자 누워 있는 아기에게 뭐라도 먹였겠지만, 모유 먹이는 아기에게는 엄마가 없으면 먹을 게 없다. 아기가 배고픔에 울다 지쳐 잠들었을지도 모르겠다. 차라리 그랬으면 좋겠다.

지금이라도 감자고 뭣이고 다 팽개치고 뛰어가고 싶었다. 신나게 감자 줍던 패기는 어디 가고 아기 걱정이 태산이었다. 내 몸이 갑자기 축 늘어지기 시작했다. 곧 있으면 태우러 온다던 형부는 감감무소식이다. 이젠 걱정하다 못해 눈물이 나기 시작했다. 언니도 걱정이던지 형부 차가 올 신작로 끝만 바라보고 있었다.

하늘은 파랗고 군데군데 구름이 몽실거린다. 멀리 산 어딘가에서 뻐꾸기 소리와 산비둘기 울음소리도 들려왔다. 평상시 같으면 평온한 풍경에 감동할 터이지만 지금은 이것마저도 아무 느낌이 들지 않는다. 뙤약볕이 내리쬐는 가운데 이따금 바람이 살짝 불었다. 그 바람결에 아기 울음소리가 들리는 듯했다. 도대체 형부는 언제 온다는 걸까. 신작로로 차가 한 대 보이면 형부차일까 싶어 깨금발을 들어 바라보길 수없이 했다. 빨리 오지 않는 형부가 원망스러웠다.

　형부의 차를 타고 집 마당에 도착하니 집안이 조용했다. 아기가 악을 쓰며 울면 냅다 방문을 열어젖히며 뛰어들 텐데 불안했다. 마루에 올라서기가 두려웠다. 방문 문고리를 잡는데 손이 달달 떨렸다. 아기가 잘못 됐으면 어쩌나 공포가 밀려왔다. 눈물이 쏟아졌다. 가슴이 사정없이 방망이질했다. 흐르는 눈물을 닦으며 떨리는 손으로 방문을 열었다. 아버지는 아직 들에서 안 들어오셨는지 엄마가 아기를 안고 있었다. 엄마는 호통치듯 나직한 목소리로 한 말씀 하셨다.

　"니가 정신이 있냐 없냐. 지금 시간을 봐라."

　벽에 걸린 시계를 보니 오후 4시가 넘었다. 무려 여섯 시간이 훌쩍 흘렀다. 다행히 아기는 평온하게 잠들어 있었다. 얼른 손을 씻고 와 엄마에게서 아기를 빼앗듯이 안았다. 아기가 배가 고파해야 젖을 물리지만 지금은 자고 있는 아기를 억지로 깨워 퉁퉁 불은 젖을 물렸다. 그제서야 온 세상 피곤이 다 몰려왔다.

　그 망할 놈의 감자를 먹었던 기억은 없다. 꼴도 보기 싫었다. 양곡 포대는 보통 40kg짜리다. 거기에 가득 담았으니 갯수로는 200여 개가 되려나? 엄마가 몇 개 쪄서 드시더니 맛도 없는 물감자라고 두엄더미에 왕창 쏟아부었던 것 같다.

　그 후론 오랜 세월 악몽에 시달린다. 아기를 찾아다니는 꿈이다. 어딘가 몇 년을 정처 없이 헤매다가 어느 순간 '아 맞다. 나에게 아기가 있었지'라는 생각이 든다. 그때부터 꿈속의 나는 울면서 아기를 찾아 여기저기 헤매 다닌다. 우여곡절 끝에 아기를 찾으면(그곳은 대부분 시골이었다.) 아기는 훌쩍 커서 엄마를 알아보지 못하고 빤히 바라보고 있는 꿈이다. 꿈에서 깨어보면 실상은 내가 늘 흑흑 흐느끼고 있다.

 그 아이가 지금 서른 살이 넘었다. 엄마가 걱정하지 않아도 될 정도로 홀로서기를 잘하고 있다. 어렵고 복잡한 일도 혼자서도 잘 헤쳐 나간다. 심지어 엄마인 나에게 훈수까지 둔다.

 "엄마는 그렇게 나약해서 이 세상을 어떻게 살아갈라 그래요?"
 아이에게 잔소리를 들어도 기분이 좋다. 내가 걱정할 일 없이 잘 살아가고 있다는 증거다. 이제는 울며불며 아기를 찾아다니는 꿈도 꾸지 않을 정도의 시간이 흘렀다. 그런데도 가끔 그 꿈을 꾸면 그 암담함에 하늘이 노랗다.

 오늘 마트에서 감자를 고르면서 피식 웃음이 났다. 아무 생각 없는 초보 엄마의 멍청한 짓과 쓰잘데없는 감자이삭줍기의 유혹이 평생 잊지 못할 이야깃거리를 안겨준 셈이다. 그뿐인가. 잊을 만하면 상기 시켜주는 악몽도 덤으로 따라다닌다.

잿머리 가는 길

이 제 봉
gemma9207@daum.net

내가 초등학교 5학년 여름방학을 앞둔 1950년 6월 25일, 인민군이 3.8선을 넘어 남침을 하였다. 라디오에서는 전쟁 상황을 매일 방송 하였고, 큰길에는 피난민들이 불안한 표정으로 보따리를 이고 지고 몰려오고 있었다. 어린아이들은 엄마와 아빠의 손을 꼭 잡고 종종걸음으로 따라간다. 조용하던 우리 마을도 술렁이기 시작했다. 아직은 전쟁에서 비껴 있었지만 비행기가 날아다니고 멀리서 대포 소리도 요란하게 들려왔다. 불안해진 동네 사람들도 짐을 싸서 피난 갈 준비를 하느라 어수선했다.

우리 집에는 둘째 언니가 만삭의 몸으로 파주에서 피난을 와 있었다. 곧 몸을 풀 것 같아 어른들은 걱정만 하고 있었다.
아버지와 어머니는 아이들만이라도 잿머리에 사는 아저씨 집으로 피신시키기로 결정하셨다. 아버지 일을 돕고 있는 김 씨 아저씨에게 부탁해서 셋째 언니와 나, 남동생 그리고 둘째 언니의 딸 숙이까지 지프차에 태웠다. 아버지는 차 문을 붙잡고, 우리에게는 "너희들, 아저씨 말 잘 듣고 건강하게 있어야 한다. 언니가 해산을 하면 우리도 그곳으로 간다."고 하셨다.

김 씨 아저씨에게도 "김 서방, 아이들을 잘 부탁하네. 자네가 많이 힘이 들거야." 하셨다.

아저씨는 "제가 잿머리에 여러 번 다녀봐서 길을 잘 아니까 걱정하지 마셔요." 하면서 아버지를 안심시켜 드렸다. 그 당시 잿머리는 큰 도로가 생기기 전이라 버스도 다니지 않았다.

그때 셋째 언니는 소화고녀 3학년, 나는 초등학교 5학년, 남동생은 1학년, 그리고 조카 숙이는 다섯 살이었다. 어디로 가는지도 모르는 우리들을 태우고 차는 넓은 대로로 가다가 좁은 비포장 도로로 들어섰다. 몰려오는 피난민 행렬 때문에 길이 막혀서 차는 천천히 거북이걸음으로 갔다. 그런데 소래다리에 가까이 왔을 때 갑자기 "꽝" 하고 요란한 소리가 들렸다. 육중한 다리가 폭격을 맞아 끊어졌다고 한다. 놀라서 창밖을 내다보니 다리 아래로 사람들이 떨어져서 피를 흘리며 여기저기 쓰러져 있고, 죽은 사람도 보였다. 무너진 다리 옆에는 쓰러져 있는 엄마의 손을 붙잡고 "엄마 빨리 일어나."라고 울부짖는 아이도 있었다. 너무 무섭고 불쌍해서 더 바라볼 수가 없었다. 차는 오도 가도 못하고 그 자리에 멈춰 섰다.

아저씨는 "어쩔 수가 없구나. 차에서 내려서 걸어가야겠다. 모두 자기 짐을 챙겨서 내리거라." 하였다.

아저씨는 운전대에서 손을 떼고 제일 큰 보따리를 짊어지고 내렸다. 언니는 무거운 미싱 머리를 짊어졌고 나와 동생은 작은 가방을 들었다. 영문을 모르는 숙이는 차에 그대로 앉아 있었다. 아저씨는 숙이를 안아서 짐 위에 올려놓고 끊어진 다리 틈새로 기어서 밖으로 나갔다. 우리들은 아저씨를 잃어버릴까 봐 아저씨 뒤를 바짝 쫓아서 걸었다. 시골길은 좁고 울퉁불퉁해서 힘이 많이 들었다. 그 많던 피난민들도 이 길에서는 거의 보이지 않았다. 꼬불꼬불한 산골길을 걷던 우리 눈앞에 가파른 언덕이 나타났다.

"너를 지고는 저 언덕을 넘을 수가 없구나. 숙아 너도 내려서 걸어가자." 아저씨는 숙이를 내려놓고 언덕을 오르기 시작했다. 나와 동생은 양쪽에서 숙이 손을 잡고 언덕을 기어서 올라갔다. 여러 번 뒤로 넘어질 뻔했지만 그래도 꼭대기까지 잘 올라갔다. 언덕 아래로 내려올 때는 다리가 후들거려서 쪼그리고 앉아 미끄럼을 타면서 내려왔다. .

아저씨가 "힘들었지. 여기서 조금만 쉬어가자. 해지기 전에 도착해야 하는데 걱정이구나." 하면서 짐을 내려놓았다. 그런데 숙이가 울기 시작했다.

"엄마, 엄마, 엄마한테 갈거야."

몹시 지친 나와 동생은 더 이상 숙이를 달래주지 않고 땅에 털썩 주저앉아 버렸다. 언니는 미싱 머리를 등에서 내려놓고 아무 말도 못했다. 나와 동생이 어깨를 주물러주려고 손을 댔더니 소스라치게 놀라며 손사래를 친다. 등이 많이 아픈 모양이다. 잠깐 휴식을 취한 뒤 아저씨는 다시 짐을 지면서 "그만 가자. 힘내라."

하며 재촉했다.

우리를 독려하면서 손가락으로 앞에 보이는 산을 가리켰다.

"저 산 모퉁이만 돌아가면 집이 보일 거다." 아저씨는 숙이를 다시 짐 위에 엎고 걸어간다. 숙이는 아저씨 목을 끌어안고 고개를 끄덕이며 졸고 있다. 어느덧 해는 산허리에 걸리고 발은 부르트고 터져서 아프고, 너무 지쳐서 주저앉고 싶었다. 산모퉁이를 돌아서니 아저씨 말대로 초가집들이 옹기종기 모여 있는 마을이 나타났다.

이곳은 전쟁이 일어난 것도 모르는 것 같았다. 너무 고요하고 평화로워 보였다. 집집마다 나지막한 굴뚝에서 하얀 연기가 피어오르고 있었다. 저녁밥을 짓는구나, 생각하니 갑자기 배가 고팠다.

김 씨 아저씨는 마을에서 제일 먼저 보이는 집 앞에서 걸음을 멈추었다.

"고생들 했다, 여기가 아저씨네 집이다."

집으로 들어가니 모두들 놀라면서 우리들을 맞아 주었다.

"얼마나 힘들었니? 고생들 많이 했다."

십촌 아저씨가 숙이를 받아 안고 마루로 올라가셨다.

저녁밥을 먹으려고 마당에다 큰 멍석을 깔고 둥근 상 두 개를 폈다. 무섭고 고생도 많이 했지만 배가 너무 고파서 모두 맛있게 먹었다. 숙이도 투정 안 부리고 밥그릇을 비웠다.

해가 지고 깜깜한 밤이 되니 하늘에는 별이 총총히 빛났다.

우리들은 아주머니를 따라 구석진 방으로 들어갔다. 전기가 들어오지 않는 곳이라서 호롱불에 불을 붙여 방을 환하게 밝혔다. 호롱불은 처음 보는 것이라 신기했다. 너무 피곤해서 자리에 눕자마자 우리들은 깊이 잠들었다. 하지만 곧 온몸이 가려워서 깊은 잠을 못 들고 수시로 일어나야 했다. 숙이도 이곳저곳 긁어달라며 계속 보챘다. 날이 밝자 서로의 모습을 보고 깜짝 놀랐다. 동생과 숙이의 얼굴은 빨갛고 퉁퉁 부어 있었다. 긁적거려서 옷을 벗겨보니 몸도 군데군데 빨갛게 부풀어 있었다.

아주머니가 우리들을 보시더니 깜짝 놀라셨다.

"어머나, 이를 어쩌냐? 방에 빈대가 있었구나. 바닷물에 가서 씻어야 되겠다." 하신다. 우리들은 김 씨 아저씨를 따라 바다에 가서 짠물로 몸을 씻었다. 다행히 바다는 집에서 멀지 않았다. 바닷물로 씻으니까 긁어서 난 상처가 쓰라리기는 해도 가렵지는 않았다.

십촌 아저씨가 마른 풀에 불을 붙여 방에 들여놓고는 연기가 피어오르자 방문을 꼭 닫고 나오셨다. 한참 후에 방문을 열고 들어가더니 "빈대가 연기에 취해서 모두 방바닥에 떨어졌구나." 하시며 빗자루로 빈대를 쓸어 담아 모두 불에 태웠다. 그렇게 3일 동안 연기를 피우니 더 이상 빈대에게 물리지 않았다. 우리들은 매일 바닷물에 몸을 씻으러 다녔는데 이후로는 빈대가 물지 않아서 가렵지도 않고 상처도 아물어 갔다.

이곳은 바다가 가까이 있어서 물고기도 잡지만 물이 빠지면 갯벌에 가서 게도 잡고 맛조개도 잡았다. 우리들은 오빠들을 따라가서 구경도 하고 잡는 법도 배웠다. 구멍이 두 개 있는 곳에 소금을 뿌리면 물이 위로 올라온다. 언니는 빨리 배워서 잘 잡았는데, 나하고 동생은 한 마리만 잡아도 신기해서 개선장군같이 소리 지르며 기뻐했다.

바닷가에서 빨간색 나물도 뜯어왔다. 나문재라고 하는데 봄에 먹는 나물이란다. 여름이라 나무같이 뻣뻣해져서 손으로 잎만 훑어왔다.

아주머니를 따라서 밭에 가서 누렇게 익은 호박도 따왔다. 아주머니가 파란 콩을 넣고 노란 동부 콩도 넣어서 호박 풀데기를 쑤어 주셨는데 빛깔도 곱고 맛이 달콤했다. 오빠들이 개구리를 잡아서 뒷다리를 구워주면 숙이는 맛있게 잘 먹었다

이곳에 피난 온 지 그럭저럭 두 달이 되었다. 처음에는 낯선 곳이라서 모든 것이 불편하고 적응이 안 되었지만 이제는 많이 편안해졌다. 아침밥을 먹고 김 씨 아저씨가 우리들을 불렀다.

"나는 오늘 집에 간다. 너희들이 건강하게 잘 지내고 있다고 아버지께 전해드리고 빨리 돌아올게."

방으로 들어간 아저씨는 작은 보퉁이를 짊어지고 나왔다.

며칠 뒤 점심을 먹고 있는데 김 씨 아저씨가 환하게 웃으면서 들어왔다.

"얘들아, 아버지가 너희들 집으로 데려 오라고 하셨어."

무겁게 지고 온 떡을 마루에 내려놓고 큰 소리로 말을 했다.

십촌 아저씨가 물었다.

"그게 무슨 소린가? 아이들을 데리러 왔다니."

"네, 인민군이 들어와 있긴 한데 전쟁은 안 하니까 아이들을 데려오라고 하셨어요." "너희들도 해지기 전에 집에 도착하려면 서둘러야 한다."

김 씨 아저씨가 재촉을 하자 우리는 방에 들어가 짐을 꾸려가지고 나왔다. 아저씨는 제일 큰 짐을 짊어지고 그 위에 숙이를 번쩍 들어서 얹었다. 우리들은 빨리 집에 가고 싶은 마음에 발이 부르트고 터져서 아파도 꾹 참고 걸었다. 해가 지고 깜깜한 밤이 되어서야 집에 도착했다.

어머니와 아버지가 뛰어나오셨다.

"고생들 했다. 어서 들어가자."

백구도 낑낑거리며 꼬리를 흔들고 동생의 얼굴을 핥는다.

숙이는 엄마를 보자 서러운 울음을 터트렸다. 그래도 엄마 품에 곤히 잠들어 있는 애기를 보자 손을 만지작거렸다.

할머니가 "숙아, 네 동생이야, 엄마가 낳았단다. 이름이 경식이야. 한번 불러봐." 하셨다. 어머니는 부엌으로 들어가 서둘러서 저녁밥을 지어놓고 "얼마나 배가 고프겠니? 어서 밥 먹자." 하셨다.

오랜만에 어머니가 정성껏 지어 주신 밥을 맛있게 먹었다.

어머니는 서둘러 상을 물린 후 "많이 힘들었을 텐데, 어서 방에 들어가서 자거라." 하셨다.

방문을 여니 이불이 깔려 있고 우리들 베개가 놓여 있었다. 동생은 베개를 꼭 끌어안고 잠이 들었다. 집에 오니 모든 것이 새롭고 반가웠다.

 아침을 먹고 동생하고 큰 대문을 열고 밖으로 나갔다. 그런데 경인 도로에 어깨에는 총을 메고 붉은 줄이 있는 모자를 쓴 인민군들이 길게 줄을 서서 구령에 맞추어 행진을 하고 있었다. 나는 처음 보는 인민군이 무서워서 동생의 손을 잡고 대문을 꼭 잠그고 다시 집으로 들어왔다.

 잿머리는 여기서 먼 곳도 아닌데 인민군을 보지 못했다.
 산으로 둘러싸인 작은 어촌이라 눈에 띄지 않아서 인민군이 비켜갔나 보다. 그곳에 사는 사람 중에는 전쟁이 일어난 것을 모르는 사람도 있었다. 천둥벌거숭이 같은 우리들을 품어서 보호해주고 지켜준 잿머리다.
 칠십년이 지난 지금도 꿈결처럼 아득하게 떠오른다.
 전쟁이 온 나라를 짓밟아 버렸지만 잿머리는 전쟁을 몰랐다는 사실이 여전히 수수께끼다. 전쟁 중에 누군가는 죽었고 또 새로운 생명은 태어났다.
 처참하게 짓이겨진 산야에 한송이 꽃처럼 태어난 아기는 예쁘고 아주 건강하게 자랐다.
 느닷없이 부모님과 헤어져 피난길에 올랐던 아이들, 짧은 두 다리로 기어서 힘들게 언덕을 올랐던 그해 여름, 잿머리 가는 길을 나는 평생을 두고 잊지 못한다.

강화의 멋, 인생의 맛

이채영
dudhkd7775@hanmail.net

잠을 설쳤다. 마음이 조급해져 손가락으로 머리를 빗어 넘기는 시늉만 하고 세수도 미룬 채 남편과 함께 강화도로 향했다. 기상청은 제8호 태풍 '바비(Bavi)'가 우리나라 서해를 약 155km/h(43.2m/s)의 속도로 강타하며 지나갈 것이라 했다. 누리꾼들은 기상청 예보를 두고 분분하다. 다행히 예상보다 풍속도 약해지고, 경로도 서해 해상에서 더 먼 바다 쪽으로 치우치며 강화 지역에는 관용을 베풀고 빠져나갔다.

강화에 도착하자마자 남편은 집주변을 살폈고, 나는 작은 뜰과 텃밭이 있는 앞마당 쪽으로 달려갔다. 평화롭다. 꽃나무와 화초, 텃밭의 채소 등 아무것도 다치지 않았다. 뒤쪽으로 이어진 고구마밭에선 윤기가 반지르르한 고구마 순들이 사방으로 손을 뻗으며 영토확장 중이다. 두둑한 이랑 속에서는 아마도 고구마 뿌리가 새끼들을 살지게 보듬고 있을 터이다. 태풍이 방향을 조금이라도 틀지 않았더라면 이 어여쁜 자식들은 혼비백산하여 까무러쳤을 것이다. 입에서 감사의 기도가 쏟아져 나왔다. 참 다행이다.

작년 봄부터 강화도 진강산자락에 보금자리를 마련했다. 터다지기를 시작으로 흙을 달래가며 곱게 펴놓은 자리에 주춧돌을 괴었다. 내 손으로 집을 짓는 일은 진행되는 과정마다 많은 정보와 결정이 필요했다. 집 짓기를 시작해서 준공 허가와 보존등기까지 마치고 나니, 꽃샘추위에 쭈뼛거리던 새봄은 어느새 산벚나무 우듬지에 올라서서 꽃봉오리를 틔우려 바둥거리고 있다. 이제부터가 본격적으로 내 집 가꾸기 시간이 온 것을 직감하는 순간이다.

올해 초에 발생한 '코로나19'가 급속도로 번지며 세계적인 범유행(pandemic)을 몰고 왔지만, 우리 부부는 강화가 있어서 덕분에 힘든 시기를 잘 보낼 수 있었다. 봄부터 여름까지 서울서 한 시간여 걸리는 거리를 마다하지 않고 일주일에 사오일을 무던히도 왕래했다. 텃밭을 만들고 묘목과 꽃나무를 심으며 인생 이모작의 새로운 발걸음을 성큼 내디뎠다. 임야였던 땅이라 옥토를 만들기 위해 돌을 고르고 또 골라내며 수없이 쇠스랑질을 했다. 그 위에 좋은 유기농 거름을 골고루 섞는다. 그런 후, 살지게 고랑을 만들고 검정 비닐을 덮어 잡풀이 들어앉을 자리를 미리 차단한다. 이것도 농약을 치지 않고 일손을 덜 방법이라니 초보 농사꾼은 배우는 대로 놓치지 않고 흉내를 냈다.

소싯적에 농부의 아들이었다는 남편의 삽질은 봐 줄 만했다. 상추, 쑥갓, 고추, 가지, 호박 오이, 참외, 수박 등을 심으며 잘 자라 달라고 허리를 굽혀 공손하게 당부하는 과정을 잊지 않았다.

입에서 단내가 난다. 헉헉거리는 나를 보며 피식 웃는 남편의 얼굴에는 행복이 주렁주렁 걸려있다. 부모가 되고 자식을 키우다 보면 간절한 기도를 해봤을 것이다. 강화에 와서 흙을 만지며 농작물을 향한 믿음과 사랑도 자식 키우듯 생겨났다.

벌써 여름의 끝자락에 와 있다. 유별나게 길었던 올 장마가 지나가기 무섭게 초강력 태풍들이 이름을 앞세워 겁부터 준다. 강화에 터를 잡으면서부터 알게 된 이곳 날씨는 섬(島)의 특징을 그대로 보여주고 있다. 한마디로 변덕스럽다. 서울은 맑은데 여기는 비바람이 한바탕 휩쓸고 지나갈 때가 종종 있다. 맑다는 일기예보를 전제로 맘 놓고 밭일 거리를 풀어놓았는데, 고랑에 씌어놓은 검정 비닐 위에서 '따다다' '후두두' 빗방울 전주곡이 들려올 때가 있다. 이 소리를 눈치채지 못하고 맑은 하늘만 믿고 방심하다 간 옷을 홀딱 적신다. 종아리에 착 엉긴 작업복을 떼어내며 밭에서 어기적거리고 나오면, 하늘은 이내 신천지 창조라도 할 듯 구름 틈바귀를 뚫고 셀 수 없는 빛줄기들을 쏘아댄다. 태양이 서서히 은백색 구름 위로 위용을 드러내어 작열할 땐 농작물은 차치하고라도 내 몸은 번번이 수분을 다 빼앗기곤 했다.

눈만 남기고 얼굴을 다 감출 수 있는 넓은 챙 모자를 쓰고, 엉덩이에는 딱 달라붙는 방석 의자를 매달고 뒤뚱대며 횡보하는 내 모습이 이젠 낯설지 않다. 누가 봐도 알아보기 어려운 모습에 순간 장난기가 발동했다. 일 중독자인 남편을 불러 기념될 만한 사진으로 한 컷 남겨달라고 부탁했다. 휴대전화에 들어간 외계인의 얼굴을 확대해서 알아볼 수 없는 상태인 것을 확인하고는 만족스러워 한참을 감상했다. 작년만 해도 이미지 관리하며 은근히 고상을 떨어댔던 내가 아니었든가. 이런 모습의 사진이면 감히 누가 볼까 창피해 숨길 터인데, 정작 이 사진을 보면서 맨 먼저 누구에게 보내줄까를 궁리하고 있다. 이제는 마음속까지 진짜 농촌 아낙이 되어가나 보다.

반평생을 넘게 달려온 내 생의 터전 속을 되돌아보니 수많은 돌부리가 나를 넘어뜨리곤 했었다. 비틀거릴지언정 걷어차이지 않으려 일어나 걸었고, 때론 견주기도 하며 긴장을 늦추지 않고 살았다. "인생이란 태어나자마자 멋진 스포츠카를 선물 받고 곧바로 키를 잃어버린 것과 같다. 그래서 그 키를 찾아 나가는 과정이 인생이다."라고 모 대학 교수님이 강의 중에 들려주신 말씀이 생각난다. 애초에 불모지 땅에서부터 돌을 골라내고 옥토를 만들어 가며 살아왔다는 생각이 든다. 어쩌면 인생은 골라내야 할 걸림돌에서부터 시작일지도 모른다.

마당에 서서 현관을 바라보니 서까래까지 받치고 있는 듯한 튼실한 대들보에 시선이 꽂힌다. 듬직하다. 지난 시간을 머릿속으로 그려보니 '인생 별거 있나, 이러면 된 거지' 하는 감사를 담은 행복한 미소가 가을 수국처럼 하얗게 피어났다.

비 오는 날의 단상

이 희 도
leehd3737@naver.com

비 오는 날 공원을 산책한다.

우산에 떨어지는 빗방울 소리가 피아노 건반을 두드리는 쇼팽의 빗방울 전주곡 같아 다정스럽다. 때로는 음정을 나타내듯, 때로는 강약을 나타내듯 들려와 마음에 위무를 받는다. 빗소리를 음미하며 걷고 있으면 마음에 평온을 찾을 수 있어서 좋다. 나뭇잎이 살랑거릴 때마다 숲의 상큼한 향기가 바람에 실려 온다. 초목은 빗방울로 목을 적시며 기지개를 켜고 있다. 잎사귀마다 먼지를 씻어내며 웃음 짓는 소리가 들리는듯하다. 새소리, 바람 소리, 빗방울 소리, 나뭇잎 소리와 마음을 주고받으며, 흥얼거리며 걷고 있다. 꽃은 목말라 시들시들하던 모습에서 벗어나 춤을 추고 있다. 새들도 노래하며 활동이 민첩해진다. 수목은 빗물에 안정을 찾고, 물을 가지와 잎사귀로 보내느라 분주하다.

물을 생명수라 했다.

초목의 잎사귀를 타고 흘러 땅으로 스며들어 뿌리를 적시고 낮은 곳으로 흘러간다. 비를 맞고 있는 꽃을 보면 마음이 아프다. 빗방울에 꽃잎이 떨어질까 봐 조바심을 친다. 꽃잎에 빗방울이 떨어져도 아무 일 없다는 듯 싱싱한 모습을 보니 안심이 된다.

비 오는 날 공원을 걷고 있으면 그냥 좋고, 웃음꽃이 핀다. 날씨가 건조할 때는 보이지 않던 이끼가 비를 맞으니 잎을 쫑긋 세우고 나풀나풀 거리며 손짓한다. 그곳에 까치가 찾아와 이끼의 틈새 흙을 부리로 파헤치며 무엇인가를 먹고 있다. 자세히 살펴보니 곤충 등을 찾아 먹이로 먹고 있다. 먹잇감이 흙 속에 있다는 것을 어떻게 알았을까? 까치의 힘겨운 먹이활동에 애잔함을 느낀다. 곁에 있는 비둘기와 참새는 흙을 파지 않고 먹이를 먹고 있다. 모두 같은 조류이면서 먹이 찾는 방법에 차이가 있는 것이 신기하다.

노자老子의 도덕경道德經에 상선약수上善若水라는 말이 있다. 최고의 선은 물과 같다는 뜻으로, 만물을 이롭게 하는 물의 성질을 최고의 이상적인 경지로 삼는 도가道家의 말이다. 물은 만물을 이롭게 하는데 뛰어나지만 다투지 않고 기꺼이 낮은 곳에 머문다. 물은 만물을 이롭게 하지만 공을 다투지 않는다. 물은 단순하고 유연하지만 억겁의 시간에 걸쳐 지속적으로 물방울을 떨어뜨려 단단한 바위를 뚫거나 다듬을 수 있는 힘을 가지고 있다.

물은 태양, 공기와 같이 모든 생명체에 없어서는 안 될 가장 필요한 것이지만, 우리는 그 고마움을 잊고 있다. 삼라만상은 물을 먹으며 생명을 보전한다.

 비는 조용히 내리지만 때로는 소나기가 많이 와서 피해를 입히기도 한다. 호우가 집중해서 많이 오면 강물 등이 범람하여 주택이 물에 잠기는 등 수해를 입기도 한다. 또 천둥과 번개가 치면서 벼락이 떨어지는 경우도 있다. 물은 필요로 하는 곳이 많고, 만물에 이롭지만 가끔은 피해를 입히는 경우가 있어 잘 다스려야 한다.

 우리는 많은 사람들과 교제하며 살고 있다.
 만남이나 사귐에는 따뜻한 사랑이 최고의 덕목德目이라 할 수 있다. 서로에게 물과 같이 꼭 필요한 존재가 되어야 할 것 같다. 사람들이 살아가는데 어찌 화창和暢한 날만 있겠는가? 구름 끼고 비가 오며, 번개 치며, 우르르 쾅쾅 천둥치는 날도 있을 것이다.
 풀과 나무와 조류가 어깨를 기대고 있는 다정한 모습이 음악의 하모니 같다. 공원길을 걷고 있으면 따뜻한 정을 느끼고, 사랑을 나누는 모습을 볼 수 있어서 좋다. 공원길을 걸으면서 정을 나누고 사랑하는 방법을 배워야 할 것 같다.

동그라미의 말

임영도
ydlim8283@daum.net

동그라미가 잔잔한 미소로 속삭이듯 말을 건네온다. 호젓한 산사의 연못에 동그란 연꽃 사이로 떨어지는 빗방울이 방울방울 동심원을 그린다. 무심히 바라보는 동그라미가 눅진한 마음의 문을 열고 어린 시절, 삶에 지친 어머니에게 했던 기쁨의 말을 소환한다. 시험지에 빨갛게 새겨진 두 개의 동그라미는 으뜸을 앞세우는 '1'과 함께 어머니를 환하게 미소 짓게 하는 행운의 숫자였다. 그 숫자는 세월을 거쳐도 변하지 않는 언어로 대물림되어 내 아들들, 손주들에게까지도 희망의 소리로 이어왔다.

동그라미는 굳이 글과 말이 필요 없는 불립문자不立文字다. 아이들이 자라면서 제일 먼저 그리는 도형이 동그라미이며 어른이 되어서는 수많은 동그라미를 읽으며 긍정의 마음을 키운다. 자연 속의 생명은 둥근 것이 시작과 완성의 바탕이다. 식물의 씨앗과 열매도, 동물의 알도, 이것들을 바라보는 동물의 눈동자도, 생각을 담는 사람들의 머리도 모두가 둥글지 않는가. 하늘의 별, 달, 행성, 태양도, 사람들이 살아가는 지구도, 모두 둥근 모습을 숨긴 채 서로 조화로운 원운동을 유지하며 자연의 변화를 이끌고 있다. 자연 속의 동그라미는 생명의 밑바탕이다.

동그라미는 자연과 사람을 화합시키는 형상形象언어다. 자연은 은근하게 소곤대고 감정 섞인 악담을 하지 않으며 가슴을 찌르는 아픈 말도 하기 싫어한다. 부드럽고 듣기 좋은 긍정의 소리로 거친 언행을 만류하며 어깨를 감싸준다. 현란한 말솜씨를 뽐내지 않고 점잖게 은유의 말로 타일러 스스로 깨닫게 한다. 사람은 말로써 듣는 이의 마음속에 보이지 않는 형체를 그린다. 비난과 부정의 말은 뾰족한 칼날 같은 직선이지만 희망과 긍정의 말은 안정감 있는 세모의 모습이다. 격려와 포용의 말은 넉넉한 네모로 자리 잡고 사랑과 칭찬의 말은 동그라미를 그린다. 동그라미와 자연은 생김새부터 닮아있고 바라보는 목표도 비슷하여 사람들이 매력을 느끼고 친근함을 갖고 있는 게 아닐까.

원은 수많은 점이 규칙적으로, 때론 자유롭게 가운데를 향해 모여서 처음과 마지막을 이은 영원과 완성의 공空이다. 원은 각진 모서리를 갖고 있지 않으며 엄격한 규칙을 강요하지 않는다. 원은 방향이 둘밖에 없다. 상하좌우도 없이 시계방향과 반시계 방향만 시간 따라 움직이며 이어진다. 시계방향은 자연의 시간을 규칙과 원칙을 담아 흐르게 하고 반시계 방향은 인간이 만드는 시간을 자유와 역행으로 넘나들게 한다. 원이 품고 있는 공간은 안과 밖 두 곳밖에 없지만 그 공간 속에는 어떠한 형태도 품어 안을 수 있을 만큼 넉넉함이 있다.

　원운동은 눈에 보이지 않는 힘을 품고 있다. 자연 속의 여러 다른 도형에서는 볼 수 없는 합심合心을 이끌어 내는 구심력求心力이다. 우주의 위성들이 자전과 공전을 하면서 저마다의 자리를 지켜내는 관성慣性의 힘, 하늘의 빗방울이 바다에 모였다 다시 구름이 되는 기류氣流의 힘, 나무의 꽃망울이 터져 나와 씨앗으로 재생되는 자연순환의 힘, 모두 본연의 중심으로 모이려는 대자연의 원력原力이 아닐는지. 갈지 자 행보로 살아가는 우리의 삶은 구심求心보다는 원심遠心이 타성惰性으로 자리 잡고 비틀거리며 방황하기 일쑤다.

　오래전, 초파일 날 속리산 법주사에서 '탑돌이'의 불교행사를 본 일이 있다. 불탑을 가운데 두고 두 손을 모은 스님들과 불자들의 행렬이 왼쪽(시계방향)으로 돌며 주문을 외고 평안를 기원하는 '돌기 의식'이다. '탑'은 하늘을 향해 높이 쌓아 올린 불심의 상징이며 '돌기'는 땅 위에 둥글게 펼쳐놓는 공생의 울타리를 만드는 실행이 아닐까. 마음속에 자리 잡은 모래알 같은 상념을 한마음으로 끌어모아 공동체 속에서 일원一員이 되게 하는 의식이 놀이로 변모되었다. 걷고 돌면서 그리는 원은 화합을 갈구하는 평등의 말을 노래한다. 구경꾼에서 슬쩍 대열에 끼어들어 하늘을 바라보니 우주 속의 별 하나가 된 기분이었다. 원을 그리며 탑 주변을 돌 때는 몸은 그림자를 거느리고 생각과 함께 돌며 몸과 마음은 하나가 된다. 그 자리엔 나는 사라지고 우리만이 '비나리'의 소원을 중얼거리며 돌고 있었다.

숫자 '0'의 동그라미를 만나면 '시작'과 '없음'이 말을 걸어오고 음과 양의 경계가 자리를 잡는다. 원은 텅 비어 아무것도 없는 게 아니고 무량무수無量無數의 무한성으로 완성을 추구하는 절대자의 언어가 아닐까. 동그라미를 위에서 눌러 골짝을 만들고 아래를 당겨 능선을 만들면 심장(Heart)과 사랑(Love)의 그림글자(♡)가 된다. 동그라미는 일등도 꼴등도 차별 않고 예쁨과 미움도 구분 없이 한 몸에 감싸 안고 사랑으로 어깨를 다독이는 우리들 어머니의 언어를 닮았다.

  동그라미는 우리 모두의 마음의 고향이다. 그 속에 동심童心을 담고 동산을 그리며 어머니와 보름달도 채운다. 어릴 때 무심코 그린 동그라미는 생명의 원천인 어머니의 뱃속 모습이 아닐까 싶다. 그곳에서 바라본 하늘의 형상이 태어난 세상에서 보는 무한한 우주의 원이 아닐는지. 연못의 연꽃 봉우리에 살포시 피어올랐던 동그란 어머니의 얼굴이 물 동그라미에 어리다 가뭇없이 사라진다.

제4부

임영숙
임영애
장규섭
장수영
장희숙
전해숙
정의채
정하정
조문자
진 현
최미지
최영식
최점순
최현숙
허모영
허열웅
허정열
황성규

소확행

임영숙
sharon0728@daum.net

처음 '소확행'이라는 말을 들었을 때, 새로 발견한 행성 이름인가 생각했다. 알고 보니 '소확행'은 일본의 소설가 무라카미 하루키의 수필집 『랑게르한스섬에서의 오후』에서 처음 사용된 말로 '소소하고 확실한 행복'을 뜻했다. 갓 구운 빵을 손으로 찢어 먹는 것, 새로 산 정결한 면 냄새가 풍기는 하얀 셔츠를 머리에서부터 뒤집어쓸 때의 기분을 소소하지만 확실한 행복으로 정의하였다.

나의 소확행은 무엇인지 생각해 본다.

깊은 호수같이 푸른 하늘이나 만지면 몹시 부드러울 것만 같은 새털구름, 목화송이 같이 몽실몽실한 뭉게구름, 신비로운 양떼구름이 천천히 흐르는 하늘을 바라보는 것. 먼 하늘을 가만히 보고 있노라면 시름이 걷히고 잔잔한 평화가 임한다.

연둣빛 작은 이파리가 도란도란 속삭이며 돋아나는 희망찬 봄

나무, 청춘같이 씩씩하고 무성한 여름 나무, 찬란하게 빛나는 오색 단풍의 깊은 가을 나무들 사이를 천천히 거닐 때, 나무들이 조용히 건네는 따뜻한 위로와 격려의 말을 듣는다.

햇살에 비쳐 투명한 갈대와 바람결 따라 춤추는 알록달록한 코스모스 들판, 순백의 눈 덮인 산야와 같은, 계절마다 변화하는 자연의 경이로운 아름다움을 마주할 때, 하나님이 만드신 이 세상은 정말 멋지지 않은가!

자매나 친구들과 모여 맛있는 음식을 함께 먹으며 떠는 수다. 남편, 자식 흉도 보며 그동안 쌓인 스트레스를 하늘 높이 날려 보낼 때. 갈대로 둘러싸인 호수에는 청둥오리들이 유유히 놀고 있고, 사랑스러운 강아지들이 주인의 손에 이끌려 아장아장 걸어오는 모습을 바라보며 창릉천변을 산책할 때. 가끔 머리가 복잡할 때면 코바늘뜨기로 수세미나 작은 핸드폰 가방 같은 것들을 뜨는데, 다 완성했을 때의 성취감. 냉장고 안에서 굴러다니던 자투리 채소들이 근사한 샐러드 한 접시로 뚝딱 만들어졌을 때의 기분. 밝은 햇살 아래, 은은하게 퍼지는 커피 향을 맡으며 모차르트의 경쾌한 피아노협주곡을 들을 때. 쌉쌀한 커피와 함께 달콤한 비스킷이 입안에서 사르르 녹을 때, 작지만 확실한 행복을 느낀다.

남편과 나는, 산속에서 혼자 사는 사람들이 자연과 함께 살아가는 생활을 보여주는 티브이 프로를 즐겨본다. 그들이 맑은 숲속 공기를 마시며 약초를 캐고 자연에서 얻은 것들로 단순하고 건강한 음식을 만들어 먹는 것을 보며 그들의 행복을 나도 간접적으로나마 잠시 느껴본다.

한 일간지에 어떤 소설가가 쓴 칼럼에 이런 글이 실려 있었다.

"잭 길버트의 시「변론 취지서」에는 '우리는 과감히 기쁨을 추구해야 한다. 쾌락 없이는 살 수 있지만, 기쁨 없이는 안된다. 이 세상이라는 무자비한 불구덩이에서 고집스럽게 기쁨을 받아들여야 한다.' 이 적확한 시인의 말에서 우리가 기억해야 할 건 '기쁨'이 아니라 '고집스러운 기쁨'이다. 한 번뿐인 삶을 충만하게 살고 싶다면 우리는 고집스레 기쁨을 찾아내야 한다."

소확행의 순간들이 많아지면 더 많은 기쁨을 소유하게 되리라. 삶의 어려운 상황 속에서도 작은 기쁨, 소소한 행복을 찾아내고, 불행하게 생각되는 일 가운데서도 고집스레 감사와 기쁨을, 행복을 찾아내는 사람이 되어보련다.

묵은 삶의 모정

임영애
limya786@hanmail.net

깊은 사랑에도 불구하고 우리 모녀간에는 갈등이 있다. 푹 익은 감자와 설익은 감자가 서로 다른 질감으로 한 솥에서 삐거덕거리는 형상이다. 사유와 경험 폭이 서로 다른 데서 오는 차이다. 사실 서운함은 잠깐이지만 나의 비애는 크다.

사랑스럽기만 하던 어린 자식이 이십대가 넘어서면서 자기주장을 앞세운다. 대놓고 현실적 이기심을 표출하거나 경제적 혜택을 은근슬쩍 바라는 눈빛이 번득일 때도 있다. 자식인데도 모성이 무색해지는 때가 종종 있다. 그럴 때면 인간 본성 모순을 내게서 본다. 반세기 이상 묵은 삶의 지혜로도 참을 수 없을 때가 많다.

입덧으로 냉장고 문도 못 열고 요리를 할 수가 없다는 큰딸 전화를 받았다. 임신 초기에 냉장고 냄새를 못 맡던 내가 생각나 걱정되었다. 임산부 입에 맞을 만한 음식 몇 가지를 준비하고 잘 숙성된 복숭아도 넣어 딸이 사는 대구로 보낼 짐을 꾸렸다. 꽉 찬 아이스박스가 제법 무겁다. 다음 날 아침, 우체국에 가려는데 폭우가 쏟아졌다. 출근하려는 둘째 딸에게 잠깐 우체국에 데려다 달라니, 늦어서 서둘러 가야 한다며 부리나케 나가버렸다. 어쩔 수 없었다. 금요일이라 마음이 바빴다. 아이스박스를 큰 가방에 넣어 어깨에 메고 우산을 들고 택시라도 잡으려고 나섰다. 먼저 가던 딸이 보다 못해 말했다.

"가다가 떨궈 줄게."

마지못해 하는 한마디가 고맙기보다는 서운함으로 밀려왔다. 그래도 못 먹고 있을 큰딸 생각에 따라나섰다. 차에서 내려 우산을 쓸 겨를도 없이 우체국 문으로 돌진했다. 창구 직원은 "많은 비로 교통이 두절된 곳이 있어 월요일에나 들어갈 수도 있다."라고 했다. 다음 날 배송될 가능성이 적다고 해도 월요일까지 제대로 먹지 못할 자식을 생각하면 보내지 않을 수가 없었다. 그동안 내 생각이나 생활은 자식이 1순위였다. 내 삶은 늘 그들에게로 향해 있었다.

다음 날 아침 도착지에 잘 발송되었다는 우체국 문자를 받았다. 다행이다 싶어 안도했지만 잘 받았다는 딸의 연락은 없었다. 한참 지나도 딸의 반응이 없어 전화해 보았다. 딸의 목소리가 갑자기 귀를 때렸다.

"엄마가 전에 보낸 것들도 냉장고에 가득해. 다 버려야 하는데 왜 또 보내서 힘들게 해. 택배 상자 받다가 허리가 삐끗했잖아."

묵은 삶의 모정이 신세대의 자식에게 제대로 전달되지 못했던가 보다. 예상과 다른 대답에 가슴이 서늘해지고 몸의 기운이 빠졌다. 아무 말도 하지 않고 전화를 끊었다. 초기 임산부의 예민한 심리를 감안해도 가슴은 쓰렸다. 늙어가며 여기저기서 적응하지 못하고 무시당하는 것 같아 자괴감이 드는데 자식들마저 이러니 속이 아렸다. 평생 정열을 가지고 몰입했던 자식에게 이런 말을 듣는 게 한두 번이 아니지만 가끔은 나를 슬프게 한다. 사랑을 보여 주는데 미숙한 아버지의 몫까지 감당하느라 힘겨웠다. 요즘 들어 등은 자꾸 땅에 닿으려 하고 서러움이 때도 없이 꿈틀대곤 한다. 그럴 때면 딸에게 보낸 최고급 복숭아 같은 것을 나 먹자고 사 본 적이 없다는 생각이 슬며시 고개를 들곤 했다.

매사에 발을 앞으로 내디뎌야 하는지 뒷걸음질 쳐야 하는지 헷갈릴 때가 잦다. 나이 듦은 일상이 점점 혼돈의 세계로 들어가게 한다. 그런데도 무거운 아이스박스를 들고 내달린 것을 생각하면, 자식을 향한 내 마음이 아직도 최우선인가 보다.

언젠가는 딸이 TV프로 <금쪽이>를 보며 자신의 어린 시절이 생각나 울었다고 했다. 그 프로에 출연하는 대다수가 문제의 원인이 부모에게 있었다. 어떤 부모든 육아가 처음이니 아이를 키우는 방법이 잘못될 수도 있을 것이다. 나도 남편과 양육 방법이 달라서 곤란을 겪었다. 나는 사랑이 최고의 방법이다 싶어 무조건 아이들의 편이 되어 사랑하고 이해하려고 했다. 그 프로를 보며 울었다는 딸의 말에는 자신도 그 아이들과 마찬가지로 부모 탓에 힘들었다는 의미를 내포한다. 유난히 많이 아프고 심약했던 저를 치유하기 위해 엄마가 얼마나 많은 병원을 찾아다니며 매달렸는지 아는 딸이다. 그런 딸이 금쪽이를 보며 '울었다'는 말을 했을 때 숨이 탁 막혔다. 최고의 사랑으로 키운 아이가 나 때문에 불행했다는 소리 같아 자괴감마저 들었다. 땀과 수고의 긴 세월을 무슨 말로 자식에게 이해시킬 것인가. 대부분의 자식이 다 그렇다고, 부모라는 죄로 이해하고 견뎌야 한다고 친구들은 말한다.

　서울에 볼 일이 있어 왔던 딸이 이틀을 묵고 오늘 떠났다. 캐리어라도 들어 줄 겸 서울역까지 배웅을 나갔다. 오늘은 "먹는 거 잘 챙기고 운동도 많이 하라."며 살갑게 내 걱정을 해주었다. 기차에 착석한 딸이 창문으로 나를 보며 손을 흔들었다. 기차는 바로 출발했다. 그래, 이래저래 살아가는 것이 부모와 자식 간의 관계가 아니던가. 저만치 떠나가는 기차의 뒷모습을 보니 평소보다 많은 기억이 응축되어 멀어져 갔다.

　자식은 부모에게 전생의 빚을 받으러 왔다는 이야기가 있다. 아이가 어릴 때는 땅에 주저앉아 두 발 벌리고 악을 쓰며 생떼를 부려도 마냥 이쁘기만 하지 않았던가. 삶의 종착역에 가까이 와 있는 지금, 자식을 바라보는 내 눈마저 노화된 것은 아닐까. 자식은 늘 떼를 쓰는 아이와 같다는 사실을 받아들이지 못하고 늙어 옹색해진 마음으로 자식을 보는 것은 아닌지.

　자식에 대한 기대와 기쁨만으로 뿌듯했던 시절도, 단내 나고 쓴 침 삼키던 고된 계절도, 뒤돌아보지 않고 떠나는 기차처럼 언젠가는 저렇게 다 떠나갈 것이다. 그렇다 해도 묵은 삶의 모정은 늘 이 자리에서 바라보고 기다릴 것이다.

면발이 주는 호사

장규섭
jks3003@hanmail.net

　언틀먼틀한 덩어리가 반지랍다. 얼마나 매만졌던지 말랑말랑한 감촉이 찰기가 돈다. 보답이라도 하려는 듯 남편이 베푸는 호의가 찰진 반죽처럼 내게 척 달라붙는다.
　나른한 오후 시장기에 적막이 스칠 때면 그는 엉너리를 부린다. 배가 고파서 그런 것도 아니요, 뭔가 색다른 입질을 하여 마음의 시장기를 채우고 싶은 게다. 대충 먹어도 될 한 끼지만, 색다른 구미가 당기는 날엔 번거로운 국수를 청한다. 국수를 사 와서 간편하게 해결해도 되련만, 사러 나가는 것조차 번거롭다. 그럴 때는 차라리 거치적거리는 궁상이 더 편하기도 하다.
　구수하게 피어나는 국수 냄새는 코끝을 간질이고 잠자고 있는 시장기마저 일으킨다. 한 젓가락 쭉 빨아들이면 미끈한 면발이 저절로 내밀한 목구멍을 타고 들어간다. 별다른 반찬이 없어도 타박할 일이 없다. 김치나 풋고추 된장이면 그만이다. 국수 한 그릇이 금세 허기를 채워주고 공허하던 마음도 풀어준다. 허리춤 느슨하게 풀어 놓고 삶의 결핍된 마음을 채우듯 위안을 얻을 때면 느긋한 행복감이 밀려온다.

언젠가 이웃을 초대하여 손국수를 대접한 일이 있었다. "요즘도 반죽해서 국수를 만드는 사람이 다 있네" 하며 호기심을 자아냈다. 그때 이웃들은 어릴 적 어머니가 해주신 이후 가정에서 만든 손국수는 처음 먹어본다며 뭔가 아릿하게 배어있는 추억을 더듬었다. 숙성된 반죽이 있었기에 수월하게 만들어 낸 것을 그들은 각별하게 여기는 듯했다. 따뜻한 국물에 볼그레하게 취하던 그 모습들이 가끔 반죽을 밀 때면 판판한 국수판 위에 인화되어 나타난다.

국수를 만들 때면 동심의 세계로 돌아가 가족과 부대끼며 지내던 정경을 불러일으킨다. 주전부리가 귀하던 시절 아궁이에서 노릇하게 구워 빵빵해진 국수 꽁다리를 먹던 재미를 지금 아이들은 상상이나 할 수 있을까. 군것질거리가 풍요로운 세상에 자연식에서 풍기는 고소함을 어찌 알 수 있으랴. 꽁다리가 나오지 않을 때는 썰어 놓은 국수를 움켜 다시 주물러 보지만, 홍두깨로 밀었던 부드러운 피와는 비교되지 않는다. 구워도 부풀리지 않고 딱딱한 것이 마치 순리를 거스르는 나를 일깨우는 듯했다.

어머니가 국수를 만드는 동안 나는 동솥 아궁이에 불을 지폈다. 애호박을 송송 썰어 넣고 퍼지지 않도록 빠르게 만든 국수는 큰 자배기에서 구수한 냄새를 풍기며 어머니의 숨결 같은 김이 모락모락 피어올랐다. 여름철 마당 한쪽에 매캐한 모깃불을 피워

놓고 멍석에서 가족들과 오순도순 두레상에 빙 둘러앉아 땀을 흘리며 먹는 손국수는 별미 중 별미였다.

어머니가 해주시던 국수를 어깨너머로 배워 결혼 후, 요긴하게 써먹게 된 것은 시부모님이 입맛을 잃을 때였다. 그럴 때 먹기 좋은 손국수는 유난스러운 별식이었다. 갓 시집온 새색시가 웅크리고 앉아 국수를 만드느라 오체투지를 흉내 내는 모습은 부끄러웠지만, 아버님께서는 "얘야 니가 어떻게 그런 걸 다 할 줄 아노?" 하시며 무척 신기해하셨다. 움푹 팬 암반에서 고르게 밀어야 하는 홍두깨질은 꽤 힘들었다. '서투른 목수가 연장 탓하는 꼴'이 될까 봐 무진 애를 쓰기도 했다.

밥보다 손국수를 더 좋아하시던 아버님은 뜨거운 것보다 한 번 헹구어 양념을 넣어 드셨다. 다 드신 후에는 입을 훔치시며 "참 잘 먹었다!"라며 흐뭇해하셨다. 입맛을 닮아서일까. 훗날 어머님에게도 마음 다독이는 국수를 해 드리면 무척 좋아하셨다. 백수를 앞둔 당신도 부담 없이 국수를 잘 드시니 소통의 음식이 따로 없었다. 국수를 끓일 때 풍기는 그윽한 냄새는 의식 속에 고여 있는 허기까지 일으켜 세운다. 속이 허전하고 삶이 버거울 때도 살가운 국수 한 그릇으로 마음을 다독인다. 매끄러운 면발이 주는 호사를 누리다 보면 몸은 어느새 활력이 넘친다. 상차림이 부족한들 어떠랴 고달픈 마음 위로받고 싶을 때 담백한 국물에 칼칼한 양념을 넣어 후루룩 들이켜 보라. 지난 덧없는 삶도 어쩌면 먹기 좋은 유순한 국수 맛 같은 게 아닐까.

가끔 밥때가 다가오면 겁이 날 때가 있었다. 한 달에 한두 번

장규섭

쯤 식사 준비를 안 해도 되는 날이 있다면 얼마나 좋을까. 집밥이 최고라며 어머님은 외식을 반기지 않으셨다. 괜스레 반죽에 분풀이하듯 주무르다 보면 오히려 위안을 얻듯 정성이 좋아졌다. 어머님의 의중을 헤아리지 못하고 내 소임을 충동질하는 죄송스러울 때도 있었다.

 오늘도 살손을 붙이며 내 잡다한 생각을 반죽 속에 아우르며 작은 홍두깨로 힘껏 민다. 덩어리를 편편하게 밀어야 하는 첫 과정이 조금 힘들기는 하다. 바투 앉아 용을 쓰고 반대기가 되도록 한 바퀴 밀고 나면 이마에 땀이 송골송골 맺힌다. 무슨 일이든 손에 익지 않은 첫 과정이 힘들고 어색하기 마련이다. 놀이 삼아 가루를 살살 뿌려가며 하는 반죽 밀기는 새로운 재미를 더한다. 밀면 밀수록 커다랗게 넓어지는 공간이 동심의 땅따먹기 놀이에서 차지하는 영역처럼 뿌듯한 희열을 느낀다.

 구수하게 풍기는 냄새에 갑자기 남편의 배꼽시계가 울리는 모양이다. 식감 좋은 국수 한 그릇이 그의 속을 따뜻하게 데운다.

차와 카페인

장수영
saimdang44@hanmail.net

부스럭 밤을 깨운다. 이미 창은 희붐해지며 어둠을 걷어내는 중이다. 이불자락을 사그락 그리며 발끝으로 밀어낸다. 침실을 나와 아직은 장막이 쳐진 동굴 같은 거실로 나왔다.

어둠에 익숙해질 때까지 기다렸다가 걸음을 떼어 놓았다. 벽에 기대놓은 빨래걸이가 발에 걸려 넘어지는 소리가 요란하다. 도둑고양이 생선을 낚아채는 꼴이 이럴까. 두껍게 쳐진 커튼을 걷었다. 부엌에서 물을 한 컵 마시고 나니 화장실에 또 간다. 불면의 밤에는 왜 그리도 버릴 것도 많은지 생리현상도 덩달아 밤을 새운다.

오후에 커피를 마신 것이 화근이었다. 나는 카페인 해독을 잘 못한다. 카페인 때문에 오후에는 커피든 차든 마시는 것을 자제해야 한다. 어쩌다 분위기에 취해 점심 후 커피를 마시게 되면, 그런 날은 어쩔 수 없이 낭패를 보는 날이다. 커피 향의 유혹에 마른 입술에 혓바닥을 굴리기도 하지만 생각은 이미 밤의 근심으로 간다.

커피를 즐겨 마시던 때가 있었다. 아이들 어릴 때 또래 학모들과 자주 어울릴 때였다. 아이들 학교 보내고 난 뒤 잠깐의 여유가 있어 아래층에 자주 들렀다. 그녀는 서울 토박이로 결혼 후 이곳 지방에서 터를 잡았다. 서울에서 자란 그녀는 약간은 세련되었고 친절하기도 해서 또래의 엄마들을 집으로 자주 불러들였다. 그녀는 커피를 연하지도 진하지도 않게 해서 내놓았다. 센스있게 비스킷을 함께 내놓아서 커피 맛을 빛내 주었는지 모른다. 그때는 커피 맛도 모르면서 습관으로 마셨다. 그래도 잠이 모자라서 탈이지 잠이 안 온 적은 없었다.

오래전, 아침 공복에 녹차를 한 모금 마셨다가 바닥에 그대로 쓰러진 적이 있었다. 밤새 담긴 찻잎에서 카페인이 진하게 우러난 것이다. 가족이 둘러앉아 녹차를 우려 마시고, 차 주전자에 찻잎이 담긴 채로 다음 날 아침까지 두었던 것을 마신 것이었다. 천장이 빙글거리고 가슴이 두근거려 한참 동안 울렁증에 시달렸다. 모로 누운 나를 보더니 가족은 놀라고 당황해서 어쩔 줄을 몰라 동동거렸다. 한순간에 일어난 일이라 영문도 몰랐다. 따뜻한 꿀물 한 컵을 마시고 나서야 요동치던 위 속이 얌전히 가라앉았다.

차나 커피를 가벼운 음료 마시듯 쉽게 생각하지만, 카페인으로 인해 수면 방해를 받아 본 사람이면 고개를 절레절레 흔든다. 체질상 술을 못 마셔서 사회생활에 고충이 있다면, 카페인에 약해서 커피나 차를 못 마시는 사람도 고충이 없지는 않다.

뜬눈으로 밤을 꼬박 새워 본 사람이면 안다. 불면이 삶을 얼마나 닮아 내는지. 나만 그런 줄 알았더니 남편도 그랬다. 커피에서 모락모락 피어 올리는 향을 즐기면서도 마시지는 않았다. 첫째 또한 카페인에 약해서 커피 한 잔 마신 아침에 가슴이 두근거려서 몹시 힘들다고 했다. 카페인도 가족력인가 보다.

한때, 며느리가 마시는 커피가 궁금하여 어르신들이 모여서 한 사발씩 마셨다고 한다. 그날 밤 어르신들이 밤을 꼬박 새웠다는 웃지 못할 이야기도 있다.

언제부터 커피가 인기 있는 기호식품으로 자리 잡았는지는 모르겠지만, 모임 후 2차로 가는 술 문화가 이제는 자연스럽게 카페 문화로 바뀌었다. 식사 후 커피는 입가심이라지만 커피도 습관이 되지 않았나 싶다. 마시고 나면 입안이 깔끔해서 좋다며 카페에서 커피를 마시지 않는 사람은 좀 시대에 뒤처진 사람처럼 여기기도 한다.

도심에는 몇 미터 거리에 카페가 즐비하다. 우리나라는 지금 커피 소비가 매우 높다고 한다. 한때, 건물마다 노래방이 들어서듯이 이제 건물마다 카페가 자리하고 있다. 커피는 카페 외에도 자판기 커피부터 편의점 커피까지 다양한 모습으로 우리들의 생활 가까이 스며든 지 오래다. 또한, 커피잔을 들고 거리를 걷는 것이 유행처럼 빌딩 주변에는 커피를 들고 거리를 걷는 사람을 흔하게 볼 수 있다.

요즘은 커피를 마시지 않아도 잠에 못 드는 날도 있다. 잠을 이루지 못하면 천천히 호흡을 가다듬고 소설 한 편을 들으며 잠을 청한다. 아침에 눈을 뜨면 어디까지 들었는지 기억이 나지 않으면 편하게 잘 잤으리라. 날마다 뒤척이지 않고 맑은 머리로 눈을 뜨는 아침이기를.

나를 찾아 가는 길

장희숙
wjdxor789@hanmail.net

눈이라도 펑펑 쏟아지면 좋겠다. 이유 없이 축축 처지는 몸과 마음을 바짝 당겨줄 뭔가가 필요한 아침이다. 옷장을 정리하다 결혼식 사진이 눈에 들어온다. 정리하던 손을 멈추고 그 시절을 소환해 한참 동안 생각에 잠긴다.

서울에서 직장생활을 하다 시골로 시집와 시어른들과 함께 생활하게 되었다. 결혼하고부터 점점 작아지는 나를 보게 되었다. 살림도 잘 못하고 음식 솜씨도 없는 나의 실체를 시어머니가 아실까 봐 전전긍긍하면서부터다. 가을걷이가 끝나면 메주를 쑤어 정월 장을 담갔는데 5년 전부터 메주를 사서 담근다, 고추장도 한 항아리만 담근다. 궁하면 통하지 않을까? 요즘은 반찬도 사서 먹는 시대가 아닌가. 아직 반찬가게에서 사 먹진 않지만, 더 나이가 들면 맛집을 찾아 주문해서 먹으면 되지 않을까 싶다.

이런저런 일에 적응해 가고 있는데 시어머니께서 치매 판정을 받았다. 어머니께 색칠공부 책을 사다 드렸다. 하지 않으려 할까 봐 조심스레 내밀었는데, 그건 기우였다. 차분한 모습으로 꼼꼼하게 그려 나가시는 걸 보니 어머니의 성격이 나온다. 결혼해 살다 보니 시어머니와 피 한 방울 섞이지 않았는데 너무 닮아 있어 착각할 때가 더러 있다.

어쩌다 남편과 부딪치면 마음이 가난해져서 혼자 속앓이를 한다. 사는 게 처량하고 힘 빠지고 서글퍼진다. 옆집 언니의 과한 칭찬에 위로를 받을 때도 있다. 그럴 때면 거절하지 않고 넙죽 받아 챙기면서 응어리진 마음을 풀어낸다. 그렇게 저렇게 작은 칭찬이나 위로로 견디는 법을 익히며 살아왔다.

아침을 드신 후 소파에 앉아 '내가 시집살이 한 거 책으로 엮으면 수십 권은 될 거다' 하시면서 또 시작하신다. 어릴 때 순옥이랑 수리조합에서 조갑지 잡던 얘기로 자연스럽게 이어진다. 어림잡아 천 번은 들은 것 같다. 나는 그런 시어머니의 시집살이 책을 매일 수십 번 귀로 읽는다. 똑같은 말을 토씨 하나 안 틀리고 하시는 게 신기할 정도다.

고구마를 쪄 드렸더니 "복숭아 봉지 언제 싸니?" 하신다. 한파가 몰아치고 눈발이 날리는데 초여름에나 하는 작업을 얘기하신다. 연일 품삯이 올라 걱정이라며 눈 내리는 마당을 하염없이 바라보신다. 예전 건강하실 때는 계절마다 일을 척척 해내던 어머니였다. 시간과 계절 감각도 둔해지신 것 같다. 이런 날은 안쓰럽다가 어떤 날은 속이 터지고, 안 보면 걱정되는 애증의 관계다. 지나고 나면 후회하겠다 싶어 마음을 다잡아본다. 미안해져 후회할

날을 덜 만들고 싶다. 손 하나 꼼짝하기 싫은 날은 사흘 내내 똑같은 반찬을 상에 올린다. 며느리의 시위하는 걸 어머니는 아시기나 할까?

 누구를 미워하면 그 사람을 닮는다는데, 시어머니를 미워하는 마음을 품고 있으니 훗날 내 모습을 보는 것 같아 움찔해진다. 장호원 장날, 어머니와 외출하면 모녀 사이냐는 질문을 자주 받는다. 그럴 땐 나도 그렇게 보이는 게 한없이 좋았다. 필요 없는 전기 스위치를 끄고 다니는 나를 발견하고 화들짝 놀란다. 늘 어머니께서 하시던 일이다. 조바심치는 성격과 목소리까지 닮아간다. 요즘은 공주가 되셨지만, 살림에 자격증이 있는 것도 아닌데 어머니는 쓸고 닦는 일은 금메달감이었다.

 어머니 집 냉장고를 한바탕 뒤집었다. 예전에 사놓고 잊어버린 것은 한바탕 버리고, 깨끗이 청소하고 나니 상쾌하다. 남이 집에 오는 것이 싫다는 어머니다. 옛말에 '도랑만 건너와도 손님'이라는 말을 실천하듯 내 집에 오는 손님이니 맨입으로 보내면 안 된다고 고집부리신다. 점심을 해 먹여야 한다며 오는 것을 완강히 거절하신다. 방문 요양보호사가 벌써 몇 번째 바뀌었는지 모르겠다. 처음엔 일주일에 두 번, 두 시간씩 하다가 점차 시간을 늘려가려 했으나 이번에도 아예 퇴짜를 놓으신다.

 지난주에는 어머니 댁 거실에 CCTV를 설치했다. 어머니가 걱정되어 설치한 것은 이해가 되지만, 한동네 살면서 수시로 드나드는 둘째 며느리인 나는 그리 유쾌하지는 않다. 기술이 발달해 거실에서 하는 목소리까지 휴대전화에 앱을 깔아 멀리 있는 사람들도 다 듣는다. 시댁에 가면 말도 예쁘게 해야 하고 일거수일투족이 감시당하는 느낌이다. 서울 사는 큰며느리, 시누이는 CCTV만 들여다보고 내가 몇 번 왔다 갔는지 확인하는 것 같다. 자식들이 시어머니뿐만 아니라 나도 감시를 당하는 기분이다. 어머니 모습이 장시간 보이지 않으면 즉시 내 전화기가 울린다.

며칠 전에는 너무나도 생생한 꿈을 꾸었다. 돌아가신 시아버지가 나에게 무슨 말을 걸려고 하는데 깼다. 눈을 감으셨어도 성치 않은 어머니가 걸리신 걸까? 며느리에게 나타나 무슨 말씀을 하려고 하신 걸까? 돌아가시기 전 한 번은 이런 말씀을 하신 적이 있다. "에미에게 무거운 짐을 지워준 것 같아 미안하다."라고.

나의 숙제는 점점 늘어나고 해결할 수 있는 능력은 별로 없다. 어머니 문제뿐 아니라 힘든 과정들이 한꺼번에 몰려오면 숨이 멎을 만큼 힘들다. 힘이 들 땐 친정엄마를 떠올리는 것만으로도 위안이 된다.

내 숙제만 늘 버겁게 느꼈던 지난 시간을 돌아본다. 문 열고 들어가면 근심 걱정 없는 집이 없을 것이다. 인생살이 다 비슷하지 않을까? 조금씩 나를 내려놓고 살려고 마음먹고 나니 몸과 마음이 홀가분해진다. 사람 사는 일에 정답이 따로 없는 것처럼 물 흐르듯 묵묵히 살다 보면 저절로 답이 찾아오지 않을까 싶다.

바람이 불지 않아 쓰레기를 태운다. 활기차게 타들어 가는 불길을 보면서, 내 마음에 응어리진 쓰레기까지 모두 태운다. 비우고 나니 밀린 숙제를 한 것처럼 개운하다.

어머니의 늘어만 가는 흰머리에 마음이 아려 나도 모르게 한 걸음 다가갔다. 전 같으면 또 상처받을까 봐 쉽게 다가서지 못했을 것이다. 염색약을 구석구석 골고루 발라 드린다.

하늘만 봤다

전 해 숙
helen2159@hanmail.net

갑자기 의자가 흔들흔들, 수증기가 눈 앞을 가리며 아득해진다. 놀라서 옆에 앉은 동생에게 물으니, 이곳은 영화 장면을 실제 상황처럼 연출해 주는 4DX관이란다. 이 영화는 '쫓고 쫓기는 장면이 많은데' 하는 생각에 미치자 수많은 걱정 인형이 내 품을 파고든다. 순간 온몸이 신열에 들뜨며 땀이 흐르기 시작한다. '어떡할까? 영화관람을 포기하고 나가야 하나?' 주변을 둘러보니 내 자리가 가장자리라 옆에 보행로가 눈에 띈다. 다행이다. 사람들이 쳐다보며 웃는데 그러거나 말거나 바닥으로 내려앉는다.

지난해엔 지인들과 남해안 여행 중 여수에 들렀을 때, 누군가 해양 케이블카를 타자고 제안했다. 나도 바다 위를 지나며 하멜등대와 돌산대교, 거북선대교를 자세히 보고 싶었다. 탑승장에 오르며 저 멀리 수평선을 바라보자, 하늘에라도 올라와 있는 듯 상쾌해졌다. 일행도 사진을 찍으며 들떠있다. 오랜만에 안도감과 평안함에 젖어 본다. 드디어 우리 팀이 출발한다. 덜커덩 소리와 함께 천천히 미끄럼을 탄다. 주변이 드넓은 바다라 구름을 타고 이동하는 느낌이다. 출발은 순조로웠고 다들 들떴는데 갑자기 현기증이 나기 시작한다. 그다지도 푸르렀던 바다와 하늘이 회색빛 사막으로 보이는 게 아닌가. 얼굴엔 땀이 흐르고 옆에서 말을 붙이는데 난 이미 사색이 되었다. 여수 시내의 정경과 바닷가 풍경을 꼭 보고자 했던 애초의 생각은 사라지고 바닷바람에 절여져 쪼그라질 대로 쪼그라져 있었다.

 옆에 앉은 친구가 의자를 흔들며 장난을 치는데 눈도 돌리지 못하고 하늘만 쳐다봤다. 거북선대교 위를 지날 때는 의식하지 않으려 애썼다. 속으로 하나, 둘, 셋을 중얼거리다 집중이 흐려지면 다시 꽃 이름을 떠올리며 하늘만 보려고 애썼다. 옆에선 감탄사를 연발하며 저기 좀 보라며 내 시선을 돌리려 했지만, 난 오직 하늘만 봐야 했다. 편도 13분이라는데 한 시간이 넘게 느껴졌다. 도착하자 끝까지 나를 지탱해 주던 날 선 자존심과 함께 나는 바닥에 내동댕이쳐졌다. 얼굴은 창백하다 못해 잿빛 가면이 되었고, 흠뻑 젖어 있었다. 결국 되돌아간 일행이 자동차를 가지고 데리러 올 때까지 바닷바람을 친구 삼아 서성거려야 했다. 한 시간이 넘도록….

 또 재발한 것인가. 언제부터인가 사소한 일에도 겁이 덜컥 나며 점점 강도가 심해지는 걸 느낀다. 문득문득 엄습하는 두려움에 사로잡히면 쉽게 헤어나지 못하는 나를 알아차린다. 대상도 없는 불투명한 공포가 늘 나를 따르고 있다.

15년 전, 새끼 때부터 입양해 키우던 강아지를 잃고 석 달 넘게 찾아 헤매다가 결국은 거리에서 쓰러져 포기한 적이 있다. 그때 공황장애와 우울증이 침습했다. 증상에서 벗어나려고 격렬하게 운동하고 빼먹지 않고 약도 먹었다. 그러기를 몇 년 이젠 나은 줄 알았는데, 껌딱지처럼 질기게도 달라붙어 떨어져 나갈 줄 모른다. 이 증상이 생긴 후론 비행기를 타지 못해 해외여행은 아예 생각할 수 없고 제주도에 가야 할 일이 있을 땐 탑승해서 도착하는 순간까지 지옥행이 되곤 한다.

시골집에서 가까운 곳에 출렁다리가 생겼다는 소문을 듣고 호기심에 들떠 바쁜 시간을 쪼개어 달려가서는 몇 발자국 옮기지 못하고 되돌아 나와야 했다. 차라리 눈을 감고라도 건너보고 싶은 마음에 내내 아쉬움이 남는 곳이다.

요즘 뉴스를 보면 공황장애나 그 비슷한 정신과 질병으로 시달리다 안타깝게도 삶을 달리하는 연예인들이 있다. 그들이야 경쟁이 심한 연예계 생활에서 늘 전쟁하듯 살아야 하는 사람들이니 그럴 만도 하다.

아마도 나는 근 몇 년간 이어진 가족의 죽음을 지켜보면서 증상이 재발된 듯싶다. 몇 년 전, 우울증이 심했을 당시는 문득문득 집 근처 잠실대교로 달려가려는 충동이 일곤 했다. 비 오는 날은 특히 심했고, 어느 날은 울음이 터져 한참을 울다 기도가 막히면서 숨을 쉴 수 없는 지경까지 이르렀다. 마침, 방에 있던 남편이 뛰어나와 수지침으로 혈을 터 주는 둥 난리를 겪고 나서야 숨통이 돌아왔다. 그날부터 남편은 일을 포기했고, 난 두문불출하면서도 이를 악물고 매주 있는 글쓰기 모임에 빠지지 않고 나갔다. 글쓰기에 집중했고 옆에서 용기 주며 격려해 주는 선생님과 문우들이 있어 견디며 이겨냈다.

처음 글공부를 시작한 것도 몸과 마음이 지쳐있을 때, 글쓰기가 정신 치료의 한 방법일 수 있다며 권해준 단골 의사 덕분이다. 자신을 이겨내고 우뚝 설 수 있었음은 글로 마음속 엉킨 실타래를 풀어낸 효과가 아니었을까.

지금 완전하진 않지만, 어느 정도 극복했고 긍정적으로 즐겁게 생활하고 있다. 혼자의 힘으로는 힘들었을 것이다. 가족과 친구들과 문우들의 용기와 격려에 감사하는 마음으로 지내다 보니 어느새 병마에서 벗어나 있다.

마당을 가로지르는 새소리와 불어오는 바람과 햇살이 함께 위로해 주는 무더운 오후다.

소실점

정의채
jeongeuichai@hanmail.net

　지도교수는 명성만큼이나 까탈도 심했다. 그에게는 여러 제자가 있었는데 박사학위 취득 전인 내게만 학술회의가 있을 때마다 동행하자고 했다. 그렇게도 까탈스러운 지도교수가 학술회의에서는 기회를 만들어 학자들에게 나를 소개 했다. 서울대학교 수학과에서 상산관이라는 연구동 개관에 맞추어 개관기념 세계 4대 석학 초청 강연회가 열렸는데, 그 강연회에 초청받아 강연한 수학자가 나의 지도교수다. 그는 미국인이면서 덴마크 왕립학회 회원이다.
　학술회의 때 만난 다양한 나라 수학자들은 온통 학자로서 남보다 앞서 나가려는 욕망뿐이다. 수학 연구만 몰두하는 외곬이라는 공통점도 있다. 결코 겉으로 드러내지는 않았지만, 나 역시 세계 최고의 학자가 되고 싶은 마음은 어떤 상황에서도 꺾이지 않고 간직하고 있었다.

초등학교 6년 동안 그 흔한 상장 하나도 받아 본 적 없다. 우등상장을 받는 친구가 제일 부러웠고, 내 성적으론 고등학교야 졸업할 수 있겠지만 대학 입학은 힘들다는 생각이 어린 초등학생 때도 있었다.

중학생 시절, 기찻길을 따라서 걷는 하굣길은 일상과 단절되어 사색의 자유가 주어지는 공간이었다. 기차가 언제 올지 모르는 긴장감 대신, 미래를 생각하는 소중한 시간이기도 했다. 레일, 침목 그리고 자갈만 있는 척박한 곳에서 마주한 민들레꽃에 눈길이 머물렀다. 거친 환경에도 굴하지 않고 자아를 실현하는 노란 꽃이 희망의 빛을 발하고 있었다.

침목枕木을 디디며 걷는 걸음은 기계적인 보폭을 강요했다. 때때로 보폭을 마음대로 할 수 있는 레일에 올라서서 걸어 보지만, 몇 걸음 가지 못하고 침목으로 내려와야 했다. 반대편 레일이라고 한치도 다르지 않다. 두 레일이 가까이 있다면 왼발은 왼쪽 레일을, 오른발은 오른쪽 레일을 디디며 달릴 수 있겠지만, 고정된 선로에서는 불가능했다. 두 레일 한가운데 서서 멀리 바라보면, 두 레일은 맞닿아 보인다. 난 그곳에 가보고 싶었다.

세계적인 수학자들과 만남의 자리가 자주 이어지면서, 나는 싫어하던 모습과 마주하게 됐다. 그들의 부모와 아내 그리고 자식까지도 자신이 아닌, 명성 높은 수학자의 내조자로 살아가는 것 같았다. 순간, 내가 자라난 가정에서의 모습이 투영되었다. 공부로 성공해야 하는 형제를 위해 부모님이 내게 정해준 역할은 뒷바라지였다.

형제가 잘 되는 것이 가정과 집안의 자랑이었고 나의 자랑이었지만, 나 역시 좋은 성적을 얻고 싶었다. 타고난 능력이 부족한 나는 죽도록 노력해야 상위권에 다가갈 희망을 이어갈 수 있었다. 하지만 현실은 달랐다. 규칙적으로 고정된 침목 위를 걷듯이, 내게 주어진 일은 시간표처럼 고정되어 있었다. 식구가 잠들 때라야 나의 일과가 끝이 났고, 밀린 숙제를 시작할 수 있었다. 그것이 집에서 내가 하는 공부의 전부였고 잠잘 시간이 언제나 부족했다. 내일이 기말고사인데 교과서조차 읽어보지 못해 가슴이 철렁 내려앉는 꿈을 50년이 지난 지금도 꾸고 있을 정도다.

무모한 도전, 지독한 노력으로 세계적인 학자들과 어울리는 수준에 도달했다. 조금만 더 노력하면 저들을 앞설 수 있겠다는 생각이 들었다. 주변을 돌아보았다. 병약한 아내 건강은 외줄을 타듯 아슬아슬했다. 낯선 이국땅에서 생활비와 학비 벌어가면서 공부하는 나는 직장 근무자처럼 정시에 출근과 퇴근을 했다. 유학생이면 으레 밤늦게까지 공부하지만, 아내와 두 아들을 보살펴야 하는 사정이 나에게 있었다. 출근하는 아침부터 퇴근하는 저녁까지 일과 공부를 병행하면서 신경은 아내가 있는 집까지 언제 당겨질지 모를 줄로 연결된 듯 비상 대기 상태다. 아내의 건강은 긴장을 넘어 저만치서 나를 향해 달려오는 기차를 온몸으로 가로막아야 하는 절박한 상황에 부닥쳐 있었다.

학자로서의 성공, 행복한 가정 이 두 가지를 모두 얻고 싶었다. 내가 만났던 세계적인 학자들과 나는 사정이 달랐다. 아니, 정반대다. 학비와 생활비를 해결하려고 입주 과외까지 하던 대학생 시절에도 포기하지 않았던 꿈, 세계적인 수학자가 되고 싶은 욕망이 한 개의 레일이라면, 가족 모두가 행복한 가정을 이루고 싶은 꿈은 평행한 또 다른 한 개의 레일이었다.

어릴 때 아득히 먼 곳이라 상상하던 꿈이 현실이 되었다. 학자로서 유토피아라고 여기던 세계적인 수학자들과 토론하고 연구하는 시작점에 도착했고, 더 달리고 싶었다. 아내 핑계로 멈출 수 없었다. 부모와 형제들도 포기한 초라한 초등학교와 중학교 성적이었지만, 나는 포기하지 않았다. 계속 이어진 나의 발전 이면에는 어릴 때 가슴 깊이 새긴 깨달음이 있었다. "핑계를 대는 자는 성공하지 못한다."라는 좌우명이 기찻길에서 만난 민들레의 뿌리처럼 원동력으로 내게 강인하게 자리 잡고 있었다.

미술 시간에 소실점을 배웠다. 대각선 구도에서 두 대각선이 만나는 점이다. 그림 속에서 한 점에서 만나는 두 대각선은 현실 속에서는 평행선이다. 평행선이란 같은 평면에 있으면서 만나지 않는 두 직선이다. 저 멀리 있는 소실점은 내가 다가가면 그만큼 멀어지는 착시 속에 존재하는 점이다. 학자로서의 욕망과 가정의 행복 두 가지가 모두 있는 점은 그림 속 소실점이었다.

내게는 여러 가지 평행선이 존재한다. 수학자인 내게 문학은 또 하나 삶의 축이고 문학과 수학은 두 레일처럼 평행선으로 존재한다. 도시 문명의 편리한 생활과 전원의 자연과 조화로운 삶 역시 평행선으로 존재한다. 나는 수학자로서, 또 동시에 수필가로서 소실점을 향해 기찻길 침목 위를 오늘도 걷는다.

사랑 후에 남겨진 것들

정하정
hajung2815@hanmail.net

 사랑하는 사람이 죽고 나면 무엇이 남을까. 그것이 하찮은 것이었든, 이루지 못한 소원이었든, 죽은 이가 자신이 사랑했던 사람이라면 하나의 실오라기라도 놓치고 싶지 않은 것들이 있다. 독일 영화 <사랑 후에 남겨진 것들>이란 작품이 바로 그런 내용을 담고 있다.
 영화가 시작되면서 눈 덮인 후지산 그림 위로 음악이 흐르고, 고적하면서도 기품이 느껴지는 독일 여성의 음색이 음악을 따라 나온다. 사랑하는 남편과 후지산에 가보고 싶다는 아내. 곧이어 남편이 시한부 인생임을 의사에게서 통보받는 아내의 얼굴이 클로즈업된다. 자식들을 도시로 다 떠나보낸 독일의 한 시골 마을, 둘이서 살아가는 부부가 이야기의 초점이다. 그녀의 남편은 모험을 싫어하고 일상을 규칙적으로 살아온, 정년퇴임을 눈앞에 둔 공무원이다. 아내는 부토 댄스를 배우고 싶어 하지만, 남편은 그런 아내를 이해하지 못한다. 남편의 시한부 인생을 통보받은 아내는, 자기의 죽음이 다가왔음을 모르는 남편에게 추억을 만들어 주고자 여행을 계획한다.

먼저, 도시에 살고 있는 아들의 집으로 간다. 죽기 전에 사랑하는 사람들을 한 번 더 보고 싶은 심정은 사람에게 가장 원초적이고 보편적인 마음이 아닐까. 자식의 모습을 눈에 넣어 두려고 방문한 아들의 집에서 부부는 오히려 외로움을 느낀다. 무슨 일로 왔느냐고 의아해하는 아들, 눈도 마주치지 않고 게임에 빠진 손자들, 시내 구경 시켜주는 데도 서로 시간이 없다고 미루는 아들과 며느리. 결국 딸의 집으로 가보지만 그 딸도 자신의 애인에게 부모를 맡긴다. 독일의 자식들에게서 냉대를 받고, 일본의 막내아들에게 가자고 아내가 조르지만, 남편은 정년퇴직 후에 가자고 한다. 둘은 일본으로의 먼 여행을 접고 가까운 바다로 여행을 떠난다. 아내는 파란 스웨터와 검은 치마를 입고 바닷가에서 남편과 서로 다른 상상을 하며 앉아 있다.

그날 밤, 아내는 잠을 자다가 갑작스럽게 죽음을 맞는다. 시한부 인생인 남편은 자기의 죽음이 가까이 있음을 모른 채 느닷없이 아내의 죽음을 맞았다. 가슴이 허허로운 남편은 아내가 그토록 가보고 싶다던 후지산에 가기 위해 일본으로 떠난다.

영화의 후반부는 일본의 동경에서 이루어진다. 좁은 막내아들의 집, 말이 통하지 않는 곳. 그는 바쁜 아들에게 후지산에 가자고 하지만 아들은 잠시의 시간도 낼 수 없다. 어머니의 무조건적 사랑을 피하고자 독일에서 먼 일본으로 떠나왔지만 결국 아버지에게 사로잡힌 막내는 누나와 형에게 아버지를 데려가라고 전화한다. 그것을 몰래 들은 아버지는 조금만 더 있게 해 달라고 부탁하며, 그날부터 혼자서 이국의 낯선 생활을 시작한다. 길을 잃을까 봐, 가는 길목에 손수건을 매어두는 장면에서 나의 흐느낌은 한동안 멈추지 않았다. 자식에게 부모란 무슨 의미일까.

드디어 벚꽃이 만개한 공원에 도착하고 그는 검은 외투를 열어젖힌다. 파란 스웨터와 검은 치마를 입고 목걸이를 걸고 있다. 아내가 바닷가에서 죽기 전 모습을 그가 재현했다. 아내에게 벚꽃을 보여주기 위해 가슴에 품고 온 것이다. 그는 계속 아내를 동반하고 다녔다. 아내의 옷만 입은 것이 아니라 아내를 가슴에 품고 둘이서 여행을 한 것이다.

남편은 공원에서 부토 댄스를 추는 '유'라는 소녀를 만난다. 얼굴에는 백분을 칠하고 빨간 입술에 분홍전화기를 들고 온몸으로 연기하는 그녀는 부모를 잃고, 엄마의 영혼과 교감하기 위해 춤을 춘다고 한다. 그녀는 부토 댄스로 엄마의 죽음과 삶, 고통과 슬픔 등을 자신의 그림자로 형상화한다. 죽음과 삶이 분리되지 않듯 영화 속에서 존재와 그림자는 분리되지 않는다. 소녀의 부토 댄스에서 자기의 삶과 엄마의 죽음이 존재와 그림자처럼 하나로 이어진다. 독일에서 온 그는 일본의 소녀와 같은 슬픔을 안은 동지 의식으로 점점 유를 이해하게 된다. 드디어 소녀의 도움으로 후지산을 찾아간다. 부끄러움으로 잘 나타나지 않는다는 후지산을 보기 위해 이틀을 기다리고, 드디어 이른 새벽, 모습을 드러낸 후지산 앞에서 그는 죽은 아내와 부토 댄스를 춘다. 영혼의 아내를 앞에 세우고 손을 잡고서 한 몸이 되어 춤을 춘다. 애잔한 음악이 흐른다. 간절한 염원은 삶과 죽음을 갈라놓을 수 없다. 맑은 하늘 아래 후지산의 밝은 모습이 더더욱 두 사람의 춤을 애절하게 만든다. 죽은 자와 산 자의 교감, 한 번의 완전한 교감 뒤에 남편은 후지산 앞에서 죽음을 맞는다.

영화의 마지막 장면에서 '유'는 자신의 엄마와, 공원에서 만났던 독일 친구를 위해 부토 댄스를 춘다. 소녀에게 남은, 엄마와 독일 친구의 그림자. 이제 그녀는 두 그림자를 안고 있다. 그렇게 죽은 자는 살아남은 자들의 마음에 흔적을 남긴다. 삶과 죽음은 그렇게 이어져 있다. 영화 속에서는 그런 이미지들을 복선으로 깔고 있다. 땅 위에 떠서 흐르는 듯 보이는 기찻길, 부토 댄스 화보 집을 넘길 때 연속동작으로 이어지는 춤, 하늘과 바다가 맞닿은 듯 이어지는 푸른 해안, 비행기가 지나간 자리에 생기는 긴 연기 자국.

영화는 삶과 죽음, 살아남은 자와 죽은 자가 서로 얼마나 강하게 연결되어 있는지를 보여주고자 했다. 영화 속에 흐르는 삶과 죽음을 내다보는 시각은 사후의 세계를 믿는 동양적인 사고를 지니고 있다. 마치 우리의 정서를 보는 듯하다. 이 영화는 사람들의 가슴에 있는 일상적이고 잔잔한 사랑의 감정을 깊이 있고 크게 나타내려고 한 것 같다. 남편을 위해 헌신한 사랑이 죽고 나면 아무런 쓸모없는 헛된 것이 아니라고. 그래서 그 그림자가 남편에게 가는 것이라는 생각을 하게 한다. 남편은 살아오면서 간과했던 모든 것에서 아내의 그림자를 보게 되었고, 비어 있는 자리에 고이는 슬픔을 겪은 뒤에 함께하는 행복을 찾아냈다.

사랑하는 사람을 잃고 나면 한동안은 그의 그림자에서 헤어나지 못한다. 그와 내가 함께했던 진정한 사랑이 그제야 꽃으로 피어나는 것이다. 평소에 상대를 위해 깊은 사랑을 했다면 그런 슬픔이 적을지도 모른다. 살아가면서 서로를 지켜주는 사랑을 한다면 이별이 온다 해도 덜 슬프지 않을까. 그래도 사랑하는 사람이 죽은 뒤에 남는 것이 있다면 그것은 무엇일까. 원작의 제목이 '벚꽃'인 것처럼, 해마다 피고 지는 벚꽃처럼 때가 되면 살아나고 시시각각 일어나는 그 사람에 관한 생각이, 사랑 후에 남겨지는 것은 아닐는지.

세월

조문자
rain9006@hanmail.net

아껴가며 맞이할 수 없고 당겨서 맞이할 수 없다. 남에게 줄 수 없고 남의 것 가질 수도 없다. 세월은 누구든 제 몫이다.

시집 잘 간 것을 은근히 과시하려면 옷부터 잘 입고 봐야 한다. 색상이 확 눈에 띄거나 무늬만 봐도 브랜드를 알아볼 수 있는 옷은 오히려 촌스럽다. 옹색해 보이지 않으려면 독특한 디자인에 단순한 색이어야 한다. 짝퉁 명품이지만 핸드백과 구두는 있는데 그럴싸한 옷이 없다. 그놈의 동창회 때문에 신경 좀 썼다.

다른 날과 크게 다를 바 없는 여느 날. 별다른 아무 일도 일어나지 않을 듯싶은 보통 날이다. 한 철 태양이 머물다 간 여자들 반짝반짝 빛나는 윤슬이었던 우리들 미자, 쌀봉이, 몽자, 말덕이, 춘심이, 옥분이 이름만은 옛 이름 그대로다. 입에 발동기를 달았는지 제주도 배가 닿은 완도항만큼 만나자마자 호도깝스럽다.

이름마저 '미' 자가 들어 있는 미자는 그 푸르던 날에도 미모로 향내 풍기던 애다. 어디가 허린지 어디가 궁둥인지 분간 안 되는 몸매에 메주 볼이 나오고 여편네가 되어버린 우리하곤 여전히 달랐다. 홍콩 영화에 나온 장 마담이 썼을 뻔한 선글라스에 귀고리가 찰랑거리는 공항 패션이다. 오다가 터미널에서 오천 원 주고 샀다며 몸에 착 달라붙는 쫄바지를 '탱' 잡아 튕긴다. 누군, 이번 달 야근 수당 챙겨 들고 지하상가 골목골목 휘돌아 옷 사 입고 왔건만 오다가 터미널에서 사 입었다니. 아무도 모르는 송곳 같은 내 자존심 팍 상한다.

끼리끼리는 알아본다. 몇십 년 만에 만난 친구들 앞에서 들이닥치자마자 옷값부터 밝히는 미자 심연이 사람 알아보기를 귀신같이 예민한 내 신경 줄을 탄다. 오천 원짜리 옷을 입어도 여전히 꽃띠 같지 않냐는 우월감이 수세미 속보다 훤히 보인다. 전율이 느껴질 정도로 추측은 적중했다. 미자가 쏘아 올린 화살이 겨울잠에서 방금 깨어난 곰처럼 성격이 여유작작한 몽자 가슴팍에 꽂혔다.

"너는 지금도 이뻐서 오천 원짜리도 오십만 원짜리같이 멋져야. 나는 아무리 비싼 옷을 입어도 만날 사람들이 멋 좀 내라고 하니 미칠 지경이어야."

눈빛 강한 말덕이는 늘그막의 대학원생이다. 자식 같은 청춘들에 끼여 공부하려니 돌아서면 그만이다. 푸념인지 자랑인지 노점에 물건 늘어놓듯 끝이 없다. 그때 안정적인 사업에 몸담은 집으로 시집갔다고 소문이 떠들썩했던 쌀봉이가 수제비 반죽 뭉개듯 말덕이 장광설을 뭉개며 큰 소리로 외친다.

"오늘 점심 내가 쏜다."

"와 짝짝."

형광이 여인들 박속 같은 잇새에서 하얗게 흔들린다. 돈 많은 쌀봉이가 지식 많은 말덕이 기를 꺾었다. 빨랫방망이에 맞아 풀죽은 옷가지 꼴이 된 말덕이는 벽이 앞을 막거든 밀어붙여라. 밀어젖힐 수 없거든 부숴버리라. 슬그머니 벽 쪽으로 가서 앉는다.

일류대학 수석 졸업하고 미국 유학 중인 아들을 둔 춘심이가 들이당짝 분위기를 낚아챈다. '넨장맞을 왜 이리 내 차례가 늦게 오지?' 그런 표정이다.

"우리 아들 예일대학에서 장학금 받았어."

다른 말엔 심드렁하던 여인들이 자식 자랑만큼은 귀가 번쩍 뜨인다. 악착같이 사는 이유가 여기에 있지 않던가. 소주 마시면서 양주 마실 날을 꿈꾸고 버스 타면서 자가용 굴릴 날을 소망했다. 춘심이 자존심에 광 발이 올려진다. 나는 그날 밤 남모르게 잠을 설쳤다.

방바닥을 손바닥으로 오독오독 문지르던 옥순이가 이때가 아니면 영영 기회를 놓칠지도 모른다는 생각이 들었는지 고개를 발딱 세운다. 딸이 카이스트 연구실에서 며칠째 집에 들어오지 않고 있다고. 누가 묻지도 않았는데 밑도 끝도 없이 '카이스트'란 단어를 힘주어 뱉은 후 뽀뿔린 치맛자락 흔들며 헤실바실 방을 나간다. 말릴 수 없는 힘이랄까. 말하는 모습이 하도 진지해 오히려 듣는 쪽이 어색할 지경이랄까.

방바닥에 등을 대고 퍼질러 누워 있던 여인들은 얼떨결에 일제히 몸을 일으킨다. 고도의 심리전에서 아무도 승리하지 못한다. '너희들이 뭘 안다고 떠드니' 등 뒤에서 매의 눈으로 지켜보는 무엇이 있었으니, 환히 비추는 강렬한 빛이 있었으니, 운명이란 멱살을 손아귀에 쥔 세월이다. 우리는 서로의 얼굴에서 세월을 느끼고 있었다. 옷 잘 입은 여자, 얼굴 예쁜 여자, 지식 많은 여자, 시집 잘 간 여자, 자식 잘 둔 여자 그 빛 앞에서 오므라들었다. 입때껏 보호막이라 믿었던 환상이, 집착했던 것들이 짜부라지고 있었다. 눈에 보이는 세계가 얼마나 별 볼 일 없는가를. 내가 붙들고 있는 것이 아무것도 아닌 것을. 나를 높여주리라 믿었던 것들이 허상에 불과한 것임을 깨닫는 시간이었다.

우리는 곧 일선에서 물러나야 할 별이었다. 영롱하고 찬란한 별이 아니라 억 천만 길 아래로 추락해야 하는 별똥별이었다. 무청보다 싱싱했던 시절 지나 엉덩이 펑퍼짐한 불혹을 보내고 나니 몸에서 진이 빠져나가 머릿속이 휑하니 비었다. 열정은 KTX 속도로 달리는데 현실은 무궁화호에 앉아 있다. 마음은 김완선인데 몸은 이미자란 말이다.

세월이 없다면 우리는 인생이라는 잔을 쉽게 마신다. 삶의 소중함과 고통의 깊이를 알기도 전 웃자라 유치함과 서툶에서 벗어나지 못한다. 살아가면서 놓아야 할 것과 지켜야 할 것 동시에 보여준다. 풀은 마르고 꽃은 시드나 세월은 영원하다. 끝없이 치솟는 욕망을 나무이파리 쓸듯 쓸어 버린다. 인생 훈장도 파리 날개 꺾듯이 꺾어 한국 역사 두 거인 박정희 대통령도 김대중 대통령도 삼백 미터 간격으로 가차 없이 국립묘지에 눕혀 놓는다. 세월은 존재를 들어 올리는 힘이다.

그래도 다시 세월에 맞선다. 문득 내가 근사하다.

욕망의 그늘

진 현
bossyk@daum.net

　이른 아침에 출근하여 전일 근무자로부터 전달사항을 인수하고 커피 믹스의 은은한 향과 달곰한 맛을 느끼며 아파트 중앙광장에 내려앉은 햇살을 본다. 습기가 있는 풀밭에서 부지런한 비둘기, 까치, 물까치, 그리고 아름다움에 감탄과 설레는 마음으로 보게 되는 후투디(오디새) 한 쌍이 어우러져 서로의 영역을 넘보지 않고 싸우지도 않으며 즐겁게 아침 식사를 한다.
　후투디의 이름을 몰랐을 적에는 딱따구리인 줄 알았는데 검색해보니 아니었고 후투디 과에 속하며 일명 인디언 추장 새라고 한다. 나무의 속을 파서 살고 금실이 좋은 새였다. 사진 속에서는 머리의 깃이 인디언 추장의 모자처럼 펼쳐진 모습에 더욱더 아름다움을 뽐내는 것 같다. 언제 깃을 펼쳐지는지 모르겠으나 공작 못지않게 연한 오렌지색으로 아름다운 자태를 뽐낸다. 후투디와 그 외 다른 새들을 보면서 아침의 조용함과 평화 그리고 하루를 힘차고 부지런하게 시작하는 그들을 보며 항상 시끄러운 정치권보다 더 정치적이고 난장인 이 아파트의 오늘 하루도 평안하기를 기도한다.

긴 장마 끝에 찾아온 무더위 속에서 정치판 못지않게 아파트 정치판도 매우 폭염 같은 나날이다.

국민은 불경기와 고유가 시대에 이상기후로 인하여 농산물의 값이 계속 오르는 경제 불안정의 상황에 살아가고 있다. 그러나 정치는 국민을 위한 정책은 없고 당 대 당 그리고 한솥밥 먹는 식구들끼리 싸움 속에서 시간을 갉아먹고 그 결과로 피폐해지는 것은 국민이다. 본인들도 국민을 위한다지만 그것은 팬덤의 울타리 안에서 자기만족이다. 그네들은 싸움을 통해서 추구하는 것은 자기만족을 향한 욕망에 사로잡힌 영혼의 무게감 때문이다. 피타고라스 말처럼 '욕망은 만족할 줄은 모른다.'에서 그 답을 찾을 수가 있다. 권력을 잡아서 무엇인가라는 결과물을 내어 국민에게 더 나은 삶을 만들겠다는 생각은 없고 오로지 상대를 박살내고 내 어깨를 부풀어 오르기 위한 욕망일 뿐이다. 국가와 국민을 위해서 봉사하겠다는 말로, 상대를 혐오시키는 혹세무민의 언어로 가스라이팅하는 그 정치판과 다름없는 아니, 그보다 더한 마타도어식의 판이 내가 근무하는 아파트에서 재현되고 있다.

이곳은 입주민이 운영하는 카페가 있는데 입주자로 확인되면 은 자유롭게 글을 쓸 수 있다. 그들의 글을 읽다 보면 명품 아파트라는 자부심이 대단해서 어깨에 힘이 들어가 있다. 그러나 공동체 의식의 수준을 가늠할 수 있는 언행에서는 고개를 갸우뚱하게 한다. 이제는 까페의 글도 뉴스처럼 외면하고 있다. 소통의 창구로 개설된 것이 혐오의 글들로 도배되고 있기 때문이다. 이곳에서도 목소리를 내는 것이 아니라 일종의 팬덤화되어 무엇이 진실인지 모르고 자기편의 부피만 키웠다. 두 달이 넘어가는 싸움은 아직도 진행 중이고 회장이 탄핵과 같은 해임이 되었지만 흔들기는 계속되고 있다.

입주자대표회의가 두 패로 갈라져 싸움하는 동안 그 결과 가장 큰 타격으로 단지 내에 있는 물놀이장이 개장을 못 하게 되었다. 이유는 그날 일하는 직원들의 점심값 때문이다. 여섯 명이 동원되는데 회장을 하고 싶은 자는 6만 원, 회장을 지키려는 자는 10만 원 주자는 의견에 접점을 못 찾아 회의가 무산되고 말았다. 학수고대하는 여름의 행사, 주변 아파트 주민들도 부러워할 만큼 모두가 손꼽아 기다렸던 것이 아파트 운영을 사유화한 욕망과 혐오에 의한 싸움에서 아이들과 입주민들의 소망이 물거품 되었다. 여름이 끝나가는 현재에도 개장을 문의하는 사람들이 있다.

길어진 싸움 속에서 입주민들의 피로는 극에 달했고 조속히 매듭짓기를 원하는 마음에 한쪽으로 쏠렸다. 떠나기를 거부하고 버티기 위해서 해임 안건이 올라오면 선관위의 해석을 듣고 결정을 하겠다는 핑계를 대고 버티었다. 그 결과 해임 사유가 없다는 결론을 내고 자체적으로 선관위원 모두가 사퇴하고 그 이후에 재결성된 선관위원들도 몇 번의 해임안을 기각 처리하니, 카페에서 누가 누구를 판단하느냐, 판사냐 등 비아냥 섞인 질타가 이어지고 선관위원 전원사퇴를 요구하는 서명이 진행되고, 그 결과 전원사

퇴가 입주자 투표로 가결처리 되었다.

　이 사태의 발단은 초대 입대 회의 회장의 욕심에서 시작되었다고 보는 것이 맞다. 그는 입주할 때에 회장이 되었는데 나는 모르지만, 입주민들은 다 아는 사유로 사퇴하였다가 복귀해서 동대표 하다가 다시금 회장 하고자 이런저런 이유를 붙여 아파트 내 행사 진행 시 그 비용 명세(이미 공개되어 본인도 이상 없음에 동대표로 사인하였다)와 회장 이름으로 된 인터넷 쇼핑몰(관리실의 물품 구매용)에서 34원 포인트 사용한 것까지 들춰내 해임 사유로 카페에 적나라하게 공개하여 이슈화시켰다. 관리실에서는 누구의 편은 아니지만 나는 회장에게 후한 점수를 주었으나 입주자 대표회의에 참석한 소장에게 회의 중 '내가 대통령이면 소장은 시청 국장 정도이다.'라고 한 발언을 듣고 나는 그를 개 닭 보듯 하고 있다. 또한, 회장이 사우나 시설을 주민들은 월 1만 원씩 내고 사용하는데 무료로 사용한 것이 밝혀지면서 공정성에 의심이 돌출되어 입주민들은 회장에게 등을 돌려 해임 투표 결과 79%의 찬성으로 끝났다. 떠날 때를 알고 일찍 떠났으면 아름다웠을 것이다.

　2년 동안 4명의 소장이 바뀌었으며 입대 회의 싸움 그 자체가 원인이 되어 새우 등 터진 격으로 2명의 소장이 그만두고 떠났다. 중간에 스트레스로 인해 아프기까지도 하였다. 건설사와 하자 관련 업무도 진행되어야 하는데 그것도 제대로 되지 않고 있으니 공용부분의 수선과 재작업 해야 할 것들이 방치되고 있다.

　지리멸렬하고도 모든 사람에게 스트레스인 그들만의 싸움은 계속되고 있으며 누가 승리의 깃발을 든들 그것은 찢고 찢긴 아무런 쓸모없는 것이 되고 말 것이다. 800세대 겨우 넘는 아파트에서 회장을 하고 싶어 하는 자와 어떻게든 자리를 지키려는 자들은 그 싸움에서 추한 것이 들춰진 상태라 그네들이 지키고자 했던 욕망의 열매들은 누구의 입맛에도 맞지 않는 것이 되고 말 것이다.

조경 부문 대한민국 대상에 빛나는 수상을 하였으나 많은 나무가 죽어가고 있다. 사랑을 주는 이 없으니 사랑에 목말라 그런지 시들해진 나무들이 많다. 그래도 배롱나무들은 씩씩하게 가지를 뻗어주고 분홍색과 흰색의 꽃들은 저마다 책임이라도 진 듯 아침 바람에 나풀거리고 있다.

잘 늙어 간다는 것은

최미시
miji1219@hanmail.net

 붉게 물든 저녁노을이 발걸음을 붙잡는다. 하루를 마무리하며 쫓기듯 해가 산을 넘어가고 있다. 미처 숨기지 못한 태양 빛 옷자락이 서쪽 하늘을 뒤덮어 장관을 이룬다. 행복한 사람은 시계를 볼 필요도 없을 만큼 시간이 빨리 지나간다고 하는데, 세월이 쏜살같이 지나가고 있음을 실감하는 나는 지금 행복해서일까. 아니면 갈수록 귀해지고 있는 시간을 소유해서일까. 공원 산책을 마치며 산길을 내려오는데 발바닥 밑에 숨어 있던 그림자가 어느새 비집고 나와 나를 올려다보고 있다. 황혼의 길목에서 점차 길어지는 내 그림자와는 반비례로 남은 시간은 지나간 날보다 짧아지고 있음은 분명한 사실이므로 어제의 시간보다 오늘의 시간이 더 소중해지는 이유이다.

 젊은 날에는 태양 빛 아래에 서 있는 그림자를 바라볼 여유가 없었다. 높이 떠 있는 무지갯빛 꿈을 손에 잡으려고 메마른 삶의 경주에 뛰어들어 바쁘게 살았다. 그렇게 힘껏 뛰어다니다 보면 언젠가는 무언가를 이룬 내 삶이 눈앞에 펼쳐지리라 생각했었던 것 같다. 태생지를 떠나와 42년이라는 긴 시간의 직장생활을 마무리할 무렵, 사막의 한가운데에서 땀을 뻘뻘 흘리며 모래바람에 굴러다니는 잿빛 무지개를 좇고 있는 나를 발견하였다. 무지개가 원래 잿빛이었던가? 이런 사막에 있었던가? 아무리 생각해도 기억이 나지 않았다. 직장생활을 하는 내내 평범하고 소소한 일상생활의 시간을 가족과 함께한 날들이 거의 없었다. 늘 시간이 부족하다고 말하면서 그냥 그렇게 살았던 것 같다. 다들 그렇게 사는 줄 알았다.

무지갯빛 꿈을 따라다니다 잿빛 시간 속에 갇혀버린 타향살이는 황혼빛 노을에 물든 담장에 긴 그림자가 기대어 설 때야 비로소 탈출할 수 있었다. 미련이 남을 줄 알았던 허전한 이별이, 돌아설 때는 뜨거운 태양 아래 녹아버린 녹슨 자물통 벗어던지듯 발걸음이 가벼워 놀랐다. 뒤돌아보면 그곳엔 분명 소중하고 귀한 무엇인가가 있었을 터인데 이 홀가분함은 무엇일까.

나는 태생이 서울이다. 타향이 고향이라 생각될 만큼 오랫동안 살아온 정든 도시를 떠나, 황혼이 되어서야 내가 태어난 곳으로 돌아왔다. 타인들은 흙냄새 나는 고향을 버리고 서울살이를 하지만, 나는 거꾸로인 셈이었다. 주변의 모든 것이 많이 변해 있었지만 왠지 평안한 느낌이 들었다. 제2의 인생을 시작해야겠다고 생각한 것도 그 평화로움에서 비롯된 것일지도 모르겠다. 오래전 바쁘다는 이유로 그만두었던 서예를 다시 시작했다. 좀 더 일찍 시도하지 못한 아쉬움에, 내 인생의 시간 또한 얼마 남지 않았으리라는 조바심에, 나는 지나치리만큼 과도한 열정을 퍼부으며 작품 활동에 몰두했다. 어쭙잖은 실력을 만회하려고 주변을 둘러볼 여유도 없이 붓 한 자루에 미친 듯이 매달렸다. 짧은 시간도 아깝다고 서둘러 운전을 하던 어느 날, 광화문 한복판에서 접촉 사고까지 크게 내었다. 차가 충돌하는 순간 누가 망치로 내 머리를 '너 이놈' 하며 '꽝' 때리는 것 같다는 생각을 했다. 뛰어가던 발걸음이 강제로 멈추어졌다. 태양이 이글거릴 때는 그렇다고 하더라도 이 나이 먹도록 내 그림자를 아직도 가로등 불빛에서 만나다니. 잿빛 시간 속에서 탈출한 지 얼마나 되었다고 나는 젊은 날의 조급한 삶을 그대로 반복하며 살고 있었던 것이다. 사고 수습을 하느라 옆자리에 앉았던 동생은 서울의 중심 한복판에서 오가는 사람들의 원성을 한 몸에 받으며 상대방 차주와 바쁘게 움직이는데, 나는 차 안에 그대로 우두커니 앉아 멍하니 밖을 보았다. 복잡한 거리에는 빠르게 걸어가는 젊은이들로 가득하였다. 문득 저들처럼 나는 다시 신발 끈을 조이고 달릴 채비를 하지 않아도 된다는 생각을 했다. 이상하게도 안도의 숨이 저절로 나왔다.

 아직도 세상은 목적을 위해 질주만을 하라고 달콤한 유혹을 하기도 한다. 달릴 것인가 말 것인가는 이제 내가 결정할 일이다. 선택의 자유가 내 손에 주어졌다는 것은 얼마나 감사하며 축복할 일인가.

가끔 현실에서는 조금도 생각하지 않고 있던 지나간 시간의 조각들이 꿈에 불쑥 나타날 때가 있다. 잿빛 시간과의 싸움이 꿈속에서는 여전히 진행 중이다. 미련이 남은 것일까. 이른 새벽 선잠에서 깨어나니 쓸데없는 상념들이 떠오르며 가슴이 아려온다. 옆도 돌아보지 않고 앞만 보고 걸어온 시간의 잔해들 속에 내가 남기고 싶었던 것은 무엇일까. 붉은 황혼에 푸른 시간의 한 조각을 손에 쥐려다 입은 상처가 욱신거려온다. 젊은 날 세상모르고 뛰어다니다 입은 내상을 치료하는 데는 아직도 시간이 더 필요한 것 같다. 어쩌면 조금 남은 내상은 남겨두어도 좋을 것 같다는 생각이 든다. 억지로 상처를 꿰맬 필요는 없지 않을까. 아물지 않은 과거의 내상이 오늘과 내일을 만들어가는 하나의 중요한 자극제가 될지도 모를 일이니 말이다. 상처에 대한 보상이라도 하고픈 욕심에 쓸데없는 도전을 하고 싶어지기도 하지만 평화의 시간을 파괴하기는 싫다. 느슨하게 살면서도 어제와 다른 내일을 만들어갈 수 있음을 믿기에 겸손히 마음을 모아 오늘 하루를 시작하려 한다.

줄

최영식
sagab@daum.net

　아파트 외벽 아래로 늘어진 줄 두 가닥이 그네처럼 흔들거린다. 무슨 줄인가 싶어 머리를 들어 옥상 위를 올려다봤다. 페인트공이 스파이더맨처럼 숨 가쁘게 이리저리 벽을 오르내리며 외벽 도색을 하고 있다. 서커스에서 광대가 줄타기하는 것을 바라보듯 내 가슴은 조마조마하다. 온몸을 줄에 의지한 채 작업하는 모습은 가족의 생계를 짊어진 가장의 생명줄처럼 느껴져 가슴이 찡해온다. 바라보는 사람의 심정도 아찔한데 본인의 심정은 오죽하겠는가.
　세상에는 많은 줄이 존재한다. 거미줄, 연緣줄, 그넷줄, 전깃줄, 탯줄 등 무수히 많은 줄이 있다. 직접 생명과 연관된 줄도 있을 테고 기쁨과 희망을 가져다주는 줄도 있을 것이다. 태어나서 죽을 때까지 줄이라 부르는 것에 의지하지 않고 살아갈 수 없는 세상이 요즘 우리가 느끼는 현실이 아닐까. 그 줄은 어머니로부터 탯

줄을 끊고 이 세상에 나오자마자 시작된 듯하다.

　오래전, 학업을 마치고 처음으로 직장 생활을 시작할 무렵이었다. 시험 보고 입사하기도 힘들었지만 들어가서 보직을 잘 받는 것 또한 어려웠다. 낯선 지역으로 발령받아 아는 사람도 별로 없는 곳에서 시작된 직장생활은 참으로 힘들었다. 우리 사회의 특수한 직장문화는 학연, 혈연, 지연이 암암리에 연결되어 있어 연고도 없는 나 같은 사람에게는 적응하기가 무척 힘들었다. 비공식 줄(연결고리)을 잘 타야 편하게 직장생활을 할 수 있다는 것이 불문율처럼 여기던 시대였으니….

　나는 등산을 좋아한다. 등산을 하다 보면 바위능선마다 누군가 설치해놓은 밧줄이 놓여있다. 편리하고 안전하게 이용하라고 배려차원에서 설치했을 것이다. 그렇지만 멀리 돌아서 가는 안전한 지름길보다 빠른 만큼 어느 정도의 위험은 감수해야 한다. 그 위험은 본인의 선택여하에 달려있다. 너무 믿고 방심하다 보면 자칫 큰 사고를 당할 수 있기 때문이다. 세상에 편하게 갈 수 있는 길이 어디 있더냐. 위험을 무릅쓰고라도 빠른 길을 택하려는 사람들이 있어 밧줄은 그 자리를 묵묵히 지키고 있는 것 같다.

　줄을 생각하면 어릴 적 초등학교 운동회에 단골로 등장했던 줄넘기, 줄다리기 등의 경기가 생각난다. 줄은 운동회를 흥미롭게 만들어 주는 데 큰 역할을 했다. 시골에서 추석 명절이 지난 후 열리는 마을 대항의 단체 경기는 줄다리기가 가장 점수 비중이 높았다. 마을의 명예가 걸린 경기라 그런지 분위기는 전국체전만큼이나 열기가 뜨거웠다. 경기 시작 전, 양 팀의 기세는 대등해 보였다. 응원하는 주민들의 열띤 함성은 지진으로 땅이 꺼지듯 들썩 거렸다. 심판의 "시작!"이라는 구호와 동시에 양 팀의 선수들은 젖 먹던 힘까지 동원되었다. 단시간에 이렇게 많은 힘을 쓸 곳은 세상 살면서 그리 많지 않았을 것이다. 양 팀 중 한쪽이 힘에 부쳐 바동거리다 도저히 이길 자신이 없으면 줄을 그냥 땅바닥에 내동댕이친다. 그러면 상대편은 안간힘을 쓰다 그 반동으로 함께 뒤로 나자빠진다. 그래도 넘어진 것보다도 이겼다는 안도감에서 더 기뻐했을 것이다.

 줄은 인생의 희비도 가늠해 준다. 누구의 줄(연결고리)을 잘 타느냐에 따라 행과 불행의 분수령이 될 수 있다고 말한다. 백이 있어야 잘 풀리는 사회적 관념도 한몫 거든다. 흔히들 시험을 치르지 않는 선거 등에서 많이 발생한다. 당사자는 극도로 조심한다지만 어디 세상일이 마음먹은 대로 되는 것이 있더냐. 실력보다 평소의 노력에 기대어 승부를 거는 세상이 요지경처럼 느껴지는 것도 줄이란 것이 주는 막연한 기대감에서 나왔을 것이다.

 줄을 생각하니 돌아가신 아버지 모습도 떠오른다. 아버지는 체구가 작고 배움이 짧았지만 일에 대한 욕심은 많으셨다. 당신의 작은 체구보다 일에 대한 결과로 인정을 받으려 그랬을 것이다. 겨울철 골방에 앉아 짚으로 새끼줄을 꼬아도 제일 늦게까지 길게 꼬았다. 새끼줄은 그 당시 초가지붕을 여위거나 가마니를 짜기 위한 겨울철 농한기에 하던 일이었다. 지게나 수레로 짐을 옮길 때도 줄은 충분히 준비했다. 짐을 많이 옮기면서 당신의 능력이 대단하다는 것을 증명해 보이려 그렇게 했을 것이다.

줄이라는 의미가 누구에게는 생명줄이 되고 또 다른 누군가에게는 기쁨을 주는 줄이 될 수도 있다. 우리에게 주어진 각자의 줄을 잘 사용하면 일의 능률도 오르고 삶의 활력소도 되지 않을까. 이래저래 줄이라는 것이 살아가면서 평생 나와 뗄 수 없는 관계인 것만은 맞는 것 같다.

꽃무늬 원피스와 빨간 구두

최점순
soon5718@daum.net

"어음을 막지 못하면 회사가 부도납니다."
다급한 셋째 시숙의 목소리였다. 장미 향기가 펄펄 날리던 날, 파독 광부로 갔던 시숙이 귀국을 했다. 얼마 지나지 않아 친구의 말만 믿고 직물공장을 인수했다. 한동안 회사 운영이 원활해서 돈방석에 앉게 생겼다. 하지만 철석같이 믿었던 직원이 돈을 모두 챙겨 어디론가 사라진 것이다. 나는 형제의 발등에 떨어진 급한 불부터 끄고 보자는 각오로 은행에 집을 담보로 잡히고 돈을 빌려 보냈지만 단 솥에 물 붓기였다.
그 후 빚을 모두 떠안고 갚아야 했다. 그날의 충격을 가슴에 묻었다. 시간을 과거로 돌리면, 파독 광부로 갔던 시숙이 일 년에 한 번씩 휴가를 나왔다. 우리 집은 김포공항이 가까워 며칠씩 묵어 가곤 했다. 초등생이던 딸과 아들이 큰아버지의 손을 잡고 놀이공원과 남대문시장, 신세계백화점으로 아이쇼핑을 다녔다. 시숙이 아동복코너 진열장에 걸린 옷을 주문한 후 조카들에게 입혀주었다. 시숙의 눈에 비친 나의 행색이 초라했을까. 제수씨의 옷도 사주고 싶다는 듯 진열장 옷을 쳐다보았다. 눈치 빠른 직원이 재빠르게 줄자를 들고 가슴둘레와 허리둘레를 쟀다.

사모님의 체형에 맞춤형이라며 쇼윈도에 걸린 꽃무늬 원피스를 입혀 주었다. 의복이 날개라는 말처럼 세련된 디자인과 예쁜 색상이 내 몸매를 빛나게 해 주었다. 졸지에 백화점 모델이 된 듯 매장을 사뿐사뿐 걸어 다녔다. 옆에서 지켜보던 시숙이 웃으며 옷값을 지불했다. 건너편에 진열된 빨간 구두와 명품 핸드백도 사주었다. 결혼 후 남편에게도 받지 못한 특별한 선물이었다. 동화 속의 신데렐라가 된 기분이 이런 것일까. 우리는 옷 가방 몇 개를 백화점에 맡겨놓고 남산에 올랐다. 서울 시내가 한눈에 보이는 식당에서 아이들이 좋아하는 점심을 먹었다.

집으로 돌아오면서 문득 시집살이할 적 시숙과 함께 살았던 기억이 떠올랐다. 시부모님을 모시고 칠 남매가 한 지붕 아래 살았다. 남편이 군대에서 사고를 당한 후 나는 온갖 어려움에 시달렸다. 그 무렵, 시숙은 월남전에서 구사일생으로 살아왔다. 그런데도 선착순으로 파독 광부 모집에 접수를 했고 전기기사 자격증이 있었으므로 취직이 되어 현지로 떠났다. 땅속에서 무연탄을 캐내는 일과 언어 장벽으로 소통까지 막혔지만 돌아올 수는 없었다. 고향에 두고 온 부모님과 처자식들을 생각하며 정신을 가다듬고 독일 감독의 손짓, 발짓을 용케도 알아들었다.

남편이 새벽에 출근을 한 후 아이들도 등교시켰다. 서독으로 떠나는 셋째 시숙을 배웅하기 위해 김포공항으로 나갔다. 어렵게 사는 동생네의 형편을 알아차리고 걸음이 안 떨어진 것일까? 독일 근로자는 가족 수가 많을수록 수당이 올라간다고 했다. 조카들이 성장하면 독일대학에서 공부를 시켜 주겠다며 나의 마음을 다독여 주었다. 그때 달동네에 살았는데 우리 딸과 아들에게는 이보다도 좋은 선물이 또 있을까 싶었다. 그때부터 눈만 감으면, 우리 딸과 아들이 독일로 유학을 떠나는 장면이 어른거렸다. 얼마나 가엾은 마음이 들었을까 하지만 시숙의 제안에 무척 고마웠다.

그동안 온갖 어려움을 견디며 살아온 보람이 있는 듯 힘이 솟아났다. 공항에서 배웅하고 돌아오는 길, 파란 하늘을 올려다보니 멀리서 희망이 손짓을 하는 듯 구름 위를 걷는 것처럼 발길이 가벼웠다. 현실은 한국이나, 독일이나 돈 벌기는 죽을 맛일 것이다. 시숙은 탄광 막장에서 피땀 흘리며 뼈를 깎는 아픔을 감수하면서 십 년 만에 꿈을 이루고 귀국을 했다. 하지만 한국 실정을 전혀 모르면서 사업을 시작했다가 부도가 나고 말았다. 그 후 나는 인생의 벼랑이 앞을 가로막으면 시숙이 사준 꽃무늬 원피스와 빨간 구두를 보며 행복한 기억만 떠올린다.

오월 명동거리를 걷는다. 유리창 너머 쇼윈도에 걸린 꽃무늬 원피스를 보는 순간 마음이 소녀처럼 설렌다. 셋째 시숙은 오랜 세월 시행착오를 겪다가 다시 사업을 일으켜 세웠다. 이제 나도 형제들에게 작은 나눔을 실천하며 살련다.

산수유

최 현 숙
cosmoschs@hanmail.net

봄바람이 분다.

집 앞 산수유는 노란 꽃망울을 터트렸다. 샛노란 꽃 사이에 지난겨울 삭풍을 이겨낸 빨간 산수유 몇 알이 눈에 띈다. 노란 꽃과 수분이 빠져나간 붉디붉은 열매의 대비가 이채롭다. 떠나야 할 시기를 놓친 몇 알의 산수유 열매를 보며 인간의 유한한 시간을 생각하게 된다. 세상 모든 생명체는 세월이 가면 언젠가는 모두 떠나야 할 운명이니, 산다는 것은 결국에는 죽음으로 가는 과정이며 자신이 얼마나 보잘것없는 존재인가를 깨달아 가는 과정이 아닐까. 자연의 순리와 법칙에 따라 진행되는 과정을 누구라도 피할 수 없으리니.

유소년기 한때는 세상이 나를 중심으로 돌아가는 것으로 생각했고, 내가 존재하지 않는 공간에서는 시간도 멈춰 있을 것 같은 착각을 하기도 했다. 세상은 온통 꽃대궐처럼 아름다울 것이란 환상에 빠진 적도 있었다. 결혼하고 자식을 낳아 키우면서 세상이 얼마나 뜻대로 되지 않는지 알게 되었고, 남편과 사별하고 맞닥뜨린 삶의 현장에서 이리저리 치이며 세상은 꽃길이 아님을 깨닫게 되었다. 나이 들수록 제대로 어른 행세하며 살아가는 일이 결코 쉬운 일이 아님도 절감하게 되었다. 이제는 매 순간이 두렵고 걸음걸음이 조심스럽기만 하다.

몇 해 전 친구가 홀연히 먼 길을 떠났다. 중학교 2학년 때부터 단짝으로 인연을 맺은, 오랜 세월 동안 가까이 지냈던 친구였다. 친구가 세상을 하직하기 사나흘 전, 대화 중에 "우리가 겨우 이만큼 철드는데도, 이렇게 긴 시간이 걸렸지."라는 말을 주고받으며 멋모르고 낭비했던 지난 세월을 아쉬워했다. 그것이 우리가 나눈 마지막 대화였다. 불과 나흘 만에 친구는 영영 다시는 돌아오지 못할 먼 길을 떠났다. 그날의 참담함이라니!

친구의 장례식날, 친구의 육신이 담긴 관이 활활 타오르는 불길 속으로 들어가는 순간, 자녀들의 통곡과 절규가 가슴을 파고들었다. 그들의 절망과 아픔을 누구보다도 잘 알기에 나는 숨이 턱 막히는 듯한 고통을 느꼈다. 친구는 의식이 가물거렸던 마지막 순간에 무슨 생각을 했을까?

무한의 시간, 무한의 우주 공간에서 우리는 100년도 못 되는 유한한 시간에 기댄 채, 잠시 스쳐 지나가는 티끌 같은 존재임을 다시 한번 깨닫게 되는 시간이었다. 흰색 항아리에 담긴 유골을 낙동강이 바라보이는 야트막한 산에다 묻었다. 유난히 하늘빛이 고운 날이었다. 친구를 묻고 산길을 내려오며 바라본 파란 하늘에는 솜털처럼 하얀 뭉게구름이 무심하게 떠 있었고, 여전히 태양은 빛나고 있었다.

크리스마스 장식등 같은 붉은 열매가 노란 꽃송이 속에서 빨갛게 빛나고 있다. 그래봤자 운명의 시간은 곧 오리니. 아마도 꽃이 질 무렵이면 붉은 열매도 자취를 감추리라. 그것이 살아 있는 모든 생명체의 운명인 것을 어찌하리. 가지에 매달려 있는 동안만이라도 봄날의 안락을 누리길 빌어본다. 아직은 시린 바람이 산수유 나뭇가지를 흔들고 지나간다.

기왓장 소망

허모영
mo-yeong@hanmail.net

 해 질 녘 산사는 텅 비어 있다. 일주문 앞에 멈추어 합장하고 적막조차 미동이 없는 절 마당으로 들어선다. 간간이 댕그랑거리는 풍경소리만 바람을 가르고 향기가 흩어질 뿐 온통 고요하다. 대웅전 지붕 위로 노을이 비껴 앉고 그 앞에 무심히 서 있는 석탑에만 저녁 빛이 흘러내린다.
 이른 저녁을 먹은 뒤 발걸음이 그냥 신어산 자락에 있는 절로 향했다. 의식하지 않은 사이 희구希求하는 바가 많았던지 엎드려 올리는 삼배가 길어진다. 당장 내 앞에 던져진 숙제를 잘 풀고 싶은 욕심이 가장 앞선다. 이어 자식들의 미래가 잘 풀리고 부모와 형제들이 건강하게 지금처럼 화목하게 지내기를 바라는 마음도 실어본다. 해가 져도 부처님이 쉬지 못하도록 어깨에 무거운 짐 덩이 하나를 더 올려놓았나 싶어 죄송한 마음마저 든다.
 법당을 돌아 나와 종각 쪽으로 향했다. 여태 인기척이라곤 없더니 공양간 쪽에서 허리 구부정한 할머니 한 분이 천천히 걸어 나오며 혼잣말을 중얼거린다. 실없이 남의 말에 귀를 기울이자니 때가 되어 절집에 깃들어 사는 고양이들 밥 챙기러 나오며 지천 아닌 지천을 늘어놓는 중이다. 분주했던 낮 동안 뒤에 남겨진 두 존재는 서로 의지 상대이리라. 할머니 보살님은 무지개다리처럼 만든 기와 담벼락을 끼고 걸어왔다. 쭉 이어져 있는 기와 담은 언뜻 보아도 예사롭지 않다. 모양새가 눈길을 끈다. 종각 앞에 늘어서 있어 분명 담장은 아닌데 웬 기왓장을 이렇게 담처럼 만들어 놓았나 싶어 발길을 향했다.

검은 기와에는 하얀색으로 글자가 적혀있었다. 수능을 앞둔 자식이 시험을 잘 치도록 해달라고 비는 부모의 기원, 남편의 사업이 성공하길 바라는 아내의 소원, 취업을 하게 해달라는 청년의 바람, 가족이 그냥 건강하게 해달라는 어느 할머니의 소망, 사랑이 이루어지게 해달라는 연인의 기도, 수술실에 들어가는 아내가 잘 견디길 바란다는 간절함까지 구구절절한 사연들이 기왓장에 담겨있다. 숱한 소원 중에 사랑, 성공, 합격, 건강을 바라는 마음이 제일 많았다.

그 순간 대웅전의 지붕이 달리 보였다. 저 지붕 위의 기왓장 하나하나에는 이름 모를 중생들의 간절한 기도가 담겨있을 것이다. 그들의 소망이 모여서 만들어진 지붕이라고 생각하니 새삼 고개가 숙여졌다. 흔히 우리는 법당에 들어서 부처님께 절을 올리며 중생이 부처를 떠받든다고 여긴다. 그런데 이제 보니 부처님이 중생들의 소원을 머리에 이고 받들고 있는 형국이다. 한 사람 한 사람의 가슴이 우려낸 기도를 외면하지 않고 그 비손을 모아서 잠들지 않고 살펴주고 있었다.

기와 불사라고 한다. 대웅전이나 전각을 새로 짓거나 중창할 때 기왓장 하나를 시주하고 큰 불사에 동참하며 공덕을 쌓으라는 의미다. 절에 가면 법당을 중창한다고 기와 불사에 동참하라고 홍보하는 모습을 종종 본다. 안내문까지 붙여두는데 '기와 한 장을 시주한 공덕은 집 없는 업보를 면하게 하고 무진겁래로 지은 업장을 소멸하게 한다'고 거창하게 붙여두었다.

그럴 때마다 옆으로 비껴가며 속으론 눈살을 찌푸리고 부정적인 마음이 컸던 게 사실이다. 한편으론 불사라는 이름으로 절에서 장사하는 것이라고도 여겼다. 지금 생각하니 참 오만한 생각이었던 것 같다. 현상만 보았지 본질을 보지 못했다. 지푸라기라도 잡고 싶은 서민들의 작은 소망을 읽지 못한 것이다.

얼마 전 수덕사를 다녀왔다. 백제 말기에 지어진 절이라고 하는데 대웅전은 고려 충렬왕 때 지어진 건물로 700년이 넘었다. 단청을 하지 않은 담박한 건물에 기왓골이 장중하게 아래로 죽죽 뻗어있었다. 아마 그 옛날에도 신도들이 작은 정성을 모아 이렇게 큰 불사를 완성했으리라. 긴 세월이 이어져 올수록 소망, 소망들이 대웅전을 더 위엄 있게 하는 것 같았다. 아마도 그들은 자신의 소원을 담은 기왓장으로 대웅전 지붕이 완성되어 가는 모습을 보며 커다란 보람과 희망을 가졌을 것이다.

김해 수인사를 세운 무웅스님의 일화가 있다. 절에서 종각을 짓는다고 법회를 열고 신도들께 불사에 동참하라고 스님이 설법을 했다. 그때 부산에서 온 신도 한 사람이 스님께 다가와서 '스님 제가 종각 불사에 들어가는 돈을 다 내겠습니다.'라고 말했다. 그러자 스님이 한마디로 거절하면서 하신 말씀이 지금도 전해지고 있다. 스님은 '말씀은 고마우나 불사를 하며 기왓장 하나를 모으는 것은 많은 신도들이 공덕을 쌓을 수 있도록 하기 위함입니다. 한사람이 모두 다 맡아서 지으면 편하기는 하겠지만 더 많은 사람들이 복을 짓는 기회를 앗아가는 것이니 사양하겠습니다.'

모두가 복 짓는 기회를 갖게 하는 것. 그것이 기와 불사를 하는 목적이었다. 비록 요즘의 절은 이러니저러니 구설들이 많지만 본래의 면목을 잃지 않는다면 기왓장 한 장에 담긴 의미는 지금도 예전처럼 소중하다고 여겨진다. 수술실에 들어가는 사람을 위해 잘 이겨내라고 기왓장에 새기는 그 간절함을 어떻게 절의 장삿속이라고 함부로 말할 수 있겠는가. 희망, 기왓장에 적은 하얀 글자는 그들의 작은 희망이었다. 어려움을 견뎌내는 힘이고 버팀목이다. 미신으로 치부할 수 없는 절실함이다.

어둠이 내린 대웅전에 촛불이 켜진다. 쉬이 발길을 돌리지 못하고 법당 뜰을 서성인다. 일체중생 모두가 복되게 할지이다. 마음의 기왓장 하나 새기며 천천히 절 문을 나선다.

그리움이 건너는

허열웅
hur9730@hanmail.net

인류는 수천 년간 교통의 편리를 추구하기 위해 다리를 건설했다. 다리는 바다나 강, 냇물을 건너기 위한 건축물이지만 그보다는 만남과 소통, 그리고 인정人情과 물류物類가 연결되는 통로가 된다. 천년의 신비를 간직한 충북 진천 농다리를 건너보았다. 충북 지방문화재 28호로 굴티마을 앞을 흐르는 세금천洗錦川에 축조된 돌다리로서 사력암질의 돌을 마치 물고기 비늘처럼 안으로 차곡차곡 들여쌓기 하여 교각이 만들어져 있었다. 교각부터 상판석까지는 붉은 색을 띤 자석을 이용하여 외부 충격에 흔들림이 적도록 한 것이 특징이었다. 또한 크기가 다른 돌을 적절히 배합해 서로 물리게 하여 쌓았는데 위로 갈수록 폭이 좁아져 빠른 유속을 견딜 수 있도록 했다.

아무리 큰 홍수가 나더라도 떠내려가지 않고 원형을 유지할 수 있었던 비결이 무엇이었는지 그 지형부터 살펴보았다. 다리로부터 상류 30~40m가 폭이 넓게 형성되어 있었고 다리 하류도 마찬가지였다. 지형을 이용한 과학적인 지혜가 유형문화재를 만들어 오늘날까지 천년을 유지해오지 않았나 생각되었다. 쌓은 기술과 주변 환경을 관찰해보면서 우리 조상들의 슬기로움을 엿볼 수 있었다.

다리는 징검다리로 시작하여 외나무다리, 섶다리, 돌다리, 시멘트 다리에 이어 철다리로 발전되었다고 볼 수 있다. 역사적으로 다리에 얽힌 많은 이야기가 전해 내려오기도 하고 현존하는 모습과 그 내력을 읽을 수도 있다. 견우와 직녀가 만나는 상상의 오작교가 있는가 하면, 홀어머니가 강 건너 친구 집에 놀러갈 수 있도록 밤새껏 놓은 효자의 징검다리 이야기를 읽은 적이 있다. 개성에 있는 '선죽교'는 고려말 정몽주가 이방원에게 철퇴를 맞아 피를 흘린 역사의 다리다. 성종 때 연산군의 생모 폐비 윤씨에게 사약을 전달하는 승지로 허종과 그의 아우가 어전회의에서 뽑히자 앞날을 예견하여 다리를 건너가다가 일부러 말에서 떨어져 부상을 입어 그 일을 면하게 되었다. 그 후에 폐비에 관여했던 많은 사람들이 희생되었으나 두 형제는 무탈하였다하여 형제 이름을 붙인 다리가 '종침교琮琛橋'다.

삼국지를 읽으면 장비가 적은 숫자의 병사를 거느리고 다리위에서 긴 창을 들고 크게 위협하여 조조군사를 물리친 다리가 '장판교'다. 현대에 이르러서는 '돌아오지 않는 다리'가 있다. 대한민국과 북한의 경계인 군사분계선을 가로지르는 공동경비구역 서쪽에 흐르는 사천에 있다. 1953년 포로송환 당시 한 번 다리를 건너면 다시 돌아올 수 없어 붙여진 이름이다.

몇 년 전 그리스와 터키를 여행할 때 북쪽 흑해와 남쪽의 마르

마라 해협을 연결하여 동양과 서양이 만나는 '보스포푸스 다리'를 건넜다. 그 다리는 많은 사람이 건너다니며 기독교와 이슬람의 이질적인 문화가 만나는 길목이었다. 금년에는 미국 샌프란시스코의 유명한 '금문교'를 지나며 태평양의 거센 물결을 바라보았다. 세계에서 자살하는 사람이 제일 많다는 다리, 이승에서 저승으로 건너가는 또 하나의 보이지 않는 다리가 노을 속에 슬픈 영혼처럼 아득하게 보였다.

다리는 이곳과 저곳을 연결하는 역할만 하는 게 아니다. 그 형태와 용도에서 멋진 구조물로 만들어져 미적 감각을 나타낸다. 세계에서 가장 독창적인 다리로 꼽히는 건축물들은 공통점이 있다. 예술의 경지에 도달하면서 지역의 특성을 잘 살린다는 점이다. 며칠 전 건넌 진천 농다리는 선조들의 지혜가 차곡차곡 쌓여 천년의 숨결이 아직까지도 흐르고 있었다. 최근에 건너가본 미국의 금문교는 기술과 자본이 조합된 건축물로 건설당시 세계 최강국의 위용을 자랑하는 듯하였다. 석양에 보는 것이 가장 아름다운 런던의 타워브리지는 대영제국의 위엄을 보여주는 것 같았다. 우리나라에서 1950년 한국 전쟁 당시에는 한강을 건너는 다리가 한 개뿐이었는데 지금은 40여 개나 된다. 그 중에서 야경이 가장 아름다운 반포대교는 물을 끌어올려 다리 양쪽에서 뿜어내는 분수가 특징이어서 아름다운 밤의 정경을 볼 수 있다.

셰익스피어의 희곡 〈베니스의 상인〉의 주요 무대였던 베네치아의 '리알토 다리'는 르네상스 양식의 가장 오래된 다리였다. 그 위에서 바라보는 풍경이 너무 아름다워 한참 동안 머물다가 함께

간 일행을 놓쳐 고생한 기억이 떠오른다. 그러나 꿈속에 그리던 다리가 실제로 보았을 때 크게 실망을 가져오는 곳도 있다. "미라보 다리 아래 센 강은 흐르고/우리네 사랑도 흘러내린다…."라는 시가 흐르기 때문에 환상으로 떠올랐던 미라보 다리였다. 영화 <퐁네프 연인들>로 잘 알려진 파리에서 가장 오래된 퐁 네프 다리도 마찬가지였다. 다리의 모양도 평범했지만, 세느강 역시 상상했던 것보다 폭도 좁고 수량도 적어 한강의 3분의 1 수준밖에 안 되는 작은 강이었기에 나의 기대가 함께 무너졌는지도 모른다.

다리는 육지와 육지, 섬과 섬, 육지와 섬을 잇는 다리만 있는 것이 아니라 사람과 사람을 연결하는 다리도 있다. 친한 사이가 아닌 사람을 꼭 만나야 할 경우 그 사람과 친분이 있는 사람에게 다리를 놓아달라고 부탁하는 경우가 있다. 또 서로 이해가 엇갈린 사람 사이에서 일을 원만하게 처리하여 주며 중요한 다리 역할을 해주기도 한다. 다리는 이동의 수단보다는 정신적인 연결로 이어질 때 더 빛을 발한다고 볼 수 있다.

오늘 우리 사회는 정치적 이념과 세대차이의 꽉 막혀 있는 통로의 다리가 넓혀지고, 가진 자와 가난한 자의 인정의 다리가 많이 연결되었으면 좋겠다. 교통의 편리를 위한 다리보다는 사랑과 정이 흐르는 교감交感의 다리가 더 많이 연결되기를 기원해본다. 우리 서로 그리움의 다리로 자주 만나고 소통하기를 기원해 본다.

마음그릇

허정열
hur2838@hanmail.net

새벽 6시, 어둠을 앞세우며 길을 나선다. 듬성듬성 켜져 있는 아파트 불빛이 마치 랜선 심사위원 같다. 무대 위에 서서 하루의 시작을 점검받는 느낌이다. 그 순간 흔들리는 걸음을 바로 세워본다. 하나둘 불빛이 켜질 때마다 하루 치 점수가 늘어나고 있다는 착각을 일으킨다. 일찍 시작하는 나의 하루에 보내는 응원 같다.

오늘은 인천에 있는 초등학교에 편지쓰기 강좌가 있는 날이다. 가로등 불빛을 등대 삼아 걸어간다. 앞서거나 뒤따르는 걸음의 기척이 반가우면서도 어둑한 길은 긴장되어 몸이 움츠러든다. 몇 시간 후에 만날 아이들의 또롱또롱한 눈망울을 생각하며 걸으니 조금 위안이 된다.

서울을 중심으로 계란프라이 같은 수도권은 만만치 않은 거리다. 몇 년째 이 일을 하지만 매번 긴장하지 않을 수 없다. 첫 시간이 9시에 시작하니 8시 30분까지는 도착해야 한다. 펑크를 내거나 지각은 용납할 수 없는 일. 어느 학교든 전철과 버스, 택시까지 서너 번은 갈아타야 목적지에 도착할 수 있다. 수원, 평택, 오산, 안산, 고양 등 다양한 지역에서 편지 선생님들이 달려온다. 그래도 누구 한 사람 늦거나 빠지는 사람이 없다. 잠을 설치며 시간을 맞추느라 전철을 타거나 버스에 앉으면 끊겨버린 잠을 이어가기 일쑤다. 먼 거리를 가는 강사들에겐 유일한 휴식 시간인 셈이다.

편지는 마음을 담는 그릇이다. 편지에 관한 이야기를 풀어갈 때 눈을 반짝이며 들어주는 호기심 가득한 아이들. 처음 보는 우표가 신기해 보고 또 보며 '예쁘다'를 연발하는 귀엽고 깜찍한 모습들. 소중하게 우표를 붙이는 고사리손은 처음 느껴보는 봄맛에 어쩔 줄 모르며 감탄하는 연둣빛 이파리처럼 사랑스럽고 예쁘다.

아이들은 저마다의 향기로 마음그릇을 채워간다. 하고 싶은 말, 고맙고 감사한 일, 속상하고 억울했던 일, 행복하고 즐거웠던 일 등 보고, 듣고, 느낀, 감정을 진솔하게 적어나간다. 연필이 마음길 따라가는 소리만이 교실 안을 그득하게 채운다. 스스슥 스스슥 멀리 떨어져 있지만, 그 시간은 가슴과 가슴이 맞닿는 순간이다. 오직 한 사람만을 생각하는 가슴 벅차고 황홀한 시간이다. 이야기하듯 편하게 시작하는 연필의 걸음걸음에는 정성과 사랑이 깃들어 있어 고요하고 깊다. 스물 두세 명의 아이들이 숨죽이며 채워가는 마음그릇에는 마치 꽃봉오리가 터지면서 내는 숨소리처럼 그윽한 울림을 준다.

학교에 다녀온 날은 꼬막손으로 편지지를 채우던 아이들의 환한 미소가 따라와 행복하다. 어느 해였을까. 1년 동안 백여 통의 편지를 쓴 적이 있다. 학교에서의 벅찬 기억을 더듬어 교장 선생님과 담당 선생님께 손편지를 드리곤 했던 기억이 새록새록 살아난다.

오늘은 편지를 쓰기로 마음먹어 본다. 종이와 내가 서로 뚫어지게 응시하고 있다. 작정하고 있지만, 생각은 쉽게 말문을 트지 못하고 서성인다. 무엇이 망설이게 하는 걸까. 써야 할 사람은 많아지고, 추억과 기억 속을 스타카토 행렬이 이어진다. 시작만 하면 금방이라도 쏟아질 것 같은데 도무지 서두를 잡을 수 없다.

한참을 뚫어지게 바라보다 굳혀진 마음이 야무지게 연필 끝을 움켜쥔다. 말문을 튼 생각이 머리를 낚아채듯 끌고 간다. 어디론가 이끌리듯 추억을 찾아 나선다. 험한 에움길처럼 두려움이 앞서기도 하고 기쁨과 희열이 섞여 가슴이 두근거리기도 한다. 통쾌하기도 하고 슬픔과 아픔이 뒤범벅되어 한참 동안 숨을 몰아쉬기도 한다. 내 속에 가득가득 쌓아두고 꺼내지 못한 말들의 무덤이 해체되고 있다. 하고 싶은 말이 이렇게도 많았던가. 놀라고 또 놀라 나를 깊게 들여다본다. 그리움의 덫이 풀리고 그 끝에 멍울지는 눈물은 소리 없이 흘러내리기를 몇 번인가 반복한다. 마음 길 따라 시간이 훌쩍 지나간다. 이토록 어렵게 길을 트다니 내 속의 마음그릇을 너무 그득하게 채워 두고 살았나 보다.

아이들이 쉽고 편안하게 마음을 열 수 있도록 길을 터주는 편지 선생님. 연필을 들고 한 글자도 쓰지 못하고 망설이는 아이처럼 나도 길게 뜸을 들이곤 한다. "어떻게 써야 할지 모르겠어요."

어른인 나도 답답한데 짧은 시간에 쓴다는 게 아이들은 낯설고 힘들 것이다. 쓰고 나니 마음이 후련해지고 오랜 기간 미루어둔 숙제를 한 것처럼 홀가분하다. 가슴속의 말을 털어내고 나니 한 쪽은 텅 비워지고 편지지는 나의 마음을 가득 담고 뿌듯해하는 것 같다.

 빠르고 신속한 디지털 시대를 거스르며, 아날로그 방식의 소통이지만, 편지로 시작하는 하루는 즐겁다. 지하철도 닿지 않고 버스도 드문 곳까지 찾아가는 일은 쉽지 않다. 그래도 편지 선생님들은 주저하지 않는다. 장대비가 쏟아지던 날, 폭우 속을 뚫고 찾아간 학교에서 반가운 손님처럼 맞아주시던 교장 선생님. '아이들이 이렇게 긴 편지를 쓰다니 놀랍네요.'라며 고마워하시던 담임선생님의 말씀에 새로운 힘이 주입되어 보람과 긍지로 변한다. 해바라기처럼 해맑은 아이들의 소중한 편지에도 해맑은 싹이 자랄 것이다. 그치지 않는 빗속에서 택시를 타고 역에 내려, 다시 전철과 버스를 갈아타면서도 서로를 격려하며 보듬어주는 넉넉함을 지닌 편지 선생님들. 빠름에 익숙해진 아이들에게 손편지는 느림과 기다림 속에서 맛보는 세상에 하나밖에 없는 귀한 선물이다.

 인생의 아름다움은 "마무리의 힘"이라고 하지 않던가. 편지는 메마른 가슴에 온기를 넣어 훈훈함까지 전해준다. 과거와 현재 미래를 정성스럽게 담을 수 있는 멋진 그릇. 나도 마음그릇을 이용해 내 속에 쌓인 용서와 화해의 손길로 관계를 말랑하게 하고 그리움을 담아 소원했던 사이에 다리를 놓으며 살아야겠다. 한 자한 자 정성스러운 마음으로 상대를 생각하며 채워가는 마음그릇은 소통의 달인이며 관계의 끈이다. 그리고 그 시간은 성장이 아닌 성숙의 시간이다. 따뜻한 시선으로 바라보며 저무는 인생을 아름답게 가꾸면서 익어가는 어른이고 싶다.

마음 비우기

황성규
hsksane@hanmail.net

새벽 3시, 모두가 잠든 깊은 밤에 복통으로 잠이 깼다. 가끔 있었던 일이지만, 오늘은 조금 심했다. 이마에 흐르는 땀을 닦고 거실로 나가 창밖을 내다본다. 거실 창밖으로 보이는 커다란 정원수가 어둠 속 바람에 흔들리는 모습은 지하 깊은 곳에서 나를 부르는 손짓 같아 섬찟해서 눈을 감아 버렸다. 이렇게 약해졌나 스스로 나무라며 거실 소파에 앉아 삶과 죽음에 대해 생각해 본다.

불과 얼마 전까지만 해도 죽음은 나와 아무 상관이 없는 것이었다. 열심히 살기도 바쁜데 죽는다는 것을 생각하는 것이 오히려 사치라는 생각이 들었다. 죽음은 그리 두렵지도 않았고 살아 있는 동안의 내가 더 소중했다. 내 의지로 태어나지도 않았고, 죽음도 내가 결정할 수 있는 것이 아니니 생각할 필요가 없었다. 시작과 끝이 그러하니, 주어지는 대로 겸손하게 살아야 할 일이지 아귀다툼 해가며 살 일은 아니라는 생각이다.

그런데 한밤중 배가 아파 놀래서 깨고 보니 죽음이 멀리 있지 않다는 생각이 들었다. 죽음이 슬퍼서가 아니었다. 사랑하는 모든 이들과 다시는 만나지 못한다는 사실이 나를 슬프게 했다. 정말 슬펐다. 그렇다면 버킷 리스트를 만들어 보자. 사랑하는 사람들과 함께 만들어 가고, 해보고 싶었지만 못 해봤던 것들이 무엇인가 적어보려고 펜을 들었다. 죽기 전에 해보고 싶은 것이 무엇인지 잠 못 이루며 애를 써봐도 아무것도 떠오르지 않았다. 감사하는 마음이지만 아쉬웠던 일들이 스쳐 지나갔다.

어린 시절에 공부를 열심히 했으면 어땠을까? 시키니까 할 뿐이지 마음은 항상 다른 곳에 가 있었다. 무얼 하려고 했었는지 기억조차 나지 않는 것을 보면, 평범했던 내가 대단한 일을 하려 했던 것은 아니었을 것이고 단지 놀고 싶었을 것이다. 공부를 열심히 했던 친구들은 명문 학교를 졸업하고 일류 기업에 취직했다. 그것이 세상을 살아가기에 유리하게 작용한다는 것을 어린 시절에는 몰랐다. 새로운 인재를 뽑아야 하는 사람들에게 객관적 자료는 학교생활이니, 공부 잘했던 사람을 뽑는 것은 당연한 이치였다.

하지만 그것을 평생 평가의 기준 잣대로 들이대는 것에는 동의할 수 없다. 사람은 끊임없이 변하고 뒤늦게 철이 드는 사람도 있다. 자기가 하고 싶은 일을 하게 되면 하지 말라고 해도 열심히 하게 된다. 그것이 학위보다 더 중요한 것이다. 학창 시절에는 열심히 하지 않았던 공부도 뒤늦게 재미를 붙이기도 한다. 모든 일에는 때가 있기 마련이라 지금 입시 공부를 열심히 해서 명문대학에 가는 것은 아무 의미가 없다.

다시 학창 시절로 돌아가도 공부는 열심히 하지 않을 것 같다. 책 한 줄 읽고 상상의 나래와 꿈을 꾸는 나는 공부를 잘하는 데 최적화 되어 있지 않기 때문이다. 그래도 후회는 없고 다시 그 시절로 돌아가고 싶은 마음도 없다. 입시를 위한 공부가 아닌 관심 있는 학문 탐구를 하는 것이라면 진심으로 빠져들 수 있을 것 같기도 하다. 인생은 언제나 굴곡이 있다. 지나간 일을 후회하고 붙잡아 두려고 할 이유도 없다. 앞으로 펼쳐질 흥미진진한 일도 많을 것이기 때문이다. 나이가 많다고 문제 될 일도 없을 것이다. 좋아하는 일을 여유롭게 펼쳐 나가면 그뿐이다.

직장과 직업에 대해서 부러워했던 적도 있다. 지금 생각해 보면 그 어떤 것도 부러워할 일만은 아니다. 어떤 것이든 하는 일과 환경이 다를 뿐, 열심히 땀 흘려 살며 자신만의 꿈을 꾸는 나름의 의미 있는 삶을 살아가고 있기 때문이다. 다가올 아름다운 미래를 꿈꾸며 오늘 하루를 행복하게 보내고 있다면 그것으로 그만일 것이다. 내일 어떤 일이 벌어질지 아무도 모른다. 오늘 하루 내가 행복하게 보냈다면 나의 앞길은 행복하게 될 것이고, 행복한 하루하루가 쌓여 행복한 삶을 살게 될 것이다.

사람은 자신이 걷지 않은 길에 대한 동경과 부러움을 가지고 산다. 어떤 삶이든 자신이 선택한 것이니 후회하거나 아쉬워할 필요는 없을 것이다. 영원한 것은 없으니, 오늘이 어려우면 내일은 수월해질 것이라 믿으면 된다. 지나간 일을 붙잡고 있으려 하지도 말고 다가오는 앞날을 걱정하거나 기대하지도 말자. 어렵다고 낙담하거나 잘 나간다고 교만하지도 말 일이다. 항상 나를 돌아보며 연연하는 마음을 비워나가면 그뿐이리라.

후기

선수필문학회는
2024년 회원을 재정비하여 다시 시작합니다.
기존 선수필 등단자를 중심으로 활동하던
선수필작가회가 문호를 개방하여
선수필문학회라는 이름을 달고 거듭납니다.
관심있게 지켜봐 주시길 바랍니다.

올해부터 '선수필동인문학상' 1명과
기존 문학상 수상자를 포함하여
선수필동인지 '올해의 작품상' 1명을 선정합니다.
좋은 작품을 싣는 동인지가 되도록
더욱 노력하겠습니다.

선수필동인문학상

역대 수상자 · 수상작

회차		수상자	수상작
제1회(2018)	선수필동인문학상	**허정열**	꿈꾸는 아지트
제2회(2019)	선수필동인문학상	**허모영**	안족
제3회(2020)	선수필동인문학상	**임영도**	마루
제4회(2021)	선수필동인문학상	**이미애**	등대의 사계
제5회(2022)	선수필동인문학상	**박지유**	카레 한 그릇
제6회(2023))	선수필동인문학상	**윤경화** **강연희**	별 바람의 섬

선수필문학회 임원회

(2024. 01.~2025. 12)

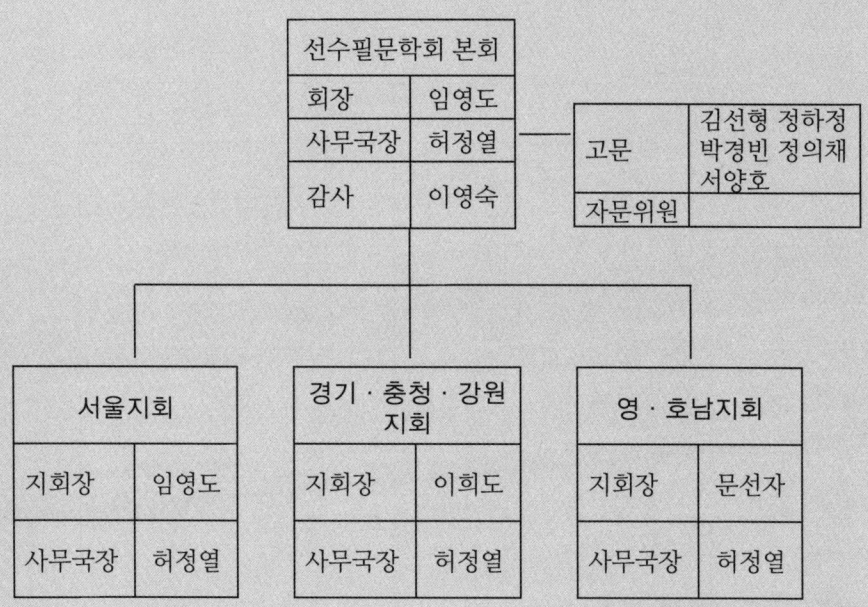

선수필문학회 이사회

(2024. 01.~2025. 12)

회장	임영도
부회장	

서울지회	
이사	경전이영숙
이사	강연희
이사	박남주
이사	박지유
이사	신동숙
이사	이상열
이사	임영애
이사	최현숙
이사	황성규

경기 · 충청 · 강원지회	
이사	김부순
이사	이예경
이사	장희숙
이사	진 현

영호남	
이사	금은주
이사	배종화
이사	윤경화
이사	이정심
이사	허모영

동그라미의 말
선수필문학회 제10집

발행일 2024년 10월 30일 초판 1쇄
지은이 선수필문학회
편집위원 박지유 서미애 서양호 이예경 임영도 전해숙 정하정 허정열
펴낸이 정연순
펴낸곳 나무향
주소 서울 광진구 자양로 28길 34, 드림스페이스 501호
전화 010-2337-2815
팩스 02-457-2815
메일 namuhyang2815@daum.net
출판등록 제2017-000052호

값 13,000원

바코드 979-11-89052-88-1 03810

- 잘못 인쇄된 책은 바꾸어 드립니다.
- 이 책은 저작권법에 따라 보호를 받는 저작물이므로 무단 전재와 복제를 금합니다.